스케일업 경영

성장 기업을 위한 조직 경영 노하우

스케일업 경영

조성주 지음

우리 조직은 잘 돌아가고 있습니까?

고객이 원하는 제품이나 서비스를 만들기 시작했다면
반복하여 확장시킬 수 있는 시스템을 만들어야 할 때.
시스템의 핵심인 조직에 대한 통찰력을 제시하다.

★ ★ ★ ★ ★

바른북스

"5년 뒤에 어떤 일을 하고 있을 것 같으세요?"

2000년, 창업 3년 차 되던 어느 날, 누군가로부터 받은 질문이었습니다. 5년 뒤에 무엇을 할 것이냐, 저는 유능한 웹 기획 전문가가 되어있을 것이라고 대답했습니다. 당시만 해도 인터넷 산업 초기라 웹으로 할 수 있는 사업 기회가 많이 있었고, 저는 엔지니어가 아니었기 때문에 제가 할 일은 기획이라 생각하고 있었습니다. 그러니 웹 기획이라는 대답은 자연스러웠습니다. 이 질문을 받기 직전까지도 웹 사이트를 둘러보며 개선할 부분을 찾고 있었으니까요.

20년도 넘게 지난 대화인데 지금도 생생히 기억납니다. 왜 이렇게 기억에 남아있을까요? 얼마 지나지 않아 이 대답이 적절치 않았다는 생각이 들었기 때문입니다. 저는 좋아하고 잘할 수 있는 일이면서 사람들에게 필요한 것을 만들면 사업이 될 것이라 생각했었습니다. 하지만 그게 그렇게 단순하지 않다는 것을 곧 알게 되었습니다.

창업 초기에는 고객이 원하는 제품을 만드는 것에 집중하면 되었지만, 제품이 나오고 난 다음부터는 제품 개선, 고객 확보, 고객 대응, 신제품 개발 등 성장하기 위해 더 많은 일들을 해야 했습니다. 그러다 보니 함께할 사람들이 더 많이 필요해졌습니다. 부지런히 채용을 늘려갔습니다. 그런데 문제는 사람만 늘어난다고 해결되는 게 아니었습니다. 아이러니하게도 구성원들이 늘어난 만큼 일하는 체계를 만들고, 구성원 간 관계를 조율해야 하는 새로운 일들이 함께 늘어났습니다. 성과관리는 어떻게 할 것인지, 직급체계는 어떻게 가져갈 것인지, 내년도 연봉은 어떻게 책정할 것인지, 소소하게는 직원 가족 경조사의 경조비 액수도 결정해야 했습니다. 누군가 퇴사를 하면 그 역할을 메꾸기 위해서 대신 그 일을 맡기도 합니다. 다양한 업무를 맡아서 해내던 초기 구성원들과 이후에 입사하는 전문성 있는 구성원 간의 미묘한 관계에도 신경 써야 합니다. 입사 일주일 만에 갑자기 안 나오는 사람도 있습니다. 이런 일이 한두 가지가 아닙니다. 이러다 보면 내가 하고 싶은 일, 잘하는 일에 할애할 시간은 점점 더 줄어듭니다. '내가 이러려고 시작했던가?', '나는 뭐 하는 사람인가?' 같은 생각이 들 때도 있었습니다. 내가 무슨 일을 하고 있는 것인지, 잘하고 있는 것인지 혼란스러워졌습니다.

창업가는 무슨 일을 해야 할까요? 스타트업 초기에는 비즈니스 모델을 검증하는 게 중요합니다. 린 스타트업(Lean Startup) 방법론의 효시인 스티브 블랭크(Steve Blank)는 스타트업을 '반복하면 확장시킬 수 있는 비즈니스 모델을 찾는 임시 조직'이라고 했습니다. 비즈니스 모델의 각 요소들을 반복해서 실행하면 확장되는지를 찾는 것입니다. 이것을 찾지 못하면 사업이 지속되기 힘들겠죠. 여기까지는 주로 린 스타트업 방법론이 길잡이 역할을 했습니다. 이제 그런 모델을 찾았다면 본격적으로 반복해서 확장시켜야 하는 시점이 됩니다. 광고도 더 하고, 유통망도 넓히고, 영업 규모도 키우고, 홍보도 더 해야 합니다. 개발도 더 해야 하고, 고객 범위도 넓혀야 합니다. 이런 일들을 하기 위해서는 함께할 사람들이 더 많이 필요합니다. 전문성 있는 인재들을 확보하고 이들이 역량을 발휘할 수 있는 구조를 만들어야 합니다. 이 단계를 스케일업(Scale-up) 과정이라 할 수 있습니다. 그리고 이런 일련의 활동을 '경영'이라 부릅니다. 사전적으로 '경영'은 '기업이나 사업 따위를 관리하고 운영함'이라고 되어있습니다. 그런데 정작 창업을 결심했을 때 '나는 훌륭한 경영자가 될 것이다.' 또는 '기업을 잘 관리하고 운영해야지.'라는 생각을 해본 적은 거의 없었을 것입니다. 경영자가 되기 위해 사업을 시작한 것이 아니었을 테니까요. 하지만 스케일업 단계가 되면 본격적으로 경영이 필요해집니다. 이 단계에 접어들었는데도 창업가가 유능한 웹 기획자를, 프로그래머를, 디자이너를, 마케터를 목표로 하는 것은 적절해 보이지 않습니다. 더 이상 '창업가'에 머무는 것이 아니라 '경영자' 또는 'CEO(Chief Executive Officer)'가 되어야 하고 경영자의 일을 해야 합니다.

스케일업 단계. 일하는 체계를 만들어야 하는 시점입니다. 그런 체계를 만들기 위해서는 수많은 의사결정이 필요합니다. 일관성 있는 의사결정을 하고 싶은데 대부분 처음 맞닥뜨리는 일들이라 잘 모르거나 결정하기 곤란한 것들이 많습니다. 경영자의 결정이 일관성을 갖지 못하면 조직 내에는 비효율이 늘어나고 혼란이 가중됩니다. 이런 일이 반복되면 서로 간에 신뢰를 쌓기 어려워집니다. 그렇다고 발생 가능한 모든 일들을 미리 생각해 놓을 수도 없습니다. 원칙이 필요합니다. 원칙이 있으면 일관성 있는 체계를 만들어 갈 수 있습니다.

어떻게 해야 원칙을 세울 수 있을까요? 제가 찾은 원칙은 60년이 넘은 이론인 더글러스 맥그리거의 X이론(사람은 원래 일하는 것을 싫어하고 피하려고 한다), Y이론(사람은 일하는 것을 노는 것이나 쉬는 것처럼 자연스럽게 생각하고 재능을 발휘하고 싶어 한다) 가설에서 시작합니다. 경영자가 어떤 가설을 가지고 있느냐에 따라 지향하는 조직모델이 달라집니다. 지향하는 조직모델을 성과주의 조직, 가치지향 조직, 자율경영 조직으로 나누었습니다. X이론 가설에 가까운 모델로 성과주의 조직, Y이론 가설에 가까운 모델을 자율경영 조직으로 했습니다. 가치지향 조직은 X이론과 Y이론 사이에 해당한다 하겠습니다. 각각의 조직모델은 성과관리, 인사평가, 보상체계, 동기부여, 조직문화 등의 특징이 모두 다릅니다. 지향하는 조직모델이 구체화되면 의사결정 원칙도 명확해집니다. 원칙이 명확해지면 그에 기반하여 일관성 있는 결정을 내릴 수 있고, 그것이 조직에 공유될수록 일하는 방식의 효율성이 올라갈 것입니다.

물론 한 권의 책으로 경영의 모든 것을 정리할 수 없을 것입니다. 하지만 스케일업 단계의 경영자들이 일하는 체계를 만드는 데 큰 도움이 될 것입니다. 리더와 구성원들이 함께 읽고 이야기를 나누며 기준을 만들고 실행해 간다면 더욱 효과적일 것입니다.

오늘도 더 나은 세상을 만들기 위해 고군분투하고 있는 창업가들의 성공에 도움이 되길 기원합니다.

* http://scaleup.modoo.at에는 본서의 업데이트 내용, 추가 자료, 구성원간 토론 주제를 확인할 수 있습니다.

목 **2** 차

시작하며

1장

 스케일업 경영자의 일

4장

성과관리

2

Prologue

앤 해서웨이(Anne Hathaway)와 로버트 드 니로(Robert De Niro) 주연의 영화 '인턴(Intern)'. 창업 1년 반 만에 220명의 직원을 둘 정도의 성장을 이룬 30세 여성 CEO, 줄스와 수십 년 직장 생활에서 비롯된 노하우와 인생 경험을 가진 70세 인턴, 벤의 에피소드를 다루었습니다.

영화 초반을 보면 이 회사의 회의 장면이 나옵니다. 이 자리에서 디자이너는 CEO 줄스에게 홈페이지 업데이트를 위한 최종 시안을 보여주었습니다. 줄스는 웹 디자인 전문가는 아니지만 사업 전반에 걸쳐 충분한 이해를 하고 있습니다. 줄스는 디자이너에게 기획 의도에 대해 몇 가지 질문을 던집니다. 디자이너는 이에 대답하지만 줄스는 몇 가지 지적을 하고 자신의 의견을 반영해 달라고 합니다. 디자이너는 '지금 시간이 충분치 않고 자신의 디자인도 문제가 있는 것은 아니니 그대로 컨펌해 달라.'고 요청합니다. 하지만 줄스는 조금만 더 수정하면 훨

14 | Prologue

| 영화 '인턴'의 한 장면 |

씬 더 명확한 콘셉트가 나올 것이라며 자신의 생각을 관철시킵니다. 역시 바꾸고 나니 훨씬 좋아 보입니다(최소한 줄스가 보기에). 그리고 바로 컨펌합니다. 젊고 유능하며 결단력 있는 CEO의 모습을 보여주었습니다.

이 장면을 머릿속에서 그려봅시다. 여러분도 이런 비슷한 상황이 떠오르지 않나요? 홈페이지 디자인이 아니더라도 담당자가 진행한 내용이 마음에 들지 않거나 기대에 부합하지 않았던 경험이 있었을 겁니다. 그럴 때 어떻게 하셨나요? 그냥 그렇게 하라고 했나요? 아니면 끝까지 여러분의 의견을 관철시켰나요?

영화 속 CEO처럼 매번 자신의 의지대로 밀고 나간다면 어떻게 될까요? 객관적으로 CEO의 의견이 더 나은 것인지 명확히 알 수 없지만, CEO 입장에서는 최선을 다한 결과물을 고객에게 전달했다고 생각할 것입니다. 최소한 노력이 부족했다는 후회는 남지 않을 것입니다. 하지만 문제는 디자이너입니다. 처음에는 CEO의 결정이 더 나은 결과를 가져왔다고 감사한 마음을 가질 수 있지만 이런 일이 몇 차례 반복되면 일을 진행하는 방식이 달라질 것입니다. 어차피 최종 결정을 CEO가 한다면 앞으로는 적당히 만들어서 CEO에게 먼저 보여주고, CEO의 지시에 따라 CEO의 마음에 들도록 수정하는 것이 업무 순서 라고 생각할 것입니다. 설득의 대상이 고객이 아니라 CEO가 되는 순간입니다. 그럼, CEO는 생각하겠죠. '갈수록 완성도가 떨어지네….' 라고. 그나마 CEO의 의견이 고객 니즈에 부합하면 괜찮은데, 전문 디자이너도 아닌 CEO의 의견이 매번 적합할 수 있을까요? CEO가 이런 방식으로 의사결정을 진행한다면 앞으로 모든 일은 CEO가 결정하게 될 것입니다.

CEO가 자신의 의견을 관철시키는 방식이 아니라, 의견을 제시하는 선에서 끝내고 최종 결정을 디자인 전문가인 디자이너가 할 수 있도록 권한을 주었다면 어땠을까요? 디자이너는 CEO가 자신을 신뢰한다는 생각을 갖게 될 것입니다. 이런 일들을 바탕으로 재량권이 높아진 만큼 결과에 대한 책임감이 높아질 것입니다. 이런 경우 발생할 수 있는 문제는 CEO의 의견이 반영되지 않은 결과물이 나올 수 있다는 점입니다. 디자이너는 최선의 선택을 했다고 생각하나 CEO는 불만족스러울 수 있습니다. 이렇게 되면 CEO는 '괜히 맡겨놨구나.' 생각하며 스스로 정신적 고통에 빠질 것입니다. '충분히 말했는데 왜 반영하지 않았을까? 맥락을 이해하지 못하는 것일까?', '생각을 좀 하면서 일을 하면 좋을 텐데.', '자기 맘대로 하네?'처럼 별별 생각을 다 하게 됩니다. 다행히 CEO의 의견이 아니라 담당자 소신대로 한 결정이 더 좋은 결과를 만들었을 수 있습니다. 하지만 누구의 의견이 더 나은 결과를 가져왔는지 비교하는 것은 어렵기 때문에 CEO는 여전히 아쉬움을 가질 것입니다. 어떻게 해야 할까요?

창업 초기라면
다른 생각할 겨를이 없다

이 상황을 풀기 위해서는 사업의 성장 단계를 고려해 볼 필요가 있습니다. 현재 창업 초기 단계라면 비즈니스 모델 검증에 집중해야 할 것입니다. 일반적으로 이 과정은 운영 자금을 얼마나 가지고 있느냐에 따라 데드라인이 정해집니다. 자금이 떨어지기 전까지 검증되지 않으면 더 이상 사업을 진행하기 어렵기 때문입니다. 따라서 이 시기는 담당자를 믿고 맡길 것인지, CEO 자신의 생각대로 끌고 갈 것인지 고민하는 것도 낭비입니다. 믿고 맡기고 싶으면 그렇게 하고, 자신의 생각대로 해야겠으면 설득하고 실행해야 합니다.* 충분히 동의되지 않는데 리더십 책에 나오는 것처럼 '믿고 맡겨야 한다.' 같은 말에 얽매일 필요가 없습니다. 구성원들을 신뢰하고 그들이 할 수 있도록 많은 여지를 주는 것이 여러모로 좋겠지만, 그런 마음이 생기지 않는데 억지

---

*   물론 의사결정의 대상이 웹/앱 서비스와 관련된 것이라면 A/B테스트(사용자들에게 A 안, B안을 랜덤으로 보여준 후, 선호도를 확인하는 테스트) 같은 것을 통해 어떤 것이 더 효과적인지 고객 대상 테스트를 통해 알아보고 선택하는 경우도 많습니다. 가급적 고객 중심의 의사결정을 하기 위해 권장되는 방식입니다. 하지만 현실은 이런 방식으로 테스트해 보기 어려운 의사결정 사안들이 더 많을 것입니다.

로 그럴 필요는 없습니다. 체크를 제대로 하지 못해 커다란 위기를 맞거나, 이런 일이 몇 차례 반복되며 사업을 접어야 하는 상황까지 이르게 된다면 얼마나 억울하겠습니까. 누구를 탓할 수도 없습니다. 누구의 의견이든지 적합하다고 생각하는 것을 실행하면 됩니다. 최소한 해야 할 일을 제대로 하지 못해 실패하는 일은 없도록 해야 합니다.

다만 시간이 지나고 비즈니스 모델이 검증되는 단계에 들어서면 모든 것을 CEO가 결정하며 진행하는 것이 적절치 않다는 것을 스스로 알게 될 것입니다. 회사는 CEO 혼자의 원맨쇼만으로는 성장하기 어렵습니다. 능력 있는 사람들을 확보하고 그들이 역량을 펼쳐야 회사가 성장할 수 있습니다. 비즈니스 모델이 검증된 이후 CEO가 더욱 신경 써야 할 역할이기도 합니다.

성장 단계 –
몰라서 못 하는 것이라면

기업이 창업 초기를 넘어 성장 단계가 되면 이런 상황에 대한 문제의식을 자연스럽게 갖게 됩니다. 어떻게 접근해야 할까요? 우선 해당 구성원이 제대로 하지 못하는 이유가 못해서인지, 안 해서인지 판단해야 합니다. 못하는 것이라면 그 일을 잘할 수 있는 역량이 부족하다는 의미입니다. 적합하지 않은 사람에게 일을 맡긴 것이 됩니다. 업무 경력이 1년밖에 안 됐는데, 10년 된 경력자가 할 수 있는 수준을 기대하면 안 되는 것과 같습니다. 이런 경우에는 CEO가 자기반성을 해야 합니다. 역량이 부족한 사람을 그 자리에 올린 사람이 본인이었을 테니 말입니다. 따라서 이러한 일의 발생 가능성을 채용 과정에서 최소화해야 합니다. 사람을 채용할 때 보다 신중하게 의사결정 해야 할 것이며 일정 기간 우리 조직에 그리고 현재 역할에 적합한 사람인지 적극적으로 검토해야 합니다.

채용에 신경을 썼고, 일정 기간 업무 역량을 검토했음에도 불구하고 이런 일이 생겼다면 어떻게 해야 할까요?

첫째, 상황에 대한 충분한 대화가 필요합니다. CEO가 가지고 있는 업무 기대치를 공유하고 구성원의 이야기를 들어봅니다. 혹시 자신이 잘못 생각하고 있는 부분이 있는지, 구성원의 생각은 어떤지, 발전 의지가 있는지, 어떤 부분을 도와주면 더 나은 결과를 만들 수 있을지 대화를 통해 방법을 찾아봅니다.

둘째, 업무를 조정합니다. 잘하는 것에 좀 더 매진할 수 있도록 하고 부족한 업무는 다른 구성원이 채워줄 수 있도록 만드는 것입니다. 또는 업무 종류나 범위를 줄여 일을 맡길 수 있습니다. 잘할 수 있는 일을 찾도록 시도하고 돕습니다. 이 과정에서도 CEO가 구성원에 대한 관심과 애정을 가지고 격려해 주면 훨씬 효과적입니다.

셋째, 역량 향상의 기회와 분위기를 만들어 갑니다. 첫째와 둘째가 단기적이라면 셋째는 보다 근본적이고 중장기적인 방법이 될 것입니다. 결국 조직의 성장과 함께 구성원 스스로 자신의 역량을 향상시켜 나가는 게 문제 해결의 핵심입니다.

최근 테크 기업들은 인사평가를 할 때 과거처럼 성과평가, 역량평가같이 평가를 중심으로 진행하는 것이 아니라, 개인 성장에 대한 목표와 실행, 그에 따른 코칭과 피드백 프로세스를 지향하고 있습니다. 목표하는 역량 수준에 올라갈 수 있도록 방법을 고민하고 독려하는 것입니다. 구성원의 성장을 제도적으로 뒷받침하는 것이지요.

성장 단계 –
알아도 안 하는 것이라면

해당 구성원이 제대로 하지 못하는 것처럼 보이는 또 하나의 이유는 안 하는 것입니다. 할 수 있는데 하지 않는 경우입니다. 평소와 달리 적극성이 떨어져 보인다든지, 비협조적으로 반응하거나 무관심해 보이는 태도들이 여기에 해당됩니다. 왜 이런 일이 발생할까요?

『기업의 인간적 측면』의 저자 더글러스 맥그리거(Douglas McGregor)는 이러한 원인을 조직 체제와 통제(Control)* 방법에 있다고 주장했습니다. 즉, 문제의 원인이 구성원에게 있는 게 아니라, 관리 방식에 있다는 것입니다. 영화 '인턴'에 등장하는 CEO와 디자이너의 관계를 생각해 봅시다. 디자이너의 작업 결과에 대해 매번 CEO의 의견을 반영하고 수정해야 하는 일이 반복된다면 어떻게 될까요? 물론 디자이너가 CEO의 의견에 대해 전적으로 공감하고 동의한다면 상황이 다르겠습니다만, 일반적으로는 점차 이 상황에 익숙해지고 적당한 수준에

---

*   '통제'보다는 '관리'라고 해석하는 게 더 적절할 것 같다는 생각이 드는데, 『기업의 인간적 측면』(미래의창) 한글판 번역대로 '통제'라고 적었습니다.

서 작업을 마치게 될 것입니다. 어차피 CEO의 의견을 반영해서 수정해야 하니까요. 디자이너 스스로 최선을 다하기 어려워집니다. 그렇게 되면 CEO는 디자이너가 할 수 있는데 하지 않았다는 생각을 갖게 됩니다. 문제는 디자이너에게 있는 게 아니라, CEO의 경영 방식에 있는데 말입니다.

그렇다면 어떠한 조직 체제와 관리 방법을 만들어야 할까요? 우선 구성원을 바라보는 관점을 정립해야 합니다. 더글러스 맥그리거의 X이론, Y이론과 에이브러햄 매슬로(Abraham Maslow)*의 동기이론만 함께 생각해도 통찰력을 얻을 수 있습니다. 제조업 중심의 산업사회 경영자들 사이에서는 '사람은 근본적으로 일하기를 싫어하기 때문에 명령, 통제, 처벌이 수반되어야 한다.'는 X이론 가설이 지배적이었습니다. 따라서 조직구조는 권한의 상하관계가 강조되는 위계형 피라미드 조직이 만들어집니다. 고용계약은 근로자가 경제적 보상에 대한 대가로 명령을 따르겠다는 약속으로 간주됩니다. 기업의 요구가 구성원의 요구에 우선하는 것이 당연했습니다. 근로자들이 기계 부속품처럼 다루어졌던 시대 상황을 반영한 것입니다. 그런데 어느 순간부터 이런 관점이 적합하지 않다는 것을 알게 됩니다. 매슬로의 욕구 5단계 이론을 중첩시켜 보면 이해가 수월해집니다.

---

*   에이브러햄 매슬로(Abraham Maslow)(1908~1970). 미국 철학자이자 심리학자.

| 매슬로의 욕구 5단계 이론 |

    산업사회 시대 대부분 노동자들은 의식주를 유지할 수 있는 생리적 욕구가 우선이었습니다. 고단하고 힘들어도 생계를 유지할 수 있다는 것만으로도 기꺼이 일하고자 하였습니다. 노동자들은 생리적 욕구가 충족되기 시작하자 근무환경, 근무시간, 고용안정 등 안전을 요구했고 기업들도 이에 부응해 나갔습니다.

    게다가 산업사회에서 지식사회로 넘어온 현재는 상황이 더 많이 달라졌습니다. 지식기반 사회에서는 더 이상 명령, 통제, 처벌이 의미를 갖기 힘들어졌습니다. 프로그래머가 자리에 앉아서 코딩을 하고 있는지, 딴생각을 하고 있는지 파악하기 어렵습니다. 프로그램 코드의 행이 많다고 해서 일을 잘했다고 보기도 어렵습니다. 능력자라면 더 간결하게 프로그래밍할 수 있었을 것입니다. 지식노동자들은 명령과 통제로 관리하는 게 아니라 스스로 적극성을 가지게 할 방법을 찾아야 합니다.

다시 한번 욕구 5단계 이론을 보겠습니다. 현대 사회의 지식노동 자들은 욕구 5단계 이론의 생리적 욕구, 안전의 욕구를 상당 부분 충족했습니다. 이제 이들은 보다 높은 수준의 욕구를 원하게 됩니다. 회사에 대한 소속감, 동료 관계, 사내 활동, 자부심 같은 애정과 소속의 욕구, 인정, 칭찬, 존경을 받는 존중의 욕구. 일에서부터 자신의 성장 동기를 충족하고 잠재력을 발휘할 수 있는 자아실현의 욕구 순으로 말입니다. 기대하는 수준의 욕구가 충족되는 과정에서 일에 대한 적극성이 올라가게 됩니다. 이 과정에서 해당 욕구가 충족되지 않으면 조직과 일에 대한 불만이 생깁니다. 동료 관계가 좋지 못하거나 조직에서 인정받지 못하고 있다는 감정을 갖게 되면 일에 대한 적극성이 떨어지고 정도에 따라 무관심, 비협조적 태도를 보일 수 있습니다. 원하는 수준의 욕구가 조직에서 충족되지 않으면 회사 밖에서 해당 욕구를 충족시키려고 할 것입니다. 조직에서 존중받지 못하고 있다는 감정을 갖게 되면 그런 욕구를 충족하기 위해 퇴근하자마자 취미 동호회에 달려가 그 안에서 존중의 욕구를 채우기도 합니다.

경영자 입장에서 '사람은 근본적으로 일하기를 싫어하기 때문에 명령, 통제, 처벌이 수반되어야 한다.'는 X이론으로는 더 이상 구성원들의 동기를 끌어내기 어렵습니다. 생리적 욕구, 안전의 욕구가 주요 미충족 욕구일 때나 가능했던 방식입니다. 맥그리거는 '적절한 조건이 주어진다면 사람은 놀이나 휴식에 대한 본성처럼 노동에도 심신의 노력을 기울인다.' 같은 Y이론 가설을 주장했습니다. 여기서 적절한 조건이란 구성원들이 일터에서 소속감을 느끼고, 존중받으며, 자아실현에 도전할 수 있도록 만드는 것을 말합니다.

욕구 5단계 이론을 구조화한 삼각형 피라미드의 모든 단계를 한 번에 충족시킬 수는 없지만 우리 조직 구성원들의 '적절한 조건'을 위해 어느 수준에 와있는지, 어떤 부분을 더 고려해야 하는지 힌트를 얻을 수 있을 것입니다.

지금부터 기업이 성장하는 과정에서 일하는 체계를 어떻게 만들어 갈 것인지 알아보겠습니다.

1장 스케일업 경영자의 일에서는 창업기업의 성장 단계, 창업 초기와 스케일업의 차이, 스케일업에서 경영자가 집중할 일을 살펴봅니다.

2장은 사람과 조직에 대한 관점입니다. 경영 의사결정의 핵심 기준이 될 것입니다. 스케일업의 시스템은 무에서 유를 만들어 가는 과정입니다. 이를 위해서는 경영자가 가진 관점과 원칙이 중요합니다. 사람과 조직에 대한 관점에 따라 성과관리, 인사평가, 보상체계, 조직문화 등을 어떻게 만들어 갈 것인지 원칙을 세울 수 있습니다. 더글러스 맥그리거의 X이론, Y이론과 Y이론이 성립되기 위한 전제 조건인 에이브러햄 매슬로의 욕구 5단계 이론, 우리가 만들어 가야 할 조직모델을 미리 생각해 볼 수 있는 프레드릭 라루(Frederic Laloux)의 조직 발전 연구, 이에 따른 사례 기업들을 보며 사람과 조직에 관한 관점을 정립해 보겠습니다.

3장 가치체계는 기업이 어떤 목적을 가지고 어디로 어떻게 가려고 하는지에 대한 가이드입니다. 구성원들이 단지 돈을 벌기 위해서만 함께하는 것이라면 언제든지 더 많은 돈을 주겠다고 하는 곳으로 가버릴 것입니다. 우리가 왜 여기 모여서 함께하고 있는지, 우리가 하는 일의 의미, 목적, 지향하는 가치를 공유해야 할 것입니다. 함께하는 근본적인 이유를 공유하는 것입니다. 이것은 단지 근사해 보이도록, 말로만 하는 어떤 선언이 아니라 행동으로 하나씩 실행되는 모습이 나타날 때 강력한 힘을 발휘하게 될 것입니다.

4장은 성과관리, 5장은 인사평가입니다. 조직의 미션, 비전, 핵심가치 같은 가치체계가 공유되었다면 실제 구체적인 목표를 가지고 어떻게 일을 해나갈 것인지 체계를 잡아야 합니다. 바로 성과관리에 대한 부분입니다. 거의 모든 기업들이 관련 프로세스를 가지고 있는데, 아이러니하게도 대부분의 구성원들은 기존의 성과관리 체계에 대해 부정적인 인식을 가지고 있습니다. 그것은 정확하고 공정하게 평가하기 어려운 '성과'를 평가에 연결하여 구성원들에게 차등화된 보상을 하고 있기 때문입니다. 그 결과 인사평가 시즌이 성과향상을 위한 긍정적인 기간이 되는 게 아니라, 불안과 불만이 교차되는 상황이 되고 있습니다. 성과관리와 인사평가에 대한 현황 이해부터 시작해 경영자가 가지고 있는 관점에 따라 조직에 적합한 체계를 살펴봅니다.

6장은 보상체계, 7장은 동기부여입니다. 사람들을 움직이는 보다 직접적인 동기부여 방식도 살펴봐야 합니다. 동기부여 이론을 언급할 때 보통 외적동기와 내적동기로 구분합니다. 외적동기는 본연의 일 외적인 부분, 예를 들어 금전적 보상, 상벌, 승진 같은 것에 의해 동기부여 되는 것을 의미합니다. 반면 내적동기는 일 외적인 보상이 아니라, 일 자체에서 오는 즐거움, 재미, 도전감, 성취감 같은 심리적 요인을 의미합니다. 보상체계에 대한 이해, 적합한 보상체계, 동기부여 방법론까지 살펴보겠습니다.

8장은 조직문화, 9장은 조직구조입니다. 조직문화는 '조직 구성원이 조직 생활을 통해 학습하고 공유하며 전수하는 신념, 규범, 관행으로, 조직 구성원들의 생각과 의사결정 및 행동에 방향과 힘을 주는 것'이라 할 수 있습니다. 조직문화의 중요성과 적합한 문화를 만들어 가는 방식을 알아볼 것입니다. 또한 조직이 성장함에 따라 어떤 방식의 조직구조로 진화시킬 수 있는지에 대해 살펴볼 것입니다. 조직구조는 조직문화가 구체화되는 일하는 방식이 됩니다. 특히 조직구조는 구조의 변화 자체가 성공 여부가 아니라, 앞에서 다루었던 모든 것들이 일관된 방향으로 정렬되어 있을 때 시너지를 만든다는 것을 알 수 있게 될 것입니다.

1장

스케일업 경영자의 일

2

어디에 집중할 것인가

사업 초기에 집중해야 할 일은 명확합니다. 사업 계획의 핵심이라 할 수 있는 비즈니스 모델이 제대로 돌아가는지 확인하는 것입니다. 이대로 반복하면 확장 가능한 사업이 된다는 판단이 서면 본격적으로 사업 확장에 나서게 됩니다. 스케일업(Scale-up) 단계에 들어서는 것입니다. 그럼, 스케일업 단계에서는 어디에 집중해야 할까요?

아이러브스쿨은
왜 잊혀졌는가

사이좋은 세상, 싸이월드(Cyworld)에 대해 들어본 적이 있을 겁니다. 2000년대 당시 인터넷 이용자 대부분이 사용할 정도의 인기 있는 소셜 네트워크 서비스였습니다. 이 서비스는 1998년 카이스트 경영대학 대학원생 몇 명이 모여서 시작했습니다. 하지만 처음부터 사람들에게 큰 인기를 얻었던 것은 아니었습니다. 사업 초기 수년간은 이용자들의 니즈를 제대로 파악하지 못해 시행착오를 거듭했었습니다. 그런데 제가 지금 싸이월드 이야기를 하려고 하는 것은 아닙니다. 아이러니하게도 싸이월드의 사업 아이디어는 경쟁 서비스 탄생의 촉매가 되었습니다. 싸이월드 창업 소식을 접한 같은 대학원 K씨는 다른 생각을 했던 겁니다. 인터넷 커뮤니티의 핵심이 사람을 모으고 연결시키는 것이라면 더 확실한 방법이 있다고 생각한 것입니다.

'사람 모으는 데는 학연이 최고인데….'

바로 동창을 모아주는 것입니다. K씨는 이 아이디어를 실행하기 위해 싸이월드처럼 연구실 동기들과 뜻을 같이하게 됩니다. 그리고 초, 중, 고교 동창 커뮤니티인 '아이러브스쿨'을 시작했습니다. 1999년 9월, 이 서비스는 출시하자마자 폭발적인 인기를 끌게 됩니다. 먼저 시작한 싸이월드는 이렇다 할 돌파구를 찾지 못해서 헤매고 있는 상태였는데, 아이러브스쿨은 대박을 터트린 겁니다. 동창 찾기 열풍이 시작되었습니다. 오픈 1년도 되지 않은 2000년 5월 회원 수는 25만 명을 돌파했고, 이후 매달 100만 명씩 회원이 늘어났습니다. 2000년 10월에는 국내 인터넷 방문자 수 2위(알렉사[01] 발표)까지 올라갔습니다. 특별한 광고도 없었습니다. 잊고 있었던 동창들을 찾기 위해 사람들이 스스로 몰려든 것입니다. 이용자들은 신기해하고 즐거워했습니다. 주말이면 전국의 주점과 식당이 동창회, 반창회로 난리가 났습니다. 다들 온라인과 오프라인을 넘나들며 학창 시절을 이야기하기에 여념이 없었습니다.

아이러브스쿨이 큰 인기를 끌게 되자 국내 대기업들을 비롯해 여러 곳에서 인수 제안을 하기 시작했습니다. 야후코리아는 처음 300억 원을 제안했고, 나중에는 500억 원에 인수하겠다고 했습니다. 창업한 지 1년밖에 안 된 회사에 파격적 제안을 한 것입니다. 하지만 경영진은 초기 투자자의 반대로 인수 제안을 거절하고, 대신 초기 투자자로부터 추가 투자를 받기로 했습니다. 이 시기 창업가들은 복권에 당첨된 기분이었을 것입니다.

그러나 이런 기분은 그렇게 오래가지 못했습니다. 빠르게 늘어나는 회원 수에 걸맞은 제대로 된 서비스가 제공되지 못하고 있었던 것입니다. 그래도 일은 계속 늘어나니 직원들을 계속 충원했고 그에 따라 조직 규모는 갈수록 커져갔습니다. 하지만 제대로 된 조직구조를 만들지 못했고 오히려 비효율만 늘어났습니다. 수익모델도 없었습니다. 조직 내에서는 사업 방향에 대한 반목과 불화가 생기고, 2001년에 접어들며 창업 멤버들도 하나둘 회사를 떠나게 되었습니다. 회원들도 느리고, 개선되지 않는 서비스에 불평하며 경쟁 사이트로 옮겨가기 시작했습니다. 결국 K대표 역시 회사를 떠나기로 했습니다.

이런 상황들은 제대로 된 서비스를 제공하기 어렵게 만들었고, 아이러브스쿨은 쇠락의 길로 접어들게 됩니다. 그리고 서서히 잊혀지는 서비스가 되었습니다. 일장춘몽(一場春夢)이었습니다.

창업가가 대표직에서 물러나며 했던 말입니다.

"기업 조직이 빠르게 확장되면서 CEO로서 감당해야 할 실무경영의 무게가 짧은 사회경험과 창업자로서의 고정된 사고로는 너무 무거

웠다."[02]

그로부터 다시 십여 년 뒤 그 당시를 이렇게 회상했습니다.[03]

"언론에서 취재를 오면 마치 연예인인 것처럼 능숙하게 포즈를 취하고 허세를 부렸어요."

"일주일에 세 번 이상 술을 먹었는데 무조건 룸살롱을 가고, 무조건 현금으로 계산했어요. 옷도 명품 브랜드에서 맞춤 양복으로 입었죠. 구름 위를 붕 떠다녔죠."

인터넷상에는 지금도 전설처럼 떠도는 문서가 하나 있습니다. 2001년 당시 개발팀장이 작성한 '아이러브스쿨은 왜 잊혀졌는가'라는 22페이지짜리 비망록*입니다. 저자는 서두에서 누구를 비난하거나 책임을 전가하기 위한 것이 아니라고 밝혔습니다. 아이러브스쿨이 왜 장기적인 발전을 이룩할 수 없었는지를 비장하게 풀어놓았습니다. 이 문서에서 지적한 핵심 키워드들은 조직력, 체계, 비전, 혁신, 리더십이었습니다.

"우리는 경영자들의 말과 행동의 불일치, 사업 목표에 대한 부재, 신구 멤버 간 갈등 등으로 조직력을 가지지 못했다. 팀워크와 업무 프로세스의 부재, 책임과 권한 불균형 등은 제대로 된 시스템을 갖추지 못하게 했다. 전 직원의 동의와 협조를 얻을 비전을 가지지 못했다. 인원의 증가와 함께 규모에 맞는 효율적인 조직체계로 혁신했어야 했는데 비효율성만 늘어갔다. 지시를 남발하는 보스는 있으나 구성원들

---

* 안타깝게도 최초의 출처를 알 수 없어 http://scaleup.modoo.at에 링크를 걸어두었습니다.

을 이끄는 리더를 가지지 못했다."

그 당시의 현실을 담담하게 써 내려간 이 글을 보면 지금의 어느 조직도 여기에서 자유롭다고 말하기 어려울 것입니다. 어느 기업이나 겪을 수 있는 경영 이슈이기 때문입니다.

물론 이 비망록 내용이 가장 큰 실패 원인이라고 단정할 수는 없습니다. 하지만 아이러브스쿨이 고객을 열광시키는 엄청난 서비스였다는 것, 그러나 제대로 스케일업(Scale-up)하지 못했다는 것은 확실합니다. 사람만 채용했다고 일이 저절로 되는 게 아닙니다. 비망록에서 언급하는 조직력, 체계, 비전, 혁신, 리더십 같은 것들은 바로 경영의 중요한 요소들입니다. 아무리 고객이 원하는 것을 만들었어도 경영이 제대로 이루어지지 않으면 사업을 감당할 수 없게 된다는 것입니다. 경영!

'아이러브스쿨은 왜 잊혀졌는가' 에필로그 일부

이 글은 나의 생각과 판단을 통해서 정리한 글이다. 모든 것은 나의 경험에서 우러난 것이며, 경험을 통해서 무엇을 어떻게 했어야 했는가를 적은 글이다. 사실 나의 주장을 그대로 수행했다고 해서 더 좋은 결과를 얻을 것이라고는 확신할 수 없다. 그러나 시장에서 밀려나가는 과정을 지켜보면서 왜 밀려났는가에 대한 질문을 스스로에게 던지고 그리고 해결책을 모색해 본 것이다.

(중략)

그 요소를 한마디로 말하면 그것은 '경영의 부재'였다. 경영의 정의를 무엇이라고 하는가는 대부분 금전적인 것과 관련 깊게 이야기했다. 사실상 그런 것이라고 알고 있었다. 경영을 하려면 돈이 있어야 한다는 것으로 인식하면서 나는 기업의 출발점을 지금으로 보았다. 그러나 내가 경험한 것을 바탕으로 나름대로의 결론을 내리면 경영은 사람과 관련된 모든 것이었다. 경영은 사람과 사람 사이의 관계를 정의한 것이었다. 경영은 우리가 다루는 프로그래밍 언어를 말하지 않았고, 사용해야 할 서버의 종류를 말하지 않았다. 그리고 인력의 수준이나 능력을 말하지 않았으며 또한 그들의 수를 결정하지도 않았다. 경영은 왜 우리가 해당 소프트웨어를 사용해야만 하는지를 말했고 서버 유지비용을 낮추어야 하는지를 말했다. 그리고 인력의 수준이 어느 정도여야 하며 앞으로 그들이 무엇을 해야 할 것인가를 말했다. 그리고 인력의 수가 일정한 수준에 도달했을 때 무엇을 해야 하는지를 말했다. 나는 생각했다. 경영이 없는 기업에게 남는 것이라고는 건물과 사람뿐이다가 그것이다. 직원은 없이 그저 사람들뿐이다. 진실로 그러했다. 내가 아이러브스쿨에 있으면서 가장 필요하다고 느낀 것은 경영이었다. 그 경영은 내가 던지는 질문에 대한 답을 해줄 수 있는 유일한 것이었다.

(하략)

기업의 성장과
필요한 역량

중고등학교를 졸업한 후 가끔 한 번씩 옛 동창들이 그리울 때가 있습니다. 하지만 선뜻 연락하기도 모임을 주선하기도 쉽지 않습니다. 연락처는 졸업앨범을 뒤져봐야 하는데 그나마도 대부분 변경된 경우가 많았습니다. 바로 이 문제를 아이러브스쿨이 해결해 주었습니다. 아이러브스쿨에 가면 동창을 만날 수 있고 동창회를 만들 수 있었습니다. 고객이 필요로 하는 것을 제대로 해결해 주었습니다. 그러나 거기까지. 고객 니즈는 확실히 해결했으나 지속적으로 성장하지 못했습니다.

다음 그림은 J커브 또는 하키 스틱 곡선이라고 불리는 창업기업의 현금흐름 곡선입니다. 여러분도 이런 형태의 곡선을 본 적이 있을 것입니다.

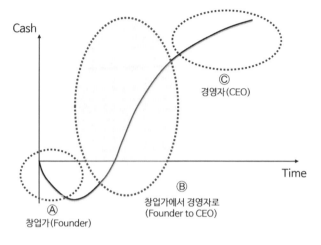

| 창업기업의 현금흐름 |

창업기업의 현금흐름 곡선에서 가장 앞에 있는 Ⓐ단계는 창업 초기 단계입니다. 창업가(Founder) 역량이 필요한 시기입니다. 이 단계에서는 개발, 사무실 임대, 장비 구입, 인력 확보 등 투자가 진행됩니다. 수입보다 지출이 훨씬 더 많습니다. 이후 제품이 출시됩니다. 제품 특성에 따라 다르지만 일반적으로 제품이 고객 니즈에 부합하는 시점에서 변곡점이 생기고 우상향하기 시작합니다.

창업 초기 단계에서 집중해야 할 일은 명확합니다. 가설로 세워놓은 비즈니스 모델을 검증하는 것입니다. 비즈니스 모델이란 사업 계획의 핵심을 간결하게 구조화해 놓은 것입니다. 비즈니스 모델이 검증된다는 것은 일정 단위의 제품이나 서비스를 판매했을 때 비즈니스 모델의 각 항목대로 실행된다는 것을 의미합니다. 가설로 수립된 비즈니스 모델이 제대로 돌아가는지 확인하고, 돌아갈 수 있도록 만드는 데

집중해야 하는 시기입니다. 이 단계에서는 빠르게 최소기능제품(MVP;
Minimum Viable Product)*을 만들어 사업 가설을 검증해 나가는 린 스타
트업(Lean Startup) 방식이 많이 활용됩니다. 린 스타트업은 비즈니스
계획의 핵심인 비즈니스 모델을 가설로 설정하고 리스크가 큰 부분부
터 신속하게 검증해 가는 것이라 할 수 있습니다.

ⓒ단계는 창업기업이 성장하여 제품이 성숙기에 이르는 시점이라
할 수 있습니다. 사업 환경의 불확실성은 초기에 비해 상대적으로 낮
아지지만 제품의 고도화, 조직의 확대 등으로 인해 관리의 복잡성은
높아집니다. 경영자(CEO) 역량이 필요합니다. 전통적인 경영 이론이
필요하고 분야별 전문가들이 필요한 때입니다. 마케팅, 재무, 인사,
영업, 전략, 연구개발 같은 주요 분야에는 전문가들이 성장을 견인하
고 있습니다. 기업 규모도 상당히 커졌고 지금까지 쌓아온 인적, 물적
자산을 활용해 신규 사업, 신규 제품 등으로 사업을 확장해 나갑니다.

미국 경제학자 갈브레이스(Galbraith)는 이런 차이점을 보며 "뛰어난
창업가가 뛰어난 경영자라 할 수 없으며, 그 반대의 경우도 마찬가지
다."라고 했습니다.[04] 기업의 성장 단계에서 필요한 핵심 역량이 다르
기 때문입니다. 하버드 경영대학 노암 와서만(Noam Wasserman) 교수는
창업가의 가치관과 역량이 지속적으로 변화하지 못할 경우 기업 성장
을 정체시키는 핵심 원인이 될 수 있다고 주장했습니다.[05]

눈여겨볼 점은 Ⓐ단계에서 ⓒ단계로의 변화가 하루아침에 이루어

---

*   MVP(Minimum Viable Product): 제품의 목적을 구현할 수 있는 최소한의 기능으로 구
성된 제품을 의미.

지는 것이 아니라는 것입니다. Ⓐ단계의 최저점을 지나는 시점부터 Ⓒ 단계까지 가려면 중간에 우상향 구간을 거쳐야 합니다. 이 단계를 규모 확장 단계 혹은 스케일업(Scale-up) 단계라 부를 수 있습니다. 이 단계는 제품의 대량 판매 혹은 서비스 규모를 키우는 과정입니다. 비즈니스 모델이 상당 부분 검증된 상태이며 제품의 기능과 품질을 고도화시켜야 합니다. 창업팀 체계만으로는 감당할 수 없기 때문에 구성원이 늘어납니다. 사업이 성장하며 사업 환경의 불확실성은 줄어들지만 관리의 복잡성이 커지는 구간입니다. 본격적인 성장 관리가 필요한 때입니다.* '창업가에서 경영자로(Founder to CEO)' 성장해야 하는 시기입니다.

누구나 시작은
자영업자였다

장사와 사업의 차이는 무엇일까요? 한 번쯤 들어봤거나 생각해 봤음 직한 질문입니다. 인터넷에서 검색해 보면 다양한 의견이 나옵니다. 왜 그렇게 생각하게 되었는지는 알 수 없지만 '장사'는 뭔가 좀 부정적이고, '사업'은 가슴이 웅장해지는 긍정적인 것으로 표현됩니다. 그래서 장사하는 사람은 '꾼'으로 불리고 사업하는 사람은 '가'라고 불립니다. 몇 가지 문장들을 보면 '장사꾼은 주위 사람을 믿지 못해 일

---

* 　본서에서는 '경영자(Manager)'를 '최고 경영자(Top Manager)'의 의미로 사용하며, CEO, 대표 등의 용어와 동일한 의미로 혼용하여 사용하고 있습니다.

가친척으로 조직을 완성시킨다.', '장사꾼은 어떤 욕을 먹더라도 자신의 이익을 챙긴다.', '임금은 최대한 짜게 주고 돈을 버는 게 가장 중요하다.'고 생각한다는 것입니다. 반면 사업가는 '사람을 믿고 이익 분배에 신경 쓴다.', '미래에 대한 투자에 신경 쓰고 돈도 중요하지만 가치 있게 버는 게 더 중요하다고 생각한다.' 같은 문장이 나옵니다. 종합해 보면 장사는 돈을 버는 것이 가장 큰 목적으로 보이고, 사업은 고객을 비롯해 이해관계자들을 만족시킨 결과로 돈을 버는 것으로 묘사됩니다. 하지만 '장사'와 '사업'의 사전적 의미는 무엇이 좋고 나쁜지 구분하지 않습니다.

장사의 사전적 정의는 '이익을 얻으려고 물건을 사서 파는 일'입니다. 사업은 '어떤 일을 일정한 목적과 계획을 가지고 짜임새 있게 지속적으로 관리하고 운영하는 일'이라고 되어있습니다. 장사는 열등하고 사업은 우등하다는 의미는 없습니다. 장사도 어떤 일에 해당되고 그 나름의 목적과 계획이 있습니다. 규모가 커지면 짜임새 있게 관리해야 할 부분도 늘어납니다. 보통 이런 사업을 유통업이라고 합니다. 백화점, 할인점, 쇼핑몰 같은 곳이 장사의 속성을 가진 대표적인 사업이라 하겠습니다. 그렇다면 장사와 사업을 비교하는 것은 특별한 통찰을 얻기 어려워 보입니다. 장사보다는 자영업(自營業)과 비교해 보면 좋을 것 같습니다.

자영업은 사전에 '자신이 직접 경영하는 사업'으로 정의되어 있습니다. 그런데 이 정의를 문자 그대로 이해하면 기업을 경영하는 경영자와 구분하기가 어렵습니다. 동일한 의미를 가진 영어 단어인 'Self-employment'를 함께 봐야 의미가 명확해질 것 같습니다. 사업을 하는데, 고용주가 아니라, '자기고용(Self-employed)' 되어 사업의 핵심, 주로 상품이나 서비스를 만들어 내는 활동을 맡아서 하는 경우입니다.

미국의 대표적인 프랜차이즈 기업인 맥도날드의 경우, 창업자인 맥도날드 형제는 캘리포니아에 있는 샌 버나디노(San Bernadino)에서 햄버거 가게를 운영했습니다. 반면 프랜차이즈 판매권을 얻은 레이 크록(Ray Kroc)은 햄버거 만드는 방법을 표준화하여 전 세계에 맥도날드 매장을 만들었습니다. 맥도날드 형제와 크록은 모두 햄버거 가게를 운영했습니다만 접근 방법은 달랐습니다. 맥도날드 형제는 햄버거를 직접 만들어서 판매하며 매장을 운영하는 데 주력했고, 크록은 햄버거를 만들어 판매하는 시스템을 만들고 그것을 확장시키는 일을 했습니다. 맥도날드 형제는 자영업을, 크록은 사업을 했다고 표현할 수 있습니다. 자영업자는 주로 시스템 안에서 역할을 하고 있습니다. 그렇기 때문에 본인이 없으면 일이 돌아가지 않거나 매출에 지장을 받게 됩니다. 미용실을 혼자 운영하는 헤어 디자이너가 하루 쉬려면 그날은 가게 문을 닫아야 합니다. 본인이 없으면 시스템이 제대로 돌아가지 않는 것입니다. 사업가는 시스템 자체를 만들고 확장시키는 역할을 하고 있습니다. 헤어 디자이너를 고용하거나 미용실 프랜차이즈를 만들어 놓으면 누가 쉬더라도 시스템은 돌아가게 됩니다.

창업 초기 단계의 대표는 대부분 자영업자의 역할을 했을 것입니다. 비즈니스 모델 검증을 위해 비즈니스 모델 속에서 상품을 직접 만들고 판매하고 그랬을 것입니다. 대표가 빠지면 회사는 제대로 돌아가지 않을 것입니다. 하지만 장기적으로는 비즈니스 모델대로 반복하여 확장시킬 수 있는 시스템을 만들어 가야 할 것입니다. 이것을 본격적으로 실행하는 시점은 비즈니스 모델이 가설대로 돌아갈 수 있다는 판단이 들 때입니다. 이제 여러분은 자영업자에서 사업가로, 창업가에서 경영자로 넘어가는 길에 올라선 것입니다.

시스템 만들기에 집중할 때

사업 초기에 집중해서 해왔던 것은 세상에 내놓고자 했던 제품이 사람들에게 가치가 있느냐였습니다. 즉, 팔릴 수 있는 제품을 만드는 데 집중해 온 것이고 비즈니스 모델 검증을 통해 확인한 것입니다. 창업가는 이것을 검증하기 위해 이것저것 많은 일을 했을 겁니다. 자영업에서 대표가 빠지면 일이 제대로 돌아가지 않듯 사업 초기의 대표는 자영업자와 다를 바가 없었을 것입니다.

창업가가 프로그래머였다면 초기 핵심 기능을 혼자서 거의 다 만들었을 것입니다. 하지만 회사가 커가는데 계속해서 프로그래밍에만 집중할 수 있을까요? 조직이 커갈수록 회사에는 더 많이 생각하고 결정하고 실행해야 할 일들이 늘어갈 것입니다.

기업이 수익을 내는 방법은 무엇일까요? 당연히 제품을 팔아서 수익을 내는 것입니다. 이 구조를 만들기 위해 제품을 만들고 비즈니스 모델을 검증하기 위해 노력했습니다. 하지만 이것이 수익을 만드는 방법의 전부일까요? 기업이 만드는 더 큰 수익은 제품을 만들어서 파는 시스템 그 자체에서 생깁니다. 기업은 황금알을 낳는 거위인 셈입니다. 황금알을 팔아서 수익을 내기도 하지만 황금알 낳는 거위가 훨씬 더 큰 수익이 됩니다.

　회사가 투자를 받는다는 것의 의미를 생각해 봅시다. 회사가 투자를 받았다는 것은 제품 판매로 인해 매출이 늘어날 것이라는 믿음을 기반으로 합니다. 하지만 매출이 늘어난다고 해서 투자자 수익이 높아질까요? 물론 긍정적인 영향을 미칠 것입니다. 그런데 이것이 투자자들의 기대치였다면 그들은 배당 수익에 더 많은 관심을 가졌을 것입니다. 하지만 대부분의 투자자들은 배당 이야기를 하지 않습니다. 그들은 회사 자체가 높은 가격으로 피인수되거나 주식시장에 상장될 때 투자 지분을 매각하여 수익을 거두려고 할 것입니다. 이것이 의미하는 바가 무엇인가요? 투자자들은 '제품을 팔아서 수익을 내는 것'이 아니라 '제품을 팔아서 수익을 내는 시스템'을 팔아서 수익을 내겠다는 것입니다. 그렇다면 투자자들은 무엇에 투자한 것일까요? 회사에 투자했다는 것은 우리 회사가 발행한 주식을 구매했다는 것입니다. 제품을 만드는 제품 혹은 제품을 만드는 시스템의 일부를 구매한 것입니다. 제품에 가격이 있듯 제품 만드는 시스템인 기업에도 가격이 있습니다. 이것을 '기업 가치'라고 부릅니다. 투자를 받았다는 것은 창업가들이 가진 그 시스템에 가격을 매기고 그 일부(정확히는 기업의 소유권을 의미하는 주식)를 투자자에게 판매한 것입니다. 황금알을 낳는 거위의 소유권, 창업가가 만든 돈 버는 시스템의 일부를 판매한 것입니다.

　창업가는 고객이 원하는 제품을 만드는 데 집중하는 것이고, 경영자는 그 시스템을 효과적이고, 효율적으로 만들어 가는 것이라 할 수 있습니다. 스케일업 단계의 창업가는 고객이 원하는 제품을 만드는 데에도 신경 쓰며, 시스템 만드는 일을 시작해야 합니다. 스타벅스가 커

피를 팔아 매출을 올리기도 하지만 사실 더 큰 가치는 커피를 파는 시스템에 있는 것처럼 말입니다.[*]

창업 초기에는 자영업으로 시작해 비즈니스 모델 검증에 집중했다면 이제는 비즈니스 모델을 실행하는 시스템 만들기에 주력해야 할 때입니다. 그것이 바로 스케일업 단계에서 할 일입니다.

스타트업과 스케일업

	스타트업	스케일업
목표	(반복하면 확장 가능한) 비즈니스 모델 검증	비즈니스 모델을 반복하여 확장시키는 시스템 만들기
수익 원천	제품 판매	제품 판매 & 기업(시스템) 판매
사업 형태	자영업	사업
집중 대상	고객	고객 & 구성원

---

[*]　2022년 스타벅스의 매출은 약 322억 달러에 순이익이 약 33억 달러였습니다. 2023년 5월 2일 기준 스타벅스 회사 자체의 시장 가치는 1,315억 달러로 대략 175조 원 규모였습니다. 기업 가치가 연간 순이익의 40배 가까이 됩니다.

2

경영 의사결정의 어려움

비즈니스 모델을 실행하는 시스템을 만들려면 어디서부터 접근해야 할까요? 제가 생각하는 기업 시스템의 기본 구조입니다.

첫째, 목적. 조직은 어떠한 목적을 가지고 있습니다. 흔히 기업의 목적을 이윤 추구라고 말하지만 실제는 목적을 달성한 결과 이윤이 생기는 것입니다. 따라서 목적이 분명해야 합니다. 목적을 달성하기 위해서는 그 수준과 방향을 알려주는 목표, 조직이 추구하는 가치관 같은 것들이 필요합니다. 미션, 비전, 핵심가치 같은 것들이 해당됩니다.

둘째, 사람. 기업은 사람들로 구성되어 있습니다. 기업이 목적을 달성하기 위해서는 사람들이 무언가 실행해야 합니다. 적합한 사람들을 채용하여 역할을 분담하고 합리적인 보상으로 목적을 수행해 나갑니다.

셋째, 조직화. 기업은 사람들로 구성되어 있는데, 단순히 모여있는 게 아니라, 조직화되어 있습니다. 개개인의 역량도 중요하지만 어떻게 조직화되어 있느냐에 따라 성과가 달라집니다. 길고 무거운 나무토막을 옮겨야 한다면 몇 명이 옮겨야 좋을지, 누가 앞에서 들고, 뒤에서들 것인지, 가운데서도 들어야 하는지, 옮길 방향을 알려주는 사람이필요한지 등 조직적으로 해야 효과적입니다. 기업의 일도 마찬가지입니다. 목적에 부합하는 방식과 구조로 조직화돼야 합니다.

| 기업 시스템의 구성요소 |

기업이 가진 목적을 달성하기 위해 적합한 사람들을 조직화하여실행하는 것. 그것이 시스템을 만들어 가는 것입니다. 그런데 사람들을 조직화하여 실행하는 것이 그렇게 쉽지가 않습니다. 혼자 일하는경우 일이 많으면 밤을 새워서라도 하겠지만, 사람들과 협업하는 경우혼자만 열심히 한다고 되지 않습니다. 사람들의 역량, 성격, 생각, 일하는 방식 등이 제각각이라서 조화를 맞추는 게 생각보다 어렵습니다.

그래서 많은 사람들이 '일보다 사람이 힘들다.'는 말을 하는 것입니다. 효율적인 조직을 만들기 위해 선배 사업가의 조언을 듣고, 경영 서적도 읽고, 인터넷 정보도 찾아보지만 이 역시 일관된 관점을 만드는 게 쉽지 않습니다. 발생하는 모든 일들의 맥락이 달라서 단편적인 지식으로는 판단이 서지 않는 경우가 많습니다.

몇 가지만 먼저 살펴보겠습니다. 전후 맥락을 하나하나 따져봐야 하지만, 우선 직관적으로 생각해 봅시다. 아래 문장에 대한 여러분의 생각은 어떤가요? 동의할 수 있는 문장입니까?

"구성원의 성과향상을 위해 당근과 채찍을 활용해야 한다."
"개별성과에 기반해서 보상해 주는 시스템이 공정한 것이다."
"목표는 위에서 아래로 정렬되어 설정되어야 한다."

당근과 채찍의 필요성

"구성원의 성과향상을 위해 당근과 채찍을 활용해야 한다."
말을 더 빨리 달리게 하기 위해 눈앞에는 당근을 보여주고, 엉덩이에는 채찍을 가하는 모습을 상상해 볼 수 있습니다. 기업 조직에 적용해 보면 당근은 보상을, 채찍은 벌칙을 비유한다고 할 수 있습니다. 당근과 채찍을 활용한다는 것은 지극히 당연한 문장이 아닐까요? 구성원들은 목표를 수립하고 그 수준을 초과하는 것에 대해 보상(당근)[*]이 있어야 열심히 할 것입니다. 목표에 미치지 못하는 구성원에게는 내년도 연봉을 동결하는 방식(채찍)으로 독려할 수 있습니다. 실제 잭 웰치(Jack Welch) 재임 시절의 GE는 조직 활력 곡선이라는 것을 만들어 당근과 채찍 정책을 적극적으로 구사했습니다. 매년 성과평가를 통해 상위 20%에게는 적극적인 보상을, 하위 10%는 회사를 떠나게 하는 방식을 만든 것입니다. 이 시절 잭 웰치의 GE는 지속적으로 기업 가치를 향상시켰습니다.

한편, 어느 중견 제조 기업 CEO는 당근과 채찍은 필요 없다고 말합니다.

"인간은 말이 아니기에 당근과 채찍은 필요 없다."

"보통의 기업은 이만큼 해내면 이만큼 당근을 준다고 한다. 즉 성과를 올리면 먹이를 준다는 것이다. 이것은 회사가 구성원을 믿지 않는다는 증거다. 당근을 먼저 주어야 한다. 그다음은 구성원이 알아서 할 것이다."

보통 당근과 채찍을 활용한다는 것은 성과를 높이기 위한 목적으로 보상 정책을 운영한다는 것입니다. 매출 목표를 달성한다든지, 특정 프로젝트를 완성한다든지, 좋은 아이디어를 냈다든지 하는 성과를 높일 의도로 보상 정책을 마련하는 것입니다. 그러나 여기서 말한 '당근을 먼저 주는 것'은 보상으로서의 당근이 아니라, 회사가 할 수 있는

---

[*] 물론 조금 더 깊이 들어가면 외적보상, 내적보상으로 나뉘고, 외적보상도 연봉 인상, 성과급 지급, 승진 등으로 구분되는 등 따져볼 부분이 생기지만, 일단 성과에 대한 금전적 보상 같은 것으로 생각해 보겠습니다.

것을 먼저 한다는 의미입니다. 이 회사는 그 일환으로 구성원에게 부담을 주는 생산 목표를 없앴습니다. 생산 목표를 없애다니. 목표를 없애면 다들 열심히 일하지 않아 결국 망할 것이라는 주위의 우려도 있었습니다. 하지만 실제는 달랐습니다. 실적은 생산 목표와 상관이 없었습니다. 구성원들은 자신이 맡은 일을 이루려고 노력했습니다. 각자 자신이 할 수 있는 만큼 열심히 일을 했기 때문에 목표가 있든 없든 달라지지 않았습니다. 100을 할 수 있는데 목표가 50이었다고 50만 하거나, 목표가 150이었다고 해서 150을 할 수는 없습니다. 할 수 있는 만큼 하는 것입니다. 대신 회사가 가장 중요하게 생각하는 것은 구성원들의 의욕을 높이는 일이었습니다. 그 방법은 당근과 채찍으로 관리하는 것이 아니라, 구성원을 행복하게 하고 감동시키는 것이었습니다. 구성원이 스스로 일하고 싶게 만드는 것입니다. 구성원이 감동해야 고객을 감동시킬 수 있다는 논리입니다. 생산 목표를 없앤 것도 이 과정의 하나였습니다. 이 회사는 하루 근무시간 7시간 15분, 전 직원 정규직 종신고용제, 연간 140일의 휴일과 개인 휴가, 동종업계보다 10% 가량 높은 월급 등도 시행하고 있습니다. 일하는 방식에서도 구성원들에게 최대한의 자율성을 주고 있습니다. 현장 직원의 경우 보고, 상담, 연락하지 않아도 직접 결정할 수 있도록 했습니다. 출퇴근을 기록하는 출근 카드도 없습니다. 이 회사는 업계 평균 경상 이익률의 서너 배를 기록하고 있습니다. 국내에도 소개되어 화제가 되었던 '샐러리맨의 천국' 일본 미라이공업 이야기였습니다.[06]

당근과 채찍을 적극적으로 활용하는 것은 성과향상을 위해 당연한 것일까요?

개별성과에 기반한
보상

"개별성과에 기반해서 보상해 주는 시스템이 공정한 것이다."

좋은 성과를 낸 사람에게 더 많은 보상을 해주는 것. 이 역시 당연한 문장이 아닐까요? 이 문장에 반론을 제기하는 사람이 있을까요? 성과를 낸 만큼 보상해 주지 않는다면 누가 열심히 일하려 하겠습니까? 어떤 회사는 팀이나 본부 단위로 평가한다고도 하는데, 그것은 공정한 것이 아니라고 생각됩니다. 성과평가는 개인별로 하는 것이지, 팀이나 본부 단위로 하면 개인성과를 제대로 평가할 수 없고 경우에 따라 무임승차자가 생길 수 있습니다. 만약 팀성과에 개인성과가 좌우된다면 어떤 팀에 소속되어 있느냐가 개인의 노력보다 더 중요해져 공정하지 못합니다. 따라서 개별성과를 공정하게 평가해서 그에 따라 보상해 주는 것이 현대 자본주의 사회에서 공정한 것입니다.

한편, 회사를 다녀본 경험이 있다면 매년 말 성과평가를 받아봤을 것입니다. 그때 그 성과평가가 공정했다고 생각되었는지요? 자신이 설정한 목표는 최선이었는지요? 성과평가와 관련된 면담을 하고 나면 내년에는 더 열심히 해야겠다는 의욕이 생겼었는지 궁금합니다. 또, 성과에 기반한 차년도 연봉 인상이 충분하다고 생각되었는지, 회사의 성과보상 시스템은 합리적이었다고 생각되었는지도 자문해 봅시다.

2016년 잡코리아가 직장인 1,930명에게 물었습니다. 그 결과, 현 직장의 성과평가에 대해 '다소 불합리하다.'가 56.3%, '전혀 받아들일 수 없다.'가 7.9%로 나타났습니다. 또한 회사가 성과에 대해 적절히 관리하고 보상하느냐는 질문에는 63%가 아니라고 대답했습니다. 60% 이상이 부정적으로 대답한 것입니다.[07] '개별성과에 기반해 보상해 주는 시스템이 공정하다.'는 분명 맞는 문장 같은데 왜 이런 설문 결과가 나오는 것일까요? 공정한 시스템을 만들지 못해서일까요? 공정한 시스템을 만들면 해결될까요? 어떻게 해야 공정한 시스템을 만들 수 있을까요? 개별성과에 기반해서 보상해 주는 시스템이 공정해지려면 개별성과를 공정하게 평가해야 하는데 그런 방법이 있기는 할까요?

하향식 목표 설정

"목표는 위에서 아래로 정렬되어 설정되어야 한다."

회사는 목적을 가지고 모인 조직입니다. 목적을 달성하기 위해서 목표가 수립됩니다. 우선 조직 전체 차원의 목표가 수립되면 하위 조직이 전사 목표를 달성하기 위해 자신이 해야 할 목표를 설정합니다. 이를 캐스캐이딩(Cascading) 방식이라고 부릅니다. 캐스캐이드(Cascade)는 '폭포, 폭포처럼 쏟아지는 물, 폭포처럼 흐르다.'의 의미를 가지고 있습니다. 위에서 아래로 폭포처럼 흐르도록 목표를 설정하는 것입니다. 위에서 정해진 목표가 조직 말단에 이르기까지 꼬리에 꼬리를 물고 수립되는 것입니다. 물론 목표 수립의 과정에서 상위 조직과 하위 조직 간에 협의가 있었을 수는 있습니다. 하지만 일반적으로 상위 조직의 목표가 달성될 수 있도록 하위 조직이 목표를 분담합니다. 목표가 모두 수립되고 나면 이제 '돌격, 앞으로!' 하는 것입니다.

그런데 현실에서 목표를 수립하는 것과 실행하고 달성하는 것은 조금 다른 문제입니다. 상층부에서 제시한 목표들을 하위 조직들에서 분담하긴 했지만 사실상 그 목표는 누구의 목표일까요? 위에서 내려온 목표, 어쩔 수 없이 맡게 된 목표는 자기주도성을 없앱니다. 폭포 위에서 떨어지는 목표를 한 바가지씩 나누어 받은 것일 뿐입니다. 구성원들은 능동적으로 행동하려 들지 않을 것입니다. 어차피 자신이 정한 목표도 아니니까 하는 생각을 갖게 됩니다. 현실을 반영하지 않은 과다한 목표는 오히려 냉소를 만들게 될 것입니다.

한편 최근 기업들이 도입하고 있는 OKRs이라는 성과관리 체계의 목표 설정은 상향식 혹은 수평식[08]으로 한다는 것을 강조하고 있습니다. 즉, 하위 조직에서 수립한 목표들이 상위 조직으로 올라오며, 그것을 기준으로 협의하여 목표를 수립하는 방식입니다. 이 과정은 하위 조직에서 주도성을 가질 수 있게 합니다. 피터 드러커(Peter Drucker)가 소개한 목표와 자기관리에 의한 경영, 즉 MBO(Management by Objectives and Self-control)가 지향하는 바와 동일합니다.[*] 스스로 목표를 수립하고 이를 주도적으로 할 수 있는 환경을 만드는 경영 방식입니다. 그럼에도 불구하고 목표는 위에서 아래로 정렬되어 설정돼야 할까요?

---

[*]   MBO가 하향식 목표 설정 방식으로 사용되는 경우가 있고, 존 도어의 『OKR』에서 MBO는 하향식 목표 설정을 한다고 규정하고 있어 'MBO = 하향식 목표 설정'으로 이해하는 경우가 많은데 그것은 피터 드러커의 의도와는 상당히 다른 것이라 할 수 있습니다.

경영과 관련된 몇 가지 명제를 살펴보았습니다. 각 명제들은 맞다, 틀리다로 판단하기 어려울 것입니다. 주위 사람들과 이야기를 나누어도 통일된 의견을 듣기 어려울 수 있습니다. 모두들 자신의 철학과 경험을 바탕으로 이야기할 것입니다. 의견이 다른 경우 논쟁으로 번질 수도 있는 주제들입니다. 자연과학처럼 동일한 환경에서 동일한 조건의 실험을 통해 동일한 결과를 얻을 수 없기 때문에 법칙이나 공식이 존재하기도 어렵습니다. 그래서 의사결정에 어려움을 겪게 됩니다.

각 명제에 대한 생각은 경영자가 어떤 관점을 가지느냐에 따라 달라집니다. 그 관점에 따라 일관된 의사결정이 이루어질 때 제대로 된 시스템이 만들어질 것입니다. 앞으로 우리는 이런 명제들에 대해 어떤 관점을 가질 것인지, 그리고 그 관점을 어떻게 실행할 것인지 분명한 기준과 행동 방식을 갖게 될 것입니다. 그것이 본서의 목적입니다.

2

사람과 조직에
대한 관점

2

사람을 바라보는 관점

"적게 일하고 많이 버세요."

직장인을 위한 덕담이라고 합니다. 월급 받으며 회사를 다니는 사람 입장에서는 기분 좋게 흘려들을 수 있는 말입니다. 이 말이 덕담으로 들리는 데에는 '일은 힘들고 하기 싫은 것, 할 수만 있다면 덜 하고 싶은 것'이라는 데 공감하기 때문일 것입니다.

사람은 원래
일하는 것을 싫어한다

구성원을 어떤 관점으로 바라보는가는 경영 의사결정의 중요한 배경이 됩니다. 다음 질문을 한번 살펴봅시다.

질문1. 사람들은 자신의 일터에서 어떤 특성을 가지고 있다고 생각하나요?

(A) 사람은 원래 일하는 것을 싫어하고 가급적 피하려고 한다.

(B) 사람은 원래 능동적이고 자율적이며 일을 통해 재능을 발현한다.

(A), (B) 중 어느 쪽이 현실을 반영하고 있을까요? 각각은 옳고 그름, 좋고 나쁨의 이슈가 아니라 단지 어떻게 생각하느냐는 질문이니 편하게 선택하면 됩니다. 하나를 정하기 어렵다면 아래 몇 가지 문장[09]을 더 살펴보고, 동의하는 문장에 O를 표시해 보세요.

(1) 대부분의 사람들은 가능한 한 적게 일하려고 할 것이다.

(2) 대부분의 사람들에게 일은 놀이나 레크리에이션처럼 자연스럽다.

(3) 대부분의 직원들은 구체적으로 할당받지 않은 일은 하지 않을 것이다.

(4) 대부분의 직원들은 세밀하게 관리받는 것보다 자기 주도적으로 일하는 것을 선호한다.

(5) 대부분의 사람들은 문제를 해결하고 창의적이 되기 위해서보다는 생계를 위해 일한다.

(6) 대부분의 직원들은 기대에 부응할 수 있도록 면밀히 감독해야 한다.

(7) 직원들은 의미 있는 일을 즐긴다.

위 질문은 맥그리거의 X이론 가설과 Y이론 가설을 구분할 수 있도록 해주는 질문입니다.[10] X이론 가설과 Y이론 가설은 경영자가 구성원을 어떻게 보는지에 대한 기본적인 관점입니다. 위 문장에서 (1),

(3), (5), (6)에 O를 표시했다면 X이론, (2), (4), (7)에 O를 표시했다면 Y이론 가설을 가지고 있다고 볼 수 있습니다.

X이론 가설은 간단히 말해 '사람들은 일하기를 싫어하고 가능하면 회피하려고 한다.'는 것입니다. 그래서 누군가 관리하고 지시해야 움직입니다. Y이론 가설은 반대입니다. '사람들은 일하는 것을 노는 것이나 쉬는 것처럼 자연스럽게 생각하고, 창의적이며 책임감을 가지고 자기주도적으로 실행할 수 있다.'는 것입니다.

기업에서 일하는 사람들은 산업혁명 이후 대거 생겨났습니다. 사람들은 일자리를 위해 도시로 몰려들었고 임금 근로자가 되었습니다. 생계를 위한 일자리였습니다. 기업가들은 그들에게 최소한의 임금을 지급했습니다. 고도의 기술보다는 건강한 사람이면 누구나 할 수 있는 노동이 많았습니다. 최소한의 임금만 줘도 일할 사람이 넘쳐났습니다. 기술발전의 효과는 근로자들의 분업을 촉진시켰습니다. 1936년 찰리 채플린 감독·주연의 영화 '모던 타임즈(Modern Times)'에 나왔던 스틸 사진 몇 장만 보더라도 당시의 상황을 상상할 수 있습니다. 그들은 하루 종일 똑같은 일을 하고 있습니다. 무엇을 만들고 있는지, 어디에 쓰이는 것인지 알지 못했고 알 필요도 없었습니다. 컨베이어 벨트를 타고 들어오는 작업물을 처리하는 것만이 유일한 목적이었습니다. 사람은 기계나 다름없었습니다. 기업주들도 그것을 원했습니다. '나에게 필요한 건 사람들의 두 손뿐인데, 왜 항상 머리까지 함께 오는지 모르겠다.' 자동차왕 헨리 포드(Herny Ford)가 남긴 말입니다.

| 영화 모던 타임즈의 한 장면 |

근로자 입장에서 생각해 보겠습니다. 이들이 처음 일자리를 얻었을 때는 기뻐했습니다. 일을 해야 빵이라도 한 조각 살 수 있었기 때문입니다. 하지만 동일한 노동이 매일 반복되는 이런 일을 하고 싶어 했을까요? 생계를 위해 마지못해 했을 것입니다. 그러니 시간이 갈수록 근로자들은 소극적이고 수동적으로 일하게 됩니다. 경영자들은 이런 근로자들을 보며 '사람은 원래 일하는 것을 싫어하고 가급적 피하려 한다.'는 생각을 가질 수밖에 없었습니다.

프레드릭 테일러(Frederick Taylor)*는 이런 상황을 개선해 보고 싶었습니다. 테일러는 노동 생산성을 개선해서 노동자와 회사 모두에게 이익이 되는 방법을 찾으려고 했습니다. 이를 위해 관리자의 역할에 주목했습니다. 관리자는 시간연구와 동작연구를 기초로 노동의 표준량을 정하고, 근로자들을 그대로 움직이게 하는 것입니다. 그러면 생산

---

* 프레드릭 윈즐로 테일러(Frederick Winslow Taylor)(1856~1915): 경영학의 효시가 된 『과학적 관리법(The Principles of Scientific Management)』의 저자.

성이 올라갈 것이고 근로자에게는 이에 상응하는 추가 보상을 해줄 수 있었습니다. 이것이 과학적 관리법이었습니다. X이론에 기반한 강요, 통제, 명령은 대량 생산 시대 노동자들에게 적용되었고 실제 생산성을 향상시키는 데 공헌했습니다.

X이론, Y이론 유형은 정해져 있는가

X이론과 Y이론 중 여러분이 가지고 있는 기본 관점이 있을 것입니다. 그런데 가만히 생각해 보면 자신이 생각하는 기본 관점과 다르게 어떤 사람은 X이론 유형인 것 같고, 또 어떤 사람은 Y이론 유형인 것 같다는 생각이 듭니다. 이런 질문에 답해봅니다.

질문2. 함께하고 있는 구성원들을 떠올려 보세요. 그들은 X이론과 Y이론 중 어느 유형의 사람이라 생각되나요?

위 질문에 대해 X나 Y 모두 하나의 유형으로 귀결되는지, 아니면 누구는 X이론 유형, 누구는 Y이론 유형으로 나눠지는지도 생각해 봅니다. 만약, 여러분이 지지하는 관점은 하나인데, 어떤 구성원은 X이론에 가깝고, 또 어떤 구성원은 Y이론에 가까운 것 같다면 이것을 어떻게 해석해야 할까요? 질문 하나를 추가해 보겠습니다.

질문3. 여러분 스스로를 생각해 봅니다. 자신은 X이론에 속하나요? Y이론에 속하나요?

경영자의 경우 자신을 Y이론 유형이라 답하는 경우가 많습니다. 그런데 조금 더 깊게 생각해 보면 해야 할 일에 따라 다른 것 같습니다. 어떤 일을 할 때는 X이론 유형이고, 또 다른 어떤 일을 대할 땐 Y이론 유형이 됩니다. 아마 무언가 하기 싫은 일을 할 때는 X이론이고, 하고 싶은 일을 할 때는 Y이론이 될 것입니다. 정리해 보면 자신은 기본적으로 Y이론 유형인데, 누가 시켜서 하는 일, 왜 하는지 이유를 모르겠는 일, 성과가 나지 않는 일, 누구에게도 도움이 되지 않는 일을 할 때는 X이론 유형이 된다는 것입니다. 그런데 이게 자기 자신에게만 해당되는 상황일까요?

질문2를 다시 보겠습니다. X이론 범주라 생각했던 구성원은 혹시 조직에서 불만족스러운 일을 하고 있는 상태는 아닐까요? 그렇다면 X이론 유형의 구성원도 업무 내용, 방식, 구조 등을 개선하면 Y이론 유형의 구성원이 될 수 있지 않을까요? 반대로 생각하면 Y이론 유형의 구성원도 불만족스러운 상황이 생기면 X이론 유형의 행동을 보일 수 있다는 말이 됩니다. 무언가 응용해 볼 부분이 있을 것 같습니다.

워라밸 챙기는 MZ 세대는
X이론 세대일까

기업 조직의 리더가 X이론이나 Y이론 중 어느 관점을 가졌는지에 따라 사람, 조직에 대한 의사결정이 달라집니다. 그런데 자신이 가진 X, Y이론 관점과 질문2처럼 다른 사람을 볼 때 느끼는 혹은 다른 사람을 판단할 때 X, Y 관점이 다를 수 있습니다. 가령,

"사람들은 근본적으로 일을 하고 싶지 않아 해. 워라밸* 챙기면서 받은 만큼만 일하겠다는 요즘 세대를 봐. 이런 사람들은 성과평가 시스템을 잘 만들어서 제대로 관리해야 해[XX관점: 첫 번째 X — 자신이 가진 관점, 두 번째 X — 상대방에 대한 관점]."

또는,

"사람들은 근본적으로 일을 하고 싶지 않아 해. 누가 일하는 걸 좋아하겠어. 그런데 피터(Peter; 임의의 내부 구성원)는 좀 달라. 피터는 일하면서 보람을 느끼는 것 같아. 더 잘하려고 따로 공부도 하고 있더라고[XY관점: 첫 번째 X — 자신이 가진 관점, 두 번째 Y — 상대방에 대한 관점]."

처럼 말입니다. 자신이 생각하는 일에 대한 관점과 상대를 보며 느낀 관점이 다를 수 있습니다. 이렇게 경영자가 가지고 있는 관점과 상대방에 대한 관점을 사분면으로 나타낼 수 있습니다.

---

* 워크-라이프 밸런스(Work-life Balance)의 약자로 '일과 삶의 균형'을 의미합니다.

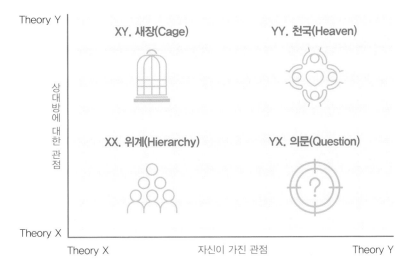

| 자신이 가진 관점, 상대방에 대한 관점 |

예를 들어 경영자는 '기본적으로 Y이론 관점을 가지고 있는데, 구성원을 보면 대부분 주어진 일들만 억지(?)로 하는 사람, 워라밸을 주장하며 영혼 없이 시간만 때우고 가는 사람인 것 같다.'는 생각이 든다면 그래프에서 X축(자신이 가진 관점)의 Theory Y, Y축(상대방에 대한 관점)의 Theory X, 즉 YX. 의문(Question) 사분면에 위치하게 됩니다.

❖ **XX(위계; Hierarchy): 나는 X관점, 구성원도 X스럽다**

사람은 가급적 일하고 싶어 하지 않는다고 생각하는데, 함께 일하는 구성원을 보더라도 그런 것 같은 생각이 드는 상황입니다. 이런 관점을 가진 경우 당근과 채찍을 잘 사용해야 한다고 생각할 것입니다. 그렇게 되려면 성과가 보상과 잘 연계된 시스템을 만들어야 합니다.

조직구조는 체계적인 위계(Hierarchy) 조직을 선호할 것입니다. 고용계약이란 경제적 보상에 대한 대가로 명령을 따르겠다는 것을 의미하므로, 상명하복의 문화를 지향할 것입니다. 업무 프로세스, 책임과 권한을 명확히 하려 합니다.

경영자의 역량이 출중한 초기 스타트업, 환경 변화 속도가 빠르지 않고 사업 구조가 복잡하지 않은 단순 제조, 서비스업에서는 효과를 볼 수 있을 것입니다. 하지만 구성원들의 창의성과 책임감을 확보하는 데에는 충분하지 않을 것입니다. 경영자는 '왜 이렇게 주인정신이 없는 거야.', '스스로 알아서 하는 게 없네.'라며 불평할 수 있습니다. 조직이 커갈수록, 지식 집약적, 창의성이 요구되는 사업일수록 이런 관점으로는 성장에 제약을 받게 될 것입니다.

❖ YY(천국; Heaven): 나는 Y관점, 구성원도 Y스럽다

적절한 조건(환경)이 구성되면 구성원들도 열심히 일할 것입니다. 구성원들도 자신의 일에 대해 충분한 역량을 가지고 일에서 보람을 찾는다고 생각합니다. 조직이 가진 목적과 구성원이 가진 목적이 서로 부합되도록 노력합니다. 주도적으로 일할 수 있는 환경을 마련하는 데 집중합니다. 그래서 천국(Heaven)으로 표시했습니다.

조직구조는 수평적 조직 혹은 수평 조직을 지향합니다. 예측하기 어려운 사업 분야, 높은 창의력이 요구되는 분야 등에서 유용합니다. 물론 이런 관점이 제대로 실행되려면 구성원들의 역량이 뒷받침돼야 합니다. 어느 정도 시행착오를 감내할 수 있는 기업의 체력도 필요합니다. 따라서 사업이 일정한 궤도에 오를 때 적극적으로 실행할 수 있을 것입니다.

XX와 YY관점의 경우 자신이 생각하는 관점과 상대방을 바라보는 관점이 동일하기 때문에 나름대로의 일관성을 가질 수 있습니다. 그런데 XY와 YX관점인 경우 조금 고민해 봐야 할 부분이 생깁니다.

❖ XY(새장; Cage): 나는 X관점, 구성원은 Y스럽다

사람은 일하고 싶어 하지 않는다고 생각합니다. 성과를 위해서는 그에 따른 보상이 연계되어야 한다고 생각합니다. 그런데 간혹 구성원 중에는 일에 의미를 부여하고 창의력을 발휘하며 일 자체에서 보람을 찾는 사람이 있습니다. 이런 사람들을 X이론 관점으로 관리하는 경우 새를 새장(Birdcage) 속에서 키우는 것과 비슷해집니다. 스스로 날 수 있는 사람을 틀 안에 가둬놓은 것입니다. 그 사람이 가진 역량을 충분히 활용하기 어려워집니다.

구성원이 Y이론 관점으로 일하더라도 리더가 X이론으로 대한다면 구성원이 Y이론을 유지하기 어렵게 됩니다. '일할 맛'이 나지 않게 됩니다. 이러한 상황이 지속되는 경우 해당 구성원은 결국 새장을 벗어나 본인에게 적합한 조직을 찾아 떠나게 될 것입니다. 그렇지 않으면 구성원 자체도 리더 관점에 적응하여 수동적이 되고, XX인 위계(Hierarchy)로 이동하여 위계 조직의 구성원이 되기도 합니다. 특히 근무환경이나 처우가 좋으면 그냥 주어진 상황에 순응하는 게 편하기도 합니다. 대신 워라밸을 중요하게 생각할 것입니다.

이 경우 경영자가 가진 관점이 적합한지 생각해 봐야 할 것입니다. 기업이 성장하는 과정에서 능력 있는 Y성향의 구성원들이 늘어나고 경영자의 관점이 점차 Y이론으로 움직일 수 있다면 YY의 구조가 만들어질 것입니다. 지식기반 사업에서 X이론 관점으로는 구성원의 열정을 끌어내기 어렵다는 것을 인식하고 Y이론 같은 사람들이 늘어나도록 해야 합니다. 경영자가 본인의 관점을 변화시킬 수 있을까요?

❖ YX(의문; Question): 나는 Y관점, 구성원은 X스럽다

자율적으로 일할 수 있는 환경을 만들어 주면 구성원들도 열심히 일할 것입니다. 구성원들도 자신의 일에 대해 충분한 역량을 가지고 일에서 보람을 찾는다 생각합니다. 이런 생각을 가지고 있는데 이상하게도 우리 혹은 특정 구성원은 그렇지 않은 것 같다고 생각되는 경우입니다.

실제 어떤 구성원은 '워라밸이 중요하다. 난 절대로 업무 시간에만 일을 하겠다.', '받는 만큼만 일하면 된다.', '업무는 내 생활을 즐기기 위해 어쩔 수 없이 하는 것이다. 주말만 기다린다.'고 생각하고 행동하는 사람들이 있습니다. 이런 말을 공공연히 하는 사람들에게도 Y이론을 기대해야 하는지 고민이 생깁니다. 따라서 의문(Question) 사분면에 있는 상태입니다.

하지만 경영자는 구성원이 왜 이런 생각을 갖게 되었는지 살펴봐야 합니다. 이들 대부분은 일에 대한 의미, 일에 대한 자기 선택권, 일을 통한 자신의 역량 향상 등을 인식하지 못하거나 그렇지 않은 상황에 놓여있을 가능성이 큽니다. 하루 9시간, 출퇴근 시간을 포함하면 10시간 이상을 회사에서 보내고 있는데, 여기서 해방될 시간만 기다린다는 것은 안타까운 일입니다. 과연 이들이 처음부터 그런 생각을 가졌을지에 대해서 생각해 봐야 합니다.

기본적으로 경영자가 Y이론 관점을 가지고 있다면 해당 구성원들도 Y이론 관점을 가질 수 있도록 리더십을 발휘해야 합니다. 그런 환경을 만드는 것이 경영자의 역할입니다. 경영자 본인이 Y이론 관점을 가졌음에도 그것을 어떻게 표현하고 구조화해야 할지 모르는 경우도 있습니다. 자신이 모범을 보이면 잘될 것이라는 막연한 기대만 가지고 있다면 '성격 좋은 대표님, 착한 대표님, 하지만 무능한 대표님'이 될 수 있습니다. 구성원들을 Y이론으로 일할 수 있도록 구조를 만들어야 합니다.

X이론은
잘못된 인식

자신이 가진 관점과 상대방을 바라보는 관점에 따라 X이론과 Y이론을 구분해 봤습니다. 결론을 보면 경영자가 자신의 관점을 Y이론 가설에 두어야 할 것 같은 느낌이 들 것입니다. 그렇습니다. 맥그리거는 사람들이 일을 대하는 자세에 대한 가설로 X이론과 Y이론을 제시했지만, 이것은 '세상에 X이론과 Y이론이 있으니 취향에 따라 하나를 선택하면 됩니다.'라고 말하려는 것이 아니었습니다. 천동설과 지동설을 설명한다고 해서 둘 다 과학적 사실이 아닌 것처럼 말입니다. 지구가 우주의 중심이라서 모든 천체가 지구 둘레를 돈다는 천동설도 나름대로의 논리가 있었고, 16세기까지는 그렇게 받아들여졌습니다. X이론도 마찬가지입니다. 산업혁명 이후 제조업 중심의 고된 노동 현장에서 생계유지를 위한 노동자들의 노동을 관리하는 것은 X이론에 부합되는 것처럼 보였습니다. 따라서 위계 조직, 상명하복, 관리, 지시와 통제 같은 X이론에 기반한 관리 원칙들이 나왔습니다. 하지만 맥그리거는 X이론을 과학적 지식에 바탕을 둔 것이 아니라, 경영자의 잘못된 인식에서 나온 것이라 주장했습니다.

어떤 경영자는 자신의 경험이나 사고를 바탕으로 여전히 X이론을 사실이라 인식합니다. 일하기 싫어하며 가능하면 회피하려고 하는 사람들을 움직이기 위해서는 통제하고 명령해야 한다고 생각합니다. 그러나 현실은 어떻습니까? 목표량 초과달성 시 인센티브를 준다고 하면 처음에는 노력하는 것처럼 보일 것입니다. 그러나 곧 부작용이 생깁니다. 고객 만족도로 성과급을 주겠다고 하니 구성원들이 고객으로 가장해서 만족도를 조작하는 일이 생깁니다. 어느 은행에서는 고객과의 거래 실적 목표를 늘리기 위해 고객의 휴면계좌 비밀번호를 바꿔 활성계좌로 전환시키기도 했습니다. 출근 시간 준수를 강조하고 벌칙으로 통제하려고 하면 구성원들은 퇴근 시간도 명확히 해달라고 요구할 것입니다. 상대를 X이론으로 대하면 상대도 그에 상응하는 반응을 하게 되는 것입니다. 경영자가 기대하지 않았던 방향으로 말입니다. 상황이 이렇게 흘러가면 경영자는 생각합니다. '요즘 MZ들은 책임감이 없어….', '출근 시간 지키는 건 기본 아니야. 어떻게 저런 요구를 할 수 있지?' 경영자는 X이론 가설이 잘못된 인식이라는 생각을 하지 않고 구성원들의 탓으로 돌립니다.

책을 손에 쥐고 있다가 놓으면 바닥으로 떨어집니다. 이것은 자연

법칙입니다. 누구도 책이 공중에 떠있으리라 기대하지 않습니다. 책이 공중에 떠있지 않는다고 해서 누굴 탓하지도 않습니다. 지구에는 중력이 존재한다는 과학적 지식을 가지고 있기 때문입니다. 자신이 가지고 있는 X이론 가설이 사실이 아닌데, 이를 기반으로 대책을 만들었으니 기대하는 결과(책이 공중에 떠있는 것)를 얻기 어려운 것입니다. 그러면 자신이 가진 가설을 바꿔야 합니다. 구성원들은 일하기 싫어해서 제대로 하지 않는다는 인식은 책이 공중에 떠있지 않다고 세상을 탓하는 것과 비슷하다고 하겠습니다.

Y이론을 충족시키는 '적절한 조건'이 더 중요

Y이론 관점으로 시스템을 만든다는 것은 어떤 의미일까요?

『기업의 인간적 측면』에서는 Y이론의 핵심을 "노동에 심신의 노력을 기울이는 것은 인간의 본성으로, 놀이나 휴식에 대한 본성과 마찬가지다."라고 설명했습니다. 그런데 그 뒤에 "일은 통제 조건에 따라 만족감의 원천이 되기도 하고, 반대로 처벌의 원천이 되기도 한다."라고 부연 설명이 붙어있습니다. '통제 조건'이 무엇이냐에 따라 일에 대한 자세가 달라진다는 것입니다.

즉, 사람들이 모두 다 스스로 알아서 Y이론처럼 행동하는 게 아니라, 어떠한 조건이 주어지면 Y이론이 된다는 것입니다. 이렇게 되면 Y이론 가설을 갖는 것도 중요하지만 그것을 실현하기 위한 〈적절한 조건〉이 무엇인지 아는 게 더 중요해집니다.

당장 굶어 죽게 생긴 사람은 음식 살 돈만 벌 수 있어도 감사하고 즐거운 마음으로 일할 것입니다. 이 사람에게 적절한 조건은 당장 생계에 필요한 돈이 주어질 때입니다. 어느 정도 먹고살 수준이 되면 안정적인 일자리를 기대하게 되고, 그리고 나면 일에 대한 자부심을 갖고 싶어 할 것입니다. 동료들과 좋은 관계를 만들면 좋겠고 회사에 대한 소속감도 갖고 싶어집니다. 점점 더 일할 맛을 느끼게 됩니다. 사람들은 자신이 원하는 것을 충족시켜 줄 수 있는 '적절한 조건'이 주어지면, 일에 대한 만족감과 함께 자신의 역량을 다하려고 합니다. 반대로 '적절한 조건'이 주어지지 못하면 불만족을 느끼게 됩니다. 그것을 가장 잘 설명할 수 있는 이론이 바로 매슬로의 욕구 5단계 이론(5 Levels of Maslow's Hierarchy of Needs)입니다.

| 매슬로의 욕구 5단계 이론 |

심리학자 에이브라함 매슬로(Abraham Maslow)는 인간이 가진 욕구를 5단계로 구분하여 제시했습니다. 이러한 욕구는 피라미드 하단에서 상단으로 비교적 순차적으로 진행됩니다.

매슬로의 욕구 5단계 이론의 기업 적용 예

욕구 단계	기업 조직 내에서의 예*
자아실현의 욕구 (The Needs for Self-actualization)	성장 동기, 잠재력 발휘, 자기발전, 조직 미션에 대한 공감
존중의 욕구 (The Esteem Needs)	인정, 칭찬, 승진, 존경
애정과 소속의 욕구 (The Love and Belonging Needs)	회사 평판, 소속감, 회사의 성장 가능성, 동료 관계, 사내 활동, 사내 분위기
안전의 욕구 (The Safety Needs)	근로계약, 근무시간, 휴식, 휴가, 워라밸, 근무환경
생리적 욕구 (The Physiological Needs)	연봉, 처우, 생활 가능한 근무조건

* 여기서 제시한 각각의 예는 상황에 따라 다른 욕구 단계에 중복해서 영향을 미치거나 해당 욕구 단계에 영향을 미치지 않을 수도 있습니다. 안전의 욕구 중 '휴가'를 보겠습니다. 휴가는 직장인에게 업무 부담에서 벗어나는 기회를 제공해 스트레스를 완화하고 심리적 안정을 촉진시킬 수 있습니다. 따라서 자유로운 휴가 사용은 안전의 욕구 충족에 도움이 될 것입니다. 이때 법정 휴가 이상을 사용할 수 있도록 하는 제도를 만든다면 조직에 대한 자부심이 느껴져 애정과 소속의 욕구 충족에 영향을 미치거나 조직으로부터 존중받는다는 기분이 들어 존중의 욕구 충족에 영향을 미칠 수 있습니다. 반면, 업무 압박이 심한 회사의 경우 휴가가 안전의 욕구를 충족시키지 못할 수도 있습니다.

매슬로의 욕구 5단계 이론은 보통 하단에 있는 욕구가 우선 충족되어야 할 욕구라고 설명합니다. 물론 반드시 그런 것은 아니고 상황에 따라 우선순위가 바뀔 수 있습니다. 가령 배가 고픈 것과 호랑이가 나타나서 위협하는 상황에서는 안전의 욕구가 생리적 욕구보다 우선할 수 있을 테니 말입니다. 하지만 일반적으로는 아래에서 위로 올라가는 순서를 따르게 됩니다.

피라미드상에 제시된 단계별 조건이 실제 기업 내에서 어떤 상황으로 나타나는지 보겠습니다. 우선 생리적 욕구 부분입니다.

"나는 당장 이번 달에 밥해 먹을 쌀을 사야 한다. 그래서 이 일을 열심히 해야 한다. 이걸 해야 먹고살 수 있다."

쌀을 충분히 구입할 수 있는 급여가 지급되지 않는다면 제대로 일할 수 있을까요? 생계를 유지할 수 있는 충분한 급여가 지급되지 않는다면 불만족 상황에 놓이게 됩니다. 다른 일을 찾기 위해 노력하거나 투잡(Two Job)을 찾는 것이 욕구를 충족시키는 일이 될 것입니다. 이런 관점에서 보면 저개발국가의 노동자들이 우리나라에 들어와서 힘든 일을 하면서도 만족스럽게 할 수 있는 이유가 된다 하겠습니다. 기업 조직 내에서는 연봉, 처우, 생활 가능한 근무조건 등이 여기에 해당될 것입니다.

"나는 계약직이다. 다른 정규직들처럼 비슷한 일을 열심히 하고 있긴 하지만 계약 기간 종료 후 계약 연장이 될지 늘 불안하다. 일을 보다 효율적으로 할 수 있는 방법들이 있긴 하지만 굳이 의견을 내지 않는다. 특히 정규직의 의견에 반대되는 내용일수록 그렇다. 괜히 튈 필요가 없다. 주어진 일을 열심히 하기만 하자. 그게 계약 연장의 지름

길이다."

정년과 고용이 보장되는 직업에 대한 선호, 안정된 생활을 할 수 있는 근무환경 등이 안전 욕구를 표현한 것이라 볼 수 있습니다. 사례는 직업 안정성을 갈망하는 모습이라 할 수 있습니다. 어느 정도 급여를 받아 생계를 유지할 수 있는 계약직 구성원이라 하더라도 신분에 대한 안전이 담보되지 않으면 특정 상황에서 창의성을 발휘하거나 적극적인 의견 개진을 기대하기 어렵습니다. 이것은 사람이 애초부터 일을 하기 싫어해서라거나 소극적이어서가 아니라, 안전의 욕구를 얻기 위한 것이라 할 수 있습니다. 하버드 경영대학원 에이미 에드먼슨(Amy Edmondson) 교수의 『두려움 없는 조직』에서는 조직문화에 지식과 혁신을 불러일으키는 데에 심리적 안정감을 강조했습니다. 심리적 안정감이란 구성원이 업무와 관련해 그 어떤 의견을 제기해도 벌을 받거나 보복당하지 않을 것이라 믿는 조직 환경이라 했습니다. 근로계약, 근무시간, 휴식, 휴가, 워라밸, 기타 근무환경 등도 안전 욕구에 해당될 것입니다.

생리적 욕구와 안전 욕구가 어느 정도 충족되면 애정과 소속의 욕구가 높아집니다. 회사 평판, 소속감, 회사의 성장 가능성, 동료 관계, 사내 활동, 사내 분위기 등이 애정과 소속의 욕구를 채워줄 것입니다.

사람들은 누구나 다른 사람으로부터 존중받고 싶은 욕구를 가지고 있습니다. 인정, 칭찬, 승진, 존경 등이 그런 욕구를 충족시켜 줍니다. 이런 욕구 충족되면 자신감이 생기고 세상에 필요한 존재가 된 것 같은 느낌을 갖게 됩니다.

앞의 모든 욕구를 충족했다 하더라도 자신에게 맞지 않는 일을 하고 있다고 생각하면 새로운 불만이 생기게 됩니다. 가수는 노래를 부르고, 미술가는 그림을 그려야 궁극적인 행복을 얻을 수 있습니다. 바로 자아실현의 욕구입니다. 자아실현이란 자신의 정체성을 확립하고 자신의 능력과 가치를 실현하는 과정을 의미합니다. 성장 동기를 자극하는 일, 자신의 잠재력을 발휘할 수 있는 일, 조직 미션에 대한 공감을 통해 의미 있는 일을 하고 있을 때 자아실현의 욕구를 채울 수 있습니다.

결국 사람들은 이런 순서로 자신의 욕구를 채워가게 되며 부족한 만큼 불만족스러운 부분이 생긴다고 할 수 있습니다. 조직의 발전은 구성원들에게 상위 단계의 욕구를 충족시켜 주는 방향으로 흘러갑니다. 구성원들의 만족감은 각자 자기 역할을 할 수 있게 하여 기업 성장을 견인합니다. 조직문화를 자랑하는 스타트업들을 보면 성장 속도도 빠르고 구성원들의 만족도도 높은 것을 볼 수 있습니다. 이것은 우수 인력을 확보하는 데도 도움이 됩니다. 비즈니스 모델이 좋아 초기에 인기를 끌었다 하더라도 제대로 된 조직구조를 만들지 못하면 원 히트 원더(One-hit-wonder)[*]로 끝날 가능성이 높습니다. 최근 빠르게 성장하는 스타트업들이 전 세대인 닷컴 기업들과 크게 다르다고 느껴지는 것 중 하나가 바로 일하는 방식을 중요하게 여긴다는 점입니다.

---

*   대중음악에서 한 개의 싱글(혹은 곡)만 큰 흥행을 거둔 아티스트를 의미합니다.

X, Y이론과
동기부여 이론의 결합

이제 구성원에 대해 이해해야 할 때, Y이론 가설에 기반한 욕구 5단계 이론을 참고해 볼 수 있습니다.

"직원들은 왜 좀 더 생산적이지 못한 것일까? 높은 급여, 훌륭한 작업 환경, 뛰어난 복지후생, 안정적인 고용상태에도 불구하고 최소한의 노력밖에 기울이지 않는 것 같다."

경영자가 이렇게 생각한다면 어떤 부분을 살펴봐야 할까요? 경영자가 언급하는 구성원이 X이론 유형이어서일까요? 경영자의 말이 사실이라면 이 기업은 구성원들에게 생리적 욕구, 안전의 욕구에 대해서는 잘 채워주고 있는 것으로 보입니다. 그런데 돈을 많이 주고(아주아주 아주 많이 주는 경우는 제외 가능), 근무환경을 좋게 해준다고 하더라도 구성원들이 소속감을 느끼지 못하거나, 존중받는다는 느낌을 갖지 못한다면 더 높은 수준의 적극성을 가지기 어려울 것입니다. 이를 위해 상위 계층의 욕구에 대해 관심을 가져야 할 것입니다. 직원이 X이론 유형이어서가 아니라, 욕구가 충족되지 않아 X이론 유형처럼 보이는 것이 아닌지 살펴봐야 한다는 겁니다. 따라서 경영자는 Y이론의 관점을 가지고 현시점에서 부족한 욕구가 무엇인지 챙겨보는 것이 중요합니다.

"회사에서 비교적 좋은 성과가 나와 구성원들에게 인센티브를 지급하고자 하는 경우, 금액이 그다지 크지는 않은데, 이 인센티브를 어떻게 하는 것이 좋을까요? 역시 현금이 왕이니까 현금으로 하는 게 좋을까요? 아니면 기억에 남을 만한 상품 같은 것이 좋을까요?"

이런 고민을 할 수도 있습니다. 이와 같은 예시는 하나의 기본 원리를 말하기 위한 것입니다. 현재 회사 상황에서 구성원들이 욕구 피라미드의 어느 수준에 와있는지 반영하여 의사결정 하는 것입니다. 아직까지 급여 수준이 업계 평균 대비 낮은 상태라면 가급적 현금성 인센티브를 통해 생리적, 안전의 욕구를 만족시키려는 노력이 나을 것입니다. 급여 수준이 업계 평균을 상회하고 있는 상태라면 회사에 대한 소속감이나 자부심을 가질 수 있는 상징적 선물이 더 괜찮을 것입니다.

경영은 작은 것부터 큰 것까지 하나하나 의사결정의 연속입니다. 매번 처음 만나는 상황에서 의사결정을 해야 하는데, 인센티브를 현금으로 할 것이냐, 상품으로 할 것이냐 같은 것도 그중 하나입니다. 맥그리거의 X, Y이론과 매슬로의 동기부여 이론만으로도 여러 가지 의사결정 기준을 세울 수 있습니다.

조직을 바라보는 관점

조직모델은 조직의 구조, 관행, 특성 등을 이해하기 위해 조직 현실을 단순화한 것입니다. 이것은 경영자가 사람을 바라보는 관점에 따라 달라질 것입니다.

조직모델의 발전 방향

매킨지앤컴퍼니에서 전략, 조직 분야, 인간개발 분야 컨설팅을 수행한 프레데릭 라루(Frederic Laloux)는 『조직의 재창조』[11]에서 조직모델의 발전 과정을 색상별로 이름 지어 제시했습니다.

라루는 인류 초기의 조직을 〈적색 조직〉이라고 이름 붙였습니다.

인간이나 동물이나 혼자서 생존하기는 어렵습니다. 그래서 무리를 이루기 시작합니다. 무리의 대오를 유지하기 위해 우두머리가 권력을 행사하고 두려움에 기반하여 조직이 유지됩니다. 수직 조직으로 시작해서 인원이 늘어날수록 수직적 조직이 되어갑니다. 주요 메타포(은유 방식)는 '늑대무리'이고 현존하는 조직으로 마피아, 갱단, 부족, 부대 등을 사례로 볼 수 있습니다. 그런데 부족이 커지면서 우두머리 하나가 모든 것을 관장할 수 없게 됩니다. 분업해야 할 필요가 생깁니다.

무리가 커지면서 적색 조직의 한계를 극복하기 위해 위계적 피라미드 조직구조가 됩니다. 이런 조직을 〈호박색 조직〉이라 부릅니다. 이 안에서는 매우 공식화된 역할들이 생기며 명령과 통제가 생깁니다. 엄격한 규율이 조직을 유지시키는 역할을 합니다. 미래는 과거의 반복이라는 개념이 생기며 이대로 하면 지속 가능하다는 판단을 하게 됩니다. 조직도 점차 안정화되며 장기 계획도 수립하고 실천하게 됩니다. 서로 규칙만 잘 지키면 됩니다. 피라미드 상단에서 결정하면 하단에서는 수행합니다. 주요 메타포는 '군대'이고, 가톨릭교회, 군대, 정부기관 등이 현재의 사례입니다. 그러나 호박색 조직 안에서는 혁신이 일어나기 어렵습니다. 조직의 안정성이 깨지기 때문입니다. 이런 조직에서는 성취동기를 실행하기 어렵습니다. 능력이 있어도 신분에 의해서 끝까지 그런 기회를 얻지 못하거나 세월이 흘러 피라미드 상단에 오를 때까지 자기 순서를 기다려야 합니다.

이제 조직 구성원들은 기존의 피라미드 형태를 유지하지만 경쟁, 성과, 혁신, 진보, 목표를 세워 적극적인 발전을 모색합니다. 이런 구조를 〈오렌지색 조직〉이라 부릅니다. 이러한 구조가 〈호박색 조직〉보다 경쟁력을 가질 수 있다는 것을 알게 됩니다. 주요 메타포는 '기계'입니다. 산업화 시대 기업들이 대부분 여기에 속합니다. 특히 잭 웰치 시절의 GE를 생각해 보면 보다 명확할 것입니다. 조직구조 피라미드의 위에서 목표가 주어지면 목표 범위 안에서는 자유가 부여됩니다. 실력껏 성과를 내고, 성과를 낸 만큼 보상받을 수 있습니다. 〈오렌지색 조직〉은 경쟁에서 이기는 것이 목표이며 이를 통해 이익과 성장을 달성합니다. 혁신이 진보의 열쇠이며 목표에 의한 관리(할 일은 명령 통제, 방법은 자유 부여)를 진행합니다. 성공은 돈과 보상으로 측정합니다. 지위 상승도 중요한 이슈입니다. 그러나 그 과정에서 우리는 삶의 공허감을 경험합니다. 목표를 향해 달려가는 것만이 성공이 아니라는 것을 깨닫게 됩니다. 먹고사는 기본 욕구가 해결되자 보다 상위 욕구에 관심을 갖게 된 것입니다. 거기다 사회가 고도화되며 지식 근로자들의 성과를 측정하는 것이 쉽지 않습니다. 컴퓨터 앞에서 일에 몰두하는지 다른 생각을 하는지 알기도 어렵습니다. 현실은 개개인의 목적의식과 동기 수준이 중요해집니다.

그래서 〈녹색 조직〉 구조가 만들어집니다. 〈녹색 조직〉은 조직 내 구성원들과 문화적 가치를 공유합니다. 고전적 피라미드 구조 안에서 구성원들의 동기부여를 이루기 위해 문화와 권한 부여에 초점을 맞춥니다. 서번트(Servant) 리더십*이 강조되며 팀원들의 말을 경청하고 그들에게 권한과 동기를 부여합니다. 의사결정은 두툼한 규정집이나 정

---

* 서번트 리더십(Servant Leadership): 리더가 팔로워를 섬기는 자세로 그들의 성장 및 발전을 돕고 조직 목표 달성에 스스로 기여하도록 만드는 형식의 리더십.

치에 의해서보다 조직 내 공유된 가치에 의해 내려집니다. 가치주도적 문화를 갖습니다. 〈오렌지색 조직〉이 전략과 실행을 강조했다면 〈녹색 조직〉은 회사의 문화가 중요합니다. 〈오렌지색 조직〉이 주주 중심주의로 운영되었다면 〈녹색 조직〉은 주주뿐 아니라 경영자, 종업원, 고객, 공급자, 지역사회, 더 나아가 사회와 환경에 대한 책임을 강조합니다. 이해관계자들까지 고려합니다. 주요 메타포는 '가족'이고 사우스웨스트항공, 밴엔제리(미국 아이스크림 회사) 같은 곳이 사례입니다. 우리가 흔히 말하는 수평적 조직의 특징은 〈녹색 조직〉에 가깝고, 현재 많은 기업들이 추구하는 모델도 〈녹색 조직〉인 경우가 많습니다. 스케일업 단계에서도 주목해야 할 구조입니다.

여기까지가 우리가 일반적으로 알고 있었던 조직모델입니다. 여기서 라루는 보다 진보된 조직모델을 제시합니다. 바로 〈청록색 조직〉입니다. 이 모델은 향후 조직을 발전시키는 데 있어 현실적으로 심각한 고민을 하게 만듭니다. 경험해 본 사람이 거의 없기 때문입니다. 〈녹색 조직〉이 〈오렌지색 조직〉의 불합리한 점을 개선하기 위해 기존 피라미드 구조에서 개선점을 찾아나가는 방식이라면, 〈청록색 조직〉은 피라미드 구조를 주어진 것으로 보지 않고 사실상 해체해 버리는 방식을 택합니다. 즉, 〈녹색 조직〉이 구성원들에게 자율권을 주기 위해 임파워먼트(Empowerment)하는 노력을 하고 있는데, 그럼에도 불구하고 기존의 위계적 관행에 의해 제한적인 경우가 많습니다. 단지 노력할 뿐이었습니다. 하지만 〈청록색 조직〉은 그것 자체를 해체합니다. 그래서 〈청록색 조직〉은 수평 조직을 지향합니다. 위계가 없는, 자기 역할에 충실한 자기 조직화 팀이기도 합니다. 이는 누가 누구에게 임파워먼트하는 게 아니라, 모두가 서로 할 수 있는 일을 협력해 나가는 방식입니다. 그 핵심은 위계에 의하지 않고 신뢰를 기반으로 동료와의 관계에 기반한 자기경영 체계, 자기 모습을 그대로 보여주더라도 두려움이 없는 전인성(소명의식, 신뢰, 공유, 토론, 존중 등), 이를 바탕으로 지속적으로 진화하는 것이 특징입니다. 주요 메타포는 '살아있는 조직', '살아있는 시스템'이며 파타고니아, 모닝스타, 셈코, 썬하이드롤릭스, 뷔르트조르흐 같은 곳을 사례로 제시합니다. 이게 과연 기업에서 가능한 조직모델일지 의심하기에 충분합니다. 근본적인 사고의 전환이 필요하기 때문입니다. 거기다 우리나라 기업들의 상당 부분은 아직까지 〈오렌지 조직〉 관점을 가지고 있는 곳이 많고, 최근에서야 〈녹색 조직〉으로 한 발자국씩 이동하고 있는데, 〈청록색 조직〉의 등장은 〈오렌지색 조직〉, 〈녹색 조직〉 마인드를 완전히 놓아야 한다는 도전에 직면하게 됩니다. 그리고 과연 이런 방식이 가능한가에 대한 부정적 선입견도 있습니다. 하지만 〈녹색 조직〉의 한계가 나타나고, 〈청록색 조직〉을 성공적으로 경영하는 기업들이 생기고 있어 이를 부정하고 외면하기만 할 수는 없을 것입니다.[*]

라루는 조직모델에 대한 이름을 〈오렌지색 조직〉, 〈녹색 조직〉, 〈청록색 조직〉처럼 색상으로 나누었는데, 처음 듣는 경우 색상과 조직모델의 특징이 쉽게 연결되지 않습니다. 조직별 특징을 잘 설명해 낼

---

[*] 물론 〈청록색 조직〉이 〈녹색 조직〉의 한계점을 극복한 최적의 모델이냐 하는 점은 사람마다 생각이 다를 수 있습니다. 〈청록색 조직〉의 성공 사례들이 나오고 있지만 아직까지는 대안 조직적 성격이 강하고, 현재 대기업이 지향하는 조직모델의 주류는 〈녹색 조직〉이기 때문입니다.

수 있는 단어가 있다면 훨씬 더 직관적 이해가 가능할 것 같습니다. 그래서 〈오렌지색 조직〉, 〈녹색 조직〉, 〈청록색 조직〉을 좀 더 직관적으로 〈성과주의 조직〉, 〈가치지향 조직〉, 〈자율경영 조직〉으로 부르려고 합니다. 조직 특징에 대한 빠른 이해를 위해 각각을 대표할 수 있는 현존하는 기업을 소개하면 이해를 높이는 데 도움이 될 것입니다.

자율경영 조직은 당위적이 아니라 필요에 의한 것

라루의 〈청록색 조직〉은 불평등한 권력 배분이 만들어 낸 근본적인 문제를 Y이론 관점의 실현으로 설명하고 있습니다. 하지만 이것이 좋아 보이더라도 경영자 입장에서 그대로 받아들이기에는 어려움이 있습니다. 기업 목적의 우선순위는 목표를 달성하고 성과를 내는 것이지, 내부의 불평등한 권력 배분을 해결하는 것이 우선이라고 보기 어렵기 때문입니다.

회사의 성장 과정에서 조직의 진화 과정을 생각해 봅시다. 회사의 구성원이 100명, 500명, 1,000명으로 늘어나는 중이라고 보겠습니다. 위계적 피라미드 구조인 성과주의 조직은 고위층이 될수록 고객 접점으로부터 멀어지게 됩니다. 경영 환경의 변화가 예측 가능하고 그 속도가 감당할 수 있는 수준이라면 이런 구조도 큰 문제가 없습니다. 하지만 지금은 그런 때가 아닙니다. 글로벌 경쟁, 융복합되는 기술 컨버전스, 정보통신의 발달로 인한 고객 선택의 편이성과 다양성은 경쟁의 범위와 강도를 더욱 치열하게 만듭니다. 그러다 보니 현실은 고객과 가까이 있는 구성원들의 역할이 중요해졌습니다. 신속한 의사결정을 위해 조직구조의 단계를 줄여 수평적 조직으로 전환하고 기업이 추구하는 바대로 의사결정 하고 행동할 수 있도록 미션, 비전, 핵심가치 등 가치지향 조직으로 발전하고 있는 것입니다. 그러나 이것만 가지고는 부족합니다. 고객 접점에서의 의사결정뿐만 아니라, 제품을 만들고 기능을 추가하고 개선하고 판매하는 모든 접점에서 고객 반응에 따라 일하는 문화가 필요합니다. 그런데 이렇게 하려고 하니 여전히 남아있는 위계적 피라미드 구조가 발목을 잡습니다. 위계적 피라미드의 특성이란 아무래도 윗사람으로부터 허락을 받아야 하는 것, 중요한 의사결정은 윗사람이 하는 것이라 할 수 있습니다.

또, 기존의 팀은 대부분 기능 중심으로 구성되어 있습니다. 프로그래머들끼리 모인 개발팀, 디자이너들끼리 모인 디자인팀, 마케터들끼리 모인 마케팅팀 같은 경우입니다. 동일한 역량을 가지고 각 팀의 목표를 위해 열심히 일하게 되는 구조입니다. 아무리 회사를 위해 일한다고 하지만 팀의 성과를 생각하지 않을 수 없고, 팀 입장에서 생각하지 않을 수 없습니다. 그러다 보니 개발팀과 기획팀 간, 영업팀과 경영관리팀 간 자신들의 역할 목표로 인해 갈등이 생깁니다. 고객 만족을 위해 부딪치는 게 아니라, 조직 내부의 부분 최적화를 위해 시간과 감정을 소비하게 되는 경우가 생기는 것입니다. 고객은 어디 있는지 알 수도 없고.

따라서 최근 기업들 중에는 기능 단위의 팀이 아니라 고객 접점을 가진, 자신이 스스로 의사결정 할 수 있는 자기완결팀을 구성하기도 합니다. 이런 경우 팀이라는 이름보다 셀(Cell)이라는 이름을 많이 사용합니다. 상품 기획자, 디자이너, 개발자, 마케터들로 구성되어 고객 접점을 확보한 셀은 직급에 따른 위계가 아니라 각자 자신의 전문성에 의해 의사결정 할 수 있도록 합니다. 이렇게 하면 각자의 전문성을 가진 구성원들이 고객 중심의 목표를 향해 역할을 다할 수 있게 됩니다. 이런 방식은 성과주의 조직, 가치지향 조직에서 시도되고 있는데, 아무래도 가치지향 조직에서 안착될 가능성이 높다 할 수 있습니다. 자율경영 조직은 조직 전체가 이런 방식을 근간으로 운영되고 있다고 보면 됩니다. 이것은 자율경영 조직이 불평등한 권력 배분을 타파하기 위한 도덕적, 관념적 목적이 아니라, 기업 목표를 달성하고 성과를 내는 더 좋은 방법으로 선택 가능한 조직모델임을 보여줍니다.

성과주의 조직, GE

성과주의 조직의 대표적인 예를 들자면 1990년대 GE라고 할 수 있습니다. 당시 GE의 CEO, 잭 웰치(Jack Welch)는 '경영의 귀재'라는 수식어를 얻었고, 그의 저서 '위닝(Winning)'은 경영의 교과서 같은 위치를 차지했습니다.

잭 웰치는 1981년 CEO가 된 이후 20여 년간 그룹 매출은 4배 이상, 시가총액은 30배 가까이 올려 미국 주식시장 시가총액 1위 기업을 만듭니다. 많은 기업들이 GE의 모습을 벤치마킹하려고 애썼습니다. '세계 1, 2위 사업만 남기고 모두 버려라.', '고쳐라, 매각하라, 아니면 폐쇄하라.'. 잭 웰치가 남긴 대표적인 경영 방침입니다. 1위, 2위를 하거나 아니면 버린다는 겁니다. 실제 잭 웰치 재임 시절 GE는 170여 개 사업부 가운데 110여 개를 없앴습니다. '활력 곡선(Vitality Curve)'도 유명합니다. 매년 직원평가를 해서 상위 20%에게는 높은 보상을, 실적이 낮은 하위 10%는 퇴사시켰습니다. 그가 취임한 지 5년 만에 내보낸 직원이 11만 명에 달했습니다. 이런 정책으로 그는 '중성자탄 잭'이라는 별명을 얻었습니다. 중성자탄이란 건물 안으로 폭탄을 던지면 외관은 그대로 유지된 채로 내부만 폭발되는 무기인데, 그가 한 번 지나가면 이렇게 된다는 것을 빗댄 별명입니다. 성과주의를 나타내는 주요 키워드는 책임의식, 실력주의, 목표에 의한 관리, 개인성과, 개별 인센티브 같은 것들입니다.

만약 90년대 후반, 2000년대 초반에 경영 공부를 하신 분, 잭 웰치 방식의 경영이 적절하다고 생각하시는 분이라면 여전히 성과주의 경영이 효과적이라 생각할 것이고, 기업 조직에서 가장 중요한 가치들은 실력주의, 목표 관리, 개별 인센티브 같은 것이라 생각하고 있을 것입니다. X이론, Y이론 관점에서 보면 X이론적 특징을 많이 반영한 조직 구조와 경영 방식이라 하겠습니다.

가치지향 조직,
사우스웨스트항공

가치지향 조직의 대표적인 예는 사우스웨스트항공이 있습니다.
2000년대 일하기 좋은 기업(GWP; Great Work Place)*의 대명사라 할 수
있습니다. 사우스웨스트항공은 미국 텍사스주의 댈러스, 휴스턴, 샌
안토니오를 주목했습니다. 이 도시들은 경제가 급속도로 성장하고 있
었고 인구도 늘어나고 있었습니다. 하지만 이 도시들 간에는 직항이
없어 시간과 비용이 많이 드는 불편이 있었습니다. 버스나 승용차로
다니기에는 거리가 너무 멀었습니다. 창업자들은 여기서 기회를 보았

---

*   기업문화가 뛰어난 곳. 전 종업원들이 자신의 상사와 경영진을 신뢰하고, 자신이 하고
    있는 업무에 자부심을 가지며, 함께 일하는 동료들 간에 즐겁게 일할 수 있는 가장 훌
    륭한 일터를 의미합니다. 미국의 로버트 레버링 박사가 20년간 기업현장연구를 통해
    뛰어난 재무적 성과를 보이는 기업들의 문화적 특성을 정립한 개념으로서, 매년 포천
    지에 기업문화가 가장 우수한 100대 기업을 선정하고 있습니다(출처: 네이버 지식백
    과, 매일닷컴).

습니다. 세 개 도시를 잇는 최저가 항공 서비스를 제공하여 자동차 운전보다 편리하게 만들어 보기로 했습니다.

텍사스 항공위원회의 허가를 받아 네 대의 비행기로 운항에 들어서려는 날, 기존 항공사들이 가처분 신청을 내며 운항을 방해하기 시작했습니다. 사우스웨스트항공의 시장 진입을 막기 위해 여러 가지 소송을 걸어 시작을 막았습니다. 사우스웨스트항공은 장기 소송에 직면하면서 제대로 영업 활동을 하지 못해 재정 위기를 겪게 됩니다. 결국 핵심 자산인 비행기를 팔아 운영 자금에 보탰습니다. 그러나 이런 상황에서도 구성원들을 내보내지 않았습니다. CEO 허브 켈러허(Herb Kelleher)는 구성원을 가족처럼 존중하고 회사의 가장 중요한 고객으로 여겼습니다. 회사가 어려우면 회사와 직원이 고통을 분담하여 위기를 극복해 나갔는데 이때부터 내려온 문화였습니다. 구성원들은 헝그리 정신, 투쟁꾼 정신으로 뭉치기 시작했습니다. 모든 구성원들은 위기를 극복하기 위해 노력했습니다. 고객에게는 가장 경제적인 가격의 서비스를 제공하면서 내부적으로는 비용을 아낄 수 있는 모든 방법을 동원했습니다. 그러한 방법의 일환으로 허브 켈러허는 직원들의 상상력 넘치는 에너지를 존중하고 자유로운 분위기를 만들며 펀(Fun) 경영을 해 나갔습니다. 자기 자신부터 직원들을 즐겁게 하기 위해 토끼 분장을 하고 출근하는 직원 놀라게 하기, 오찬장에 엘비스 프레슬리 복장하고 나타나기 등 여러 가지 깜짝쇼를 진행했습니다. 이러한 과정은 구성원들에게 '일은 즐거워야 한다.'는 메시지를 주었고, 직원들 역시 고객에게 즐거움을 선사하는 재미있는 항공사로 만들었습니다.

경영 컨설턴트 톰 피터스(Tom Peters)는 '이 회사는 일을 일이라 생각하지 않고 재미난 놀이라고 생각한다. 직원들은 파격적으로 행동해도 좋다는 위임을 받아놓고 있다. 탈집중화된 회사 조직표나 기구표만으로는 설명되지 않는 진취적 모험 정신이 있다. 회사 일을 내 일처럼 여기는 태도가 회사 구석구석에 스며들어 있다.'고 표현하기도 했습니다.

뿐만 아니라 허브 켈러허는 "우리는 고객 · 직원 · 주주 중 직원이 가장 우선시돼야 한다고 생각한다. 직원이 만족하면 그들은 자연스럽게 고객을 만족시킬 것이고 만족한 고객은 다시 찾아올 것이므로 결과적으로 주주에게 이익이 된다."고 했습니다. 우선순위가 직원이라는 것을 명확히 한 것입니다. 이에 따라 정당한 고객 요구에는 정중하고 신속하게 처리하지만 직원을 모욕하는 고객에게는 다른 항공사를 이용하라는 거절 메일을 보내기도 했습니다. 옳은 일을 한다면 회사가 지켜준다는 믿음을 공고히 했습니다.

이런 분위기 속에 사우스웨스트항공에서는 구성원들의 자율성을 높였습니다. 항공기 내에서 안전 설명을 할 때 랩을 하든, 노래를 하든, 코미디를 하든 각자의 역량에 맡겼습니다. 또한 조직이 관료화되지 않도록 결재 과정을 단순화하고 구성원들에게 의사결정과 실행 권한을 부여했습니다. 리더는 명령하고 관리하는 사람이 아니라, 구성원을 도와 회사의 목적을 실행하는 역할을 했습니다.

이런 일련의 활동들이 가능했던 것은 기업의 미션과 비전, 그리고 핵심가치를 공유하고 서로를 신뢰하며 일에 대한 사명감을 가지고 있었기 때문입니다.

이 결과 운항이 시작된 첫 두 해를 제외하고 코로나 이전까지 47년간 연속 흑자를 내는 기업이 될 수 있었습니다. 기업의 재무적 이익은 사람들에게 편리함을 선사한 만큼의 결과였습니다.

자율경영 조직,
셈코

자율경영 조직 특성을 잘 반영한 기업으로 브라질 기업, 셈코 (SEMCO)를 살펴보겠습니다. GE나 사우스웨스트항공처럼 잘 알려져 있는 기업은 아닐 것이라 생각됩니다. 이런 자율경영 조직은 아직 그 수가 적고 주류라고 말하기는 어렵습니다. 하지만 주위의 의아함과 우려 속에서도 성공 사례들이 등장하는 중입니다.

셈코는 선박용 부품 제조에서 출발한 기업입니다. 지금은 SW 개발 사업과 컨설팅 사업까지 할 정도로 사업 분야가 다양해졌습니다. 이 회사의 경영 특징 몇 가지만 열거해 보겠습니다. 셈코는 출퇴근 시간이 정해져 있지 않습니다. 업무 장소, 업무 목표까지 구성원 스스로 결정하고 자율적으로 근무합니다. 사업 계획이 없고, 목표가 없으며 고정된 근무시간도 조직도도 없습니다. 중요 의사결정은 전 직원이 민주적으로 결정하고 심지어 급여도 스스로 정합니다. 따라서 HR 부서도 없습니다. 이런 특징들이 가능할 것이란 생각이 드는지 모르겠습니다. 과연 기업이라는 이름하에 이런 방식의 운영이 가능한 것인지 의심됩니다.

셈코가 처음 창업할 때부터 이런 조직구조를 가졌던 것은 아니었습니다. 이런 구조를 만든 것은 리카르도 세믈러(Ricardo Semler) 대표인데, 2세 경영인입니다. 세믈러가 회사를 물려받을 때는 선박용 부품 제조회사였습니다. 그런데 세믈러는 사람들이 스스로 알아서 할 수 있는데, 굳이 관리자들이 나서서 지시할 필요가 없다고 생각했습니다.[12]

그는 2000년 TED 강연에서 이렇게 설명합니다.

"우리는 수천 명의 직원과 로켓 연료추진 시스템을 만드는 수억 달러의 사업으로 사천 개의 ATM을 브라질에서 운영하고 수만 명의 소득세 신고를 준비해 주는 복잡한 회사입니다. 단순한 사업은 아닙니다. 그러다 어느 날 생각이 들었습니다. '이 사람들에게 회사를 돌려주자. 기숙사학교 같은 복장 규정, 회의 규정, 언어 규정, 이런 것들을 다 빼버리자, 그럼 무엇이 남는지 보자.' 그리고 생각했습니다. '82세에 산악자전거를 타지 말고 다음 주에 바로 할 수 있게 해보자. 하루 빠진 만큼 월급을 포기하면 된다.' 사람들은 왜 자기 급여를 스스로 정하지 못할까요? 세 가지만 알면 됩니다. 사람들이 회사에서 얼마나 버는지, 다른 유사업종에서 사람들이 얼마나 버는지, 우리가 그것을 감당할 수 있으려면 얼마나 벌어야 하는지 세 가지 정보를 주는 겁니다. 그럼 알아서 결정할 수 있습니다. 출퇴근 시간과 일하는 장소도 자율권을 줍니다. 상사가 필요하다면 어떻게 해야 할까요? 6개월마다 익명으로 상사평가를 합니다. 70~80%의 점수를 받지 못하면 그 자리를 유지할 수 없습니다. 그래서 제가 지난 10년 넘게 CEO가 되지 못했던 것 같습니다(웃음)."[13]

세믈러는 구성원들에게 환경을 만들어 주면 뜻을 펼칠 것이라는 Y이론 관점을 견지하고 그에 근거한 방식들을 하나하나 실행해 나간 것입니다. 무작정 아무것이나 '하고 싶은 대로 하세요.'가 아닌 것입니다. 그것을 가능하게 하는 제도와 문화가 있어야 합니다. W.L.고어앤어소시에이츠(W.L.Gore & Associates. 이하 W.L.고어), 홀푸드마켓(Whole foods Market), 모닝스타(Morning Start), 파비(FAVI) 같은 기업들도 정보가 많이 공개된 자율경영 조직입니다.

자율경영 조직에 대한 소개를 들어보면 실제 기업 경영에서 가능한 방식인지 의심을 버리기 힘듭니다. '그럴 수도 있겠다.' 정도의 생각이 들기도 하지만 결국 '우리 조직에서는 불가능하다.'로 결론짓게 됩니다. 하지만 이런 시도는 진행 중이고 꽤 잘 돌아가는 기업들이 존재하는 것도 사실입니다. 생각의 범위를 넓히면 새로운 관점을 얻을 수 있을 것입니다.

사람에 대한 관점, 조직에 대한 관점

지금까지 살펴본 사람에 대한 관점, 조직에 대한 관점을 정리해 보겠습니다. 사람은 원래 일하는 것을 싫어하고 피하려고 한다는 X이론 관점과 일하는 것을 노는 것이나 쉬는 것처럼 자연스럽게 생각하고 재능을 발휘하고 싶어 한다는 Y이론 관점으로 나눠집니다. 각 관점에 따라 지향하는 조직모델은 X이론의 경우 성과주의 조직, Y이론의 경우 자율경영 조직이라 할 수 있습니다. 그리고 그사이에 가치지향 조직이 위치한다고 하겠습니다.

이렇게 관점에 따라 조직모델을 구분해 본 것은 모두가 자율경영 조직을 지향해야 한다는 것을 주장하기 위한 것이 아닙니다. 경영자가 가진 사람에 대한 관점, 기업의 성장 단계, 현재 상황, 경영 환경 등이 모두 고려되어 결정돼야 하기 때문입니다. 최소한 경영자는 가치지향 조직을 지향하는데 기업의 성과관리 시스템이 성과주의 조직처럼 구성되는 것을 막는 데 활용할 수 있습니다.

한편, 자율경영 조직이 가장 이상적이고 발달된 모델이라면 처음부터 자율경영 조직을 만드는 의사결정이 필요한 게 아닌가 생각될 수 있습니다. 하지만 자율경영 조직의 사례로 제시되는 모닝스타, W.L.고어, 셈코, 파비 등의 기업들을 보면 창업 단계부터 자율경영 조직으로 운영된 곳은 없었습니다. 대부분 일정 규모로 성장한 후 단계별로 전환해 나갔다는 것을 알 수 있습니다. 먹고살 만한 시점부터 본격적으로 전환해 나갔다는 것입니다.

그렇다면 스케일업 기업은 어떤 자세를 취하는 것이 좋을까요? 아마 사업 초반에는 자영업스럽게, 성과주의 조직 비슷하게, 또는 별다른 인식 없이 비즈니스 모델 검증에 집중했을 것입니다. 그러다 조직 구성원이 늘어나면서 이를 보다 체계화할 수 있는 방법을 고민하기 시작합니다. 그렇게 하기 위해서는 CEO가 사람에 대해 어떤 관점을 가지고 있는지, 그에 따라 어떤 조직모델을 만들어 갈 것인지 결정해야 합니다. 그래야 일관성을 가질 수 있습니다.

예를 들어 성과관리 체계를 만든다고 할 때 어떤 조직모델을 지향하느냐에 따라 접근 방법이 달라집니다. 가령, 위계형 피라미드를 특징으로 하는 성과주의 조직은 개별성과 중심 인사평가, 평가에 따른 외적보상 중심, 성과평가와 보상 간의 연계 등이 성과관리 체계의 기본이 될 것입니다. 가치지향 조직은 업무 성과를 반영하되 피드백과 코칭 중심의 평가가 이루어집니다. 조직 미션에 얼마나 기여했는지를 중점적으로 보고 성과평가와 보상과의 직접적인 연계는 지양합니다. 자율경영 조직에서는 신뢰에 기반한 동료 간 수평적 관계와 개인의 자율성을 지향합니다. 성과나 일에 대한 압력이 불필요하고 스스로 체크하게 합니다. 평가 자체보다는 동료기반 피드백이 주로 이뤄지고 측정 자료는 모두 오픈하여 선의의 경쟁을 유도합니다. 성과급이 발생한다면 함께 공유하는 것이 원칙이며 내재적 동기 향상이 핵심이라 여깁니다. 이렇게 지향하는 조직모델에 따라 제도와 방식이 달라집니다. 자율경영 조직을 만든다면서 개별성과 측정을 통해 보상하는 제도를 시행한다면 자율경영 조직이 되기 어렵습니다. 개별성과 측정은 성과주의 조직의 대표적인 제도이기 때문입니다.

따라서 여러분이 가진 사람에 대한 관점과 지향하는 조직모델에 대해 미리 생각해 놓고 그렇게 만들기 위한 방법들을 주의해서 살펴보기 바랍니다. 이 과정에서 저는 스케일업 단계에서 적용 가능한 가치지향 조직 수준의 방식들을 제안할 것이며 자율경영 조직의 특징을 적용할 수 있는 여지를 남겨놓을 것입니다.

애자일 조직

몇 년 전부터 대기업들이 애자일(Agile) 조직, 애자일 경영을 강조하고 조직에 적용을 시도하고 있습니다. 인터넷에서 '애자일 조직'을 검색하면 많은 결과가 나옵니다. 애자일의 사전적 의미인 '기민한', '민첩한' 조직이라고 설명하거나, 불확실성에 빠르게 대응하여 성과를 내는 조직, 수평적인 조직, 소규모 셀(Cell) 조직 등으로 소개합니다. 기민하고 민첩한 조직이라면 요즘같이 변화가 빠른 시대에 긍정적인 느낌을 줍니다. 그런데 조직이 기민하고 민첩하다는 것만으로는 무슨 의미인지 알기 어렵습니다. 문화체육관광부와 국립국어원은 2020년 4월 '애자일 조직'을 쉬운 우리말로 '탄력 조직'이라 부르자고 했습니다. 탄력 조직. 하지만 여전히 애자일 조직이 무엇인지, 어떻게 하면 그렇게 된다는 것인지 이해가 어렵습니다.

'기민하고 민첩한 조직? 사람들이 빨리 움직여야 하는 것인가?'

'불확실성에 빠르게 대응하여 성과를 내는 조직? 그래서 뭔데?'

'수평적인 조직? 조직구조가 수평적이면 민첩해진다는 말인가?'

'소규모 셀(Cell)? 팀 크기를 작게 갖고 가면 되나?'

스케일업 과정에서도 조직의 크기가 커지고 분화되면서 구조화가 이루어집니다. 이때 어떤 방식으로 진화해 갈 것인지를 고려하기 위해 애자일 조직에 대한 이해를 해두면 도움이 될 것입니다.

애자일 소프트웨어
개발 선언

애자일 조직이란 애자일 소프트웨어 개발 방법론의 기본 철학을 일반 조직에 적용한 것이라 할 수 있습니다. 2001년 17명의 유명 소프트웨어 개발자들이 미국 유타주에 있는 스노우버드(Snow Bird) 리조트에 모여 '애자일 소프트웨어 개발 선언'을 하는 데에서 출발했습니다. 선언 내용의 핵심 내용은 이렇습니다.

공정(process)과 도구보다 개인과 상호작용을,
포괄적인 문서보다 작동하는 소프트웨어를,
계약 협상보다 고객과의 협력을,
계획을 따르기보다 변화에 대응하기를 가치 있게 여긴다.
왼쪽에 있는 것들도 가치 있지만, 우리는 오른쪽에 있는 것들에
더 높은 가치를 둔다는 것이다.

'애자일 조직'에서의 '애자일'은 이 애자일 선언문에 담긴 오른쪽 단어들에 더 큰 가치를 두는 마음가짐이나 방법을 의미합니다. 그리고 이들은 '애자일 선언 이면의 원칙'[14]이라는 내용으로 좀 더 구체적인 설명을 제시했습니다.

우리는 다음 원칙을 따른다.
- 우리의 최우선순위는, 가치 있는 소프트웨어를 일찍 그리고 지속적으로 전달해서 고객을 만족시키는 것이다.
- 비록 개발의 후반부일지라도 요구사항 변경을 환영하라. 애자일 프로세스들은 변화를 활용해 고객의 경쟁력에 도움이 되게 한다.
- 작동하는 소프트웨어를 자주 전달하라. 두어 주에서 두어 개월의 간격으로 하되 더 짧은 기간을 선호하라.
- 비즈니스 쪽의 사람들과 개발자들은 프로젝트 전체에 걸쳐 날마다 함께 일해야 한다.
- 동기가 부여된 개인들 중심으로 프로젝트를 구성하라. 그들이 필요로 하는 환경과 지원을 주고 그들이 일을 끝내리라고 신뢰하라.
- 개발팀으로, 또 개발팀 내부에서 정보를 전하는 가장 효율적이고 효과적인 방법은 면대면 대화이다.
- 작동하는 소프트웨어가 진척의 주된 척도이다.
- 애자일 프로세스들은 지속 가능한 개발을 장려한다. 스폰서, 개발자, 사용자는 일정한 속도를 계속 유지할 수 있어야 한다.
- 기술적 탁월성과 좋은 설계에 대한 지속적 관심이 기민함을 높인다.
- 단순성이-안 하는 일의 양을 최대화하는 기술이-필수적이다.
- 최고의 아키텍처, 요구사항, 설계는 자기 조직적인 팀에서 창발한다.
- 팀은 정기적으로 어떻게 더 효과적이 될지 숙고하고, 이에 따라 팀의 행동을 조율하고 조정한다.

기존 소프트웨어 개발 방법론에 어떤 문제가 있었기에 이런 선언이 나온 것인지 살펴보면 이해하는 데 도움이 될 것 같습니다. 전통적인 개발 방식을 '폭포수(Waterfall) 방식'이라 부를 수 있는데, 이것은 처음부터 끝까지 완벽히 기획된 상태에서 완전한 소프트웨어를 만드는 방식입니다.

페이스북 같은 소셜미디어 서비스를 시작한다고 생각해 봅시다. 기존처럼 워터폴 방식으로 진행한다면 두꺼운 사업 계획서, 이에 기반을 둔 수백 페이지의 스토리보드, 기능 설계, 전면적인 개발 작업, 품질 체크 등을 통해 서비스 오픈까지 1~2년은 족히 걸릴 것입니다. 비용도 많이 들 것입니다. 이게 기존의 개발 방식입니다. 그런데 이렇게 급변하는 세상에서 고객이 좋아할지 아닐지 100% 확신하기 어려운 서비스를 이런 방식으로 개발하기에는 리스크가 너무 큽니다. 1~2년 사이에 다른 서비스가 나올 수도 있고, 트렌드가 바뀔 수도 있고 말입니다. 이것을 애자일 개발 방식으로 진행한다면 고객에게 가장 필요한 핵심 기능부터 서비스되도록 하는 것입니다. 이후 고객 반응을 확인하고 개선하는 방식을 반복하는 것입니다. 카카오톡은 처음에 개인 간 실시간 메시징 기능 하나만으로 시작했습니다. 다른 기능들은 사용자들의 사용성을 살펴보고 그들의 요구를 우선적으로 반영하여 만든 결과입니다. 이러한 방식이 애자일 개발 선언에서 더 높은 가치를 둔다는 개인과 상호작용을, 작동하는 소프트웨어를, 고객과의 협력을, 변화에 대응하기를 반영한 것입니다.

'환경 변화가 빠르다. 고객도 본인이 무엇을 원하는지 정확히 모른다. 장기간의 개발 프로젝트는 완료 후 환경 변화에 따라 혹은 고객 요구에 따라 변경 가능성이 높다. 간단히 해결할 수 있는 것도 있지만 처음부터 다시 해야 하는 경우도 생긴다. 이렇게 해서는 안 되겠다. 일정한 기간마다 핵심 개발 범위를 정해 개발 후, 고객이 확인해 보게 하는 방식으로 요구사항을 반영해 나가는 방식을 만들자.' 이것이 훨씬 효과적인 방식이라는 점입니다.

애자일 조직의
개념

애자일 개발 개념의 '애자일'이 '조직' 앞에 붙게 된 상황을 봅시다. 먼저 일반 기업의 조직구조도를 생각해 보겠습니다. 사업 초기 단계에서는 팀의 구분이 세세하지 않지만 시간이 가면 아래와 같은 일반적인 조직도가 만들어집니다.

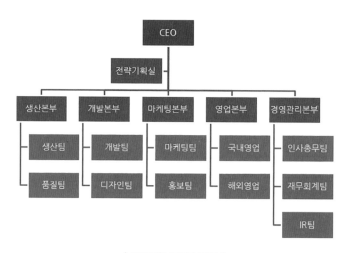

| 일반적인 조직 구조도 |

생산은 생산끼리, 영업은 영업끼리, 개발은 개발끼리 기능으로 조직을 나누었습니다. 완벽한 조직 형태는 아니지만 그래도 최선의 방법이라고 생각했을 것입니다. 같은 역할을 하는 사람들로 팀을 꾸려야 해당 분야 전문가가 리더가 되어 팀 내에서 전문성 확보, 사람 관리, 정보 공유, 업무 표준화, 전략적 일체성, 계획적인 제품 관리 등의 역할을 할 것입니다. 개발하는 제품의 종류가 네 개라면 제품당 디자이너 한 명씩을 두는 것보다 두 명의 디자이너로 구성된 디자인팀에서 네 개 제품에 대한 디자인을 맡는 것이 효율적이라 할 수 있습니다.

이런 기능 중심 조직구조는 일을 진행하는 데 효율적인 것 같지만 규모가 커지면서 기민함과 민첩성과는 거리가 멀어집니다. 만약 고객의 추가 요구사항이 발생하면 영업팀으로 접수될 것입니다. 영업팀은 이런 요구를 모아두었다가 정기적인 회의 시간에 생산이나 개발부서에 전달하게 되고, 해당 부서에서는 나름의 기준으로 반영 여부를 결정하게 될 것입니다. 요구사항 반영에 비용이 들어가면 재무회계팀의 지원을 받아야 하고, 이를 위해서는 전략기획실이나 CEO의 허락을 받아야 합니다. 팀 내부에서 해결할 수 있는 일들은 비교적 빠르게 진행될 수 있는데, 다른 팀과 연결된 경우에는 반영되는데 꽤 많은 시간이 걸립니다. 영업부 외에는 고객 요구사항의 중요성, 긴급성 등을 공감하지 못해 신속히 실행하지 않는 경우도 생깁니다. 또 자기전문성에 기반한 팀 내 개선이나 혁신은 일어날 수 있지만 제품 전반, 사업 전반의 혁신은 이루어지기 어렵습니다. 자기 직무를 중심으로 생각할 수밖에 없기 때문입니다.

현재의 기능 중심 조직은 고객 입장이라기보다 내부 효율성을 위해서 만들어진 형태입니다. 이런 구조로는 애자일 개념이 지향하는 원칙을 실행해 내기 어렵습니다. 어떻게 해야 애자일 개념을 지향하는 조직구조를 만들 수 있을까요?

고객 입장에서, 고객 중심으로 조직구조를 만들려면 고객 요구사항을 듣는 것부터 개선에 이르기까지 실행과 의사결정을 모두 해낼 수 있는 자기완결형 조직이 구성되어야 합니다. 그런 형태의 조직을 교차기능팀(Cross-functional Team) 혹은 셀(Cell) 조직이라고 부릅니다. 이렇게 하기 위해 다양한 기능을 가진 멤버들로 구성됩니다. 고객에게 필요한 것, 원하는 것을 우선순위화하여 신속하고 지속적으로 제공하는 것, 고객 반응에 따라 다음 진도를 나가는 것입니다.

오렌지라이프의 애자일 조직구조를 보겠습니다.[15] 애자일 도입 전 기능 중심의 위계 구조에서 애자일 도입으로 조직구조가 변경되었습니다.

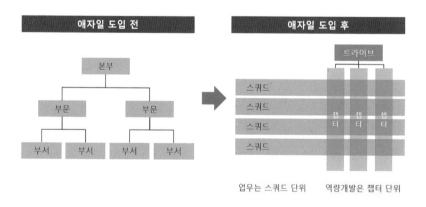

| 오렌지라이프의 애자일 조직 구조 |

트라이브(Tribe)는 사업 '본부'나 '부문' 정도로 보면 될 것 같고, 챕터(Chapter)라고 된 부분이 기존의 '기능부서'라고 보면 되겠습니다. 가장 크게 달라진 점은 '스쿼드(Squad)'입니다. 스쿼드는 특정 제품이나 제품 내 독립적인 기능이 될 수 있는데, 이것이 교차기능팀으로 구성되는 것입니다. 교차기능팀은 팀 자체로 완결성을 갖게 됩니다. 이 안에는 개발자, 디자이너, 마케터, 품질 관리자 등 팀 내에서 고객 의견 취합부터 반영에 이르기까지 결정하고 실행할 수 있는 사람들로 구성되어 워터폴 방식이 아닌 애자일 방식으로 고객에게 지속적이고, 반복적인 가치를 전달할 수 있도록 구성합니다. 이렇게 자기완결 조직을 만들어야 고객의 목소리를 듣고, 고객 요구를 최우선으로, 빠르고 신속하게, 제품이나 서비스를 전달할 수 있게 됩니다.

대기업에서 애자일 조직이 어려운 이유

애자일해지기 위해 교차기능팀을 만들어 애자일 소프트웨어 개발 원칙대로 일을 진행하면 기민하고 민첩하게 움직이는 효율적인 조직이 될 것이라 생각할 수 있습니다. 하지만 대기업에서 애자일 조직 전환을 경험해 본 사람들, 애자일 조직과 관련된 뉴스들을 보면 쉽지 않다는 것을 알게 됩니다. 무엇이 문제일까요? 애자일 조직을 만들기 위한 표면적인 구조는 교차기능팀이지만, 이 팀이 애자일 소프트웨어 개발 선언의 철학으로 일을 해나가려면 그 이면에 있는 조직문화가 뒷받침돼야 합니다. 교차기능팀이란 것은 물 위에 드러난 빙산의 일각에 불과한 것입니다.

현재 대부분의 기업 조직은 기능 중심으로 되어있습니다. 이 구조를 제품 또는 제품 내 독립적인 기능을 중심으로 완결된 교차기능팀으로 만든다고 생각해 보겠습니다. 당장 구성원들 입장에서는 '보스가 두 명이 되는데 누구 말을 들어야 하지?', '목표 설정을 어떻게 해야 하지?', '분기별 성과평가는 누가 하지?', '정말 우리끼리 의사결정 해서 수정해도 될까?', '엄청 혼란스러울 텐데?'라고 생각할 것입니다. 경영진 입장에서도 염려가 많습니다. '이 구조가 잘 돌아갈 수 있을까?', '결정권 상당 부분을 이렇게 넘겨도 괜찮은 걸까?', '내가 적극적으로 관여하지 않아도 올바른 방향으로 갈 수 있을까?', '조직구조, 인사구조, 성과관리, 인사평가, 채용 방식 등 모든 부분에서 변화가 생기겠네, 보통 일이 아닌데.' 하는 상황이 됩니다.

어느 대기업에서 CEO가 새로 부임하며 애자일 조직을 도입하기로 했습니다. 몇 개월 만에 일부 조직에서 시범적으로 애자일 조직을 도입해서 운영에 들어갔습니다. 일단 시범 운영이지만 CEO 관심 사항이니 나름대로 중요성이 어느 정도 되는 사업 분야를 자기완결형 교차기능팀으로 만들었습니다. 이 팀 저 팀에서 관련 구성원들을 불러모아 팀을 만든 것입니다. 교차기능팀의 팀장이 있었지만 주요 의사결정들은 경중에 따라 실장, 상무, 전무, 부사장, 사장에게 보고되고 승인을 받아야 했습니다. 기능이 다른 기획자, 마케터, 운영자들 사이에서도 서로 직급을 알고 있기 때문에 이 안에서 미묘한 위계가 생겼습니다. 팀이 만들어진 초기에는 해야 할 업무를 분량에 맞게 나누고 하나씩 완결을 지으면서 실행했습니다. 하지만 업무를 하나하나 쪼개어 구분하는 것도 쉬운 일이 아니고 깔끔하게 정리되는 것도 아니어서 결국 다시 과거의 주간 업무 계획 보고하듯 진행되기 시작했습니다. 이름은 애자일 조직을 지향했지만 그냥 하나의 독립된 팀이 되었습니다. 결국 애자일 조직으로의 시도는 새로운 CEO가 오자마자 중단되고 맙니다.

애자일 조직의 특징과 모델은 성과주의 조직, 가치지향 조직, 자율경영 조직 중 어느 쪽에 가까울까요? 이 중에 선택하자면 자율경영 조직에 가깝다고 할 수 있습니다. 자율경영 조직은 애자일 조직이라는 형태를 고려하여 구성된 게 아니지만, 기본적인 형태가 자기완결형으로 구성되는 경우가 많아 애자일 조직의 특징을 갖습니다. 그래서 자율경영 조직에서는 애자일팀 같은 용어를 사용할 필요가 없습니다. 반면 위계중심의 성과주의 조직에서는 애자일 조직구조를 받아들이기가 쉽지 않습니다. 고객에게 전달되는 어떠한 것의 최종 의사결정을 애자일팀에 맡긴다는 것을 기존에 권한을 가진 사람들이 받아들이기 어렵습니다. 애자일팀도 직접 의사결정 하는 것에 큰 부담을 갖게 됩니다. 뿐만 아니라, 팀 구성 방식, 목표 설정, 성과관리, 인사평가, 보상체계들이 함께 바뀌어야 하는데, 쉽지 않은 도전이 됩니다. 무늬만 애자일팀이 될 가능성이 높습니다. 가치지향 조직에서는 수평적 조직을 지향하며 변화의 시도를 합니다만 대기업일수록 기존의 관성이 있어 도전적인 과제가 됩니다.

보다 근본적으로는 애자일 조직을 만들기 위해 일하는 시스템(사람과 조직에 대한 관점, 성과관리, 인사평가, 보상 제도, 조직구조 등을 포함)을 바꾸는 게 아니라, 일하는 시스템을 바꾼 결과 애자일 조직의 형태가 적합해지는 것이어야 합니다.

이런 점을 보면 애자일 조직구조를 만든 비바리퍼블리카* 이승건 대표의 언급이 의미 있어 보입니다.

"애자일 조직의 개념이 적합하다고 보는데, 저희는 애자일 문화는 어떤 철학과 가치의 결과이지 프로세스 혁신을 통해 도입해야 하는 무언가라고 생각하지 않습니다. 인간에 대한 근본적인 관점의 변화가 있고 그 결과로 가장 적합한 방식이 애자일이 되어야 한다고 생각하고, 이런 기본적인 생각이 변화되지 않는다면 애자일 문화가 도입되더라도 아무것도 바뀌는 것이 없을 것입니다."[16]

스케일업에서의
애자일 조직

창업기업은 태생이 애자일 조직 그 자체라 할 수 있습니다. 창업 초기에는 각 분야를 맡고 있는 창업팀이 고객을 중심으로 수평적 관점에서 의사결정을 하기 때문입니다.

그런데 스케일업 단계에 접어들면서 변화가 생깁니다. 성장 과정에서 구성원들이 빠르게 늘어나고, 팀이 분화되기 시작합니다. 그리고 그 분화는 전통적 조직구조인 기능팀으로 발전합니다. 이렇게 되는 이유는 우리 회사의 태초 조직이 애자일 조직이었다는 것에 대한 인식이 없고, 구성원이 증가하면 같은 직무를 가진 기능팀을 만드는 것이 당

---

*   금융 서비스 '토스(Toss)' 운영사.

연하다고 생각하기 때문입니다. 그 외에 다른 구조를 알지 못하기 때문이기도 합니다. 애자일 조직 개념을 알았다 하더라도 현실적으로 사업 단위별 교차기능팀을 만드는 게 애매합니다. 교차기능팀마다 특정 기능을 가지고 있는 사람이 한 명씩은 들어가 있어야 하는데, 그렇게 구성하면 사람이 부족해지기 때문입니다. 예를 들어 디자이너는 한 명인데, 교차기능팀이 두 개, 세 개가 되면 디자이너를 특정 팀에 배치하기 어렵겠다는 생각이 듭니다. 한 사람을 여러 팀에 들여보내려면 보고체계의 곤란함도 우려됩니다. 누구에게 보고해야 하고 누구의 지시를 우선적으로 할 것인지에 대한 문제 말입니다. 결국 이 방식을 포기하고 전통적인 기업의 기능팀 중심으로 성장하게 됩니다. 현재와 같은 기능팀 중심이 그나마 가장 무난한 방식이라 생각할 것입니다. 하지만 이런 생각의 흐름에는 '조직은 위계가 있어야 하고, 구성원들의 성과를 누군가는 관리해야 한다.'는 사고에서 벗어나지 못했기 때문입니다. 어차피 프로젝트에 따라 중복되는 일을 하는 구성원은 기능팀에 있든지, 교차기능팀에 있든지 모든 일을 하게 됩니다. 하나의 기능팀에서 일을 하거나 복수의 교차기능팀에 소속되어 시간을 안배하여 그 일을 하거나 사실상 다르지 않습니다. 결국 해야 하는 일이고 할 사람도 정해져 있으니까. 또 관리자가 업무 분장을 해주고 그 사람의 성과를 관리하는 일이 정말 필요한 일인지도 생각해 볼 만합니다. 결국 CEO가 가지고 있는 사람을 보는 관점, 지향하는 조직모델에 따라 조직구조가 달라집니다.[*]

---

[*]   이 부분의 실현 가능성에 대해서는 9장 조직구조에서 보다 더 상세히 다룹니다.

성과주의 조직의 특성을 가진 대기업은 자율경영 조직의 특성을 지닌 애자일 조직을 도입하려고 노력하고, 애초에 애자일 조직이었던 창업기업은 성장하면서 중력에 끌리듯 성과주의 조직의 특성을 지닌 기능팀 구조로 발전하는 경향을 보면 좀 아이러니하다는 생각이 들기도 합니다.

'애자일 조직'이라는 용어가 나올 때 '기민하고 민첩하다, 불확실성에 대응한다, 수평적인 조직이어야 한다, 소규모 셀 크기의 팀을 가지는 것이다.' 등 특징을 언급한 표현들 때문에 본질을 이해하기 어려웠는데, 아래 정도로 정리해 보면 어떨까요?

"애자일 소프트웨어 개발 원칙(고객 만족을 목표로 반복적으로 상호작용하여 지속적으로 가치 제공)을 조직에 내재화하는 것. 이것을 구현하기 위한 형식은 자기완결형 교차기능팀(의사결정과 실행을 자기주도적으로 할 수 있는) 구조를 가져가야 하는데, 그 전제는 자율성을 뒷받침할 수 있는 문화와 철학이 필요."

3장

가치체계

2

기업의 존재 이유, 미션

스케일업 단계가 되면 제품이나 서비스가 고도화되고 복잡성이 올라갑니다. 무엇보다 구성원들이 늘어나며 회사 내부에서 어떤 일이 진행되는지, 그것이 왜 중요한지 등에 대한 인식과 공유가 예전과 달라지기 시작합니다. 구성원들은 각자가 맡은 일은 열심히 하지만 큰 그림을 보기 어려운 상황이 되고, 일의 우선순위와 중요도에 대해서도 자의적으로 판단하는 일이 늘어납니다. 어떤 구성원은 수익을 중요하게 생각하고, 다른 구성원은 고객 만족도를 중요하게 생각하여 서로 의견이 대치되기도 합니다. 이런 일들은 불필요한 커뮤니케이션을 늘리고 갈등을 양산하며 비효율을 만듭니다.

이제 기업에 가치체계(Value System)가 필요한 시점이 되었습니다. 가치체계란 집단 구성원의 가치관에 내재되어 사고와 행동에 의미와 방향을 부여하는 구조를 의미합니다. 조직이 지향하는 목적, 목표, 신념이나 태도 같은 가치체계를 이해하고 공유하고 있다면 일의 우선순위, 의사결정, 일에 대한 접근 방식, 커뮤니케이션 등을 훨씬 원활하게 할 수 있습니다.

왜 사업을
하는가

기업의 목적은 무엇인가요? 일반적으로 통용되는 대답은 '이익 극대화'입니다. 쉽게 말해 '돈을 벌기 위해서'입니다. 돈이 되지 않을 것이라 생각했다면 시작하지 않았을 것이고, 시작했더라도 돈을 벌지 못하면 계속하기 어려웠을 것입니다. 따라서 수익을 내는 것은 중요한 일입니다. 그런데 기업은 어떻게 돈을 버나요? 돈을 벌고 싶다는 생각만으로 돈이 벌리는 것은 아닙니다. 고객들이 지불하고자 하는 금액보다 더 가치 있는 어떤 것을 제공해야 돈을 벌 수 있습니다. 고객 가치를 만든 결과입니다. 그렇다면 기업의 목적은 고객 가치를 창출하는 것이고, 돈을 버는 것은 그 결과라고 할 수 있지 않을까요?

티베트의 정신적 지도자 달라이 라마 14세의 말은 기업의 목적을 다시 생각하게 만듭니다.

"기업의 역할이 수익을 내는 것이라고 말하는 것은 음식을 먹거나 숨 쉬는 것이 사람의 역할이라고 말하는 것과 같다. 회사는 손실이 나면 망한다. 사람이 먹지 못하면 죽는 것과 마찬가지다. 하지만 숨 쉬는 것이나 먹는 것이 삶의 목표가 될 수는 없다. 이윤은 생존의 필요조건이다. 그러나 우리가 이윤을 추구하는 것은 사회 전체의 행복에 기여하기 위해서다."

숨을 쉬어야 사람이 살 수 있습니다. 숨을 쉬지 못하면 살 수 없지만 숨을 쉬기 위해서 사는 것은 아닙니다. 돈을 벌지 못하면 기업이 살 수 없지만 돈을 버는 것이 최고 목표가 아니라는 말입니다. 자동차를 운전하는 목적은 무엇일까요? 휘발유를 넣기 위해서라고 할 수 없을 것입니다. 휘발유가 있어야 자동차가 움직이지만 운전의 목적이 주유하기 위해서가 아니라는 것만은 확실합니다.

기업의
존재 이유

회사의 목적이 단지 돈을 버는 것이고, 구성원들의 목적도 돈을 버는 것이라면 구성원들이 우리 회사에 있어야 할 이유도 별로 없어 보입니다. 이들은 언제든지 더 많은 돈을 주는 곳으로 움직이게 될 것입니다. 하지만 현실이 꼭 그런 것만은 아닙니다. 조직이나 개인이나 돈을 버는 것 이상의 목적을 가지고 있기 때문입니다.

회사의 존재 이유. 이것을 우리는 미션(Mission)이라고 부릅니다. 미션은 조직이 존재해야 하는 이유를 설명하고, 조직 고유의 목표를 향해 움직이도록 동기를 제공하고 영감을 불러일으킵니다. 그래서 미션에는 보통 우리는 왜 존재하는지, 누구를 위해 존재하는지, 무엇을 하기 위해 존재하는지에 대한 내용이 포함됩니다.

미션의 예를 살펴보겠습니다. 사우스웨스트항공의 미션*은 '친근하고 신뢰할 수 있는 저비용 항공 여행을 통해 사람들이 삶에서 중요한 것에 연결되도록 한다(To connect People to what's important in their lives through friendly, reliable, low-cost air travel).'입니다. 친근함, 신뢰, 저비용 항공 여행이 중요한 포인트가 될 것입니다. 파타고니아는 보다 간결하게 시작합니다. '우리의 지구를 지키기 위해 사업을 한다(We're in business to save our home planet).'[17]입니다. 그리고 그것을 위한 구체적인 내용을 추가 서술했습니다. '토스'로 유명한 비바리퍼블리카의 미션은 '어렵고 불편하고 멀게 느껴지는 금융이 아닌 누구에게나 쉽고 상식적인 금융을 만드는 것'입니다. 쉽고 상식적인 금융을 만들기 위한 것이 비바리퍼블리카의 존재 이유입니다. 우아한형제들(배달의민족)은 '문 앞으로 배달되는 일상의 행복'**을 추구합니다.

그런데 어떤 기업들을 보면 미션이 근사한 단어들로만 이루어져 있을 뿐 동일한 미션을 어느 다른 회사에 적용해도 이상하지 않은 경우들이 있습니다. 어느 기업은 '혁신을 통해(Through Innovation)'가 미션이었는데, 혁신을 강조했다는 것은 이해할 수 있지만 존재의 이유가 혁신하기 위해서라는 것은 공감하기 어려웠습니다. '시장의 선도기업이 되는 것'을 미션으로 하는 기업도 있었는데, 어떤 분야의 선도기업

---

*　홈페이지(https://www.southwest.com/about-southwest/)에는 Our Purpose라고 되어있습니다.

**　홈페이지에는 서비스 비전 3.0으로 표현되어 있습니다. '미션'이란 단어로 표현되는 문장은 제시되어 있지 않고 핵심가치, 인재상, 송파구에서 일 잘하는 방법이 제시되어 있는데, 내용상 본서에서 정의한 미션에 가깝다고 판단하여 미션으로 소개합니다.

이 되려는 것인지, 선도기업 그 자체가 되기 위해 사업을 하는 것인지가 궁금했습니다. 실제 많은 기업들의 미션에 '인류의', '혁신적인', '최고의' 등의 수식어가 붙는 경우가 많은데, 수식어 자체는 문제가 없지만 그것으로 존재 이유를 잘 표현하고 있는지는 생각해 볼 필요가 있습니다. 그러다 보니 '액자 속의 미션'이라는 표현이 회자됩니다. 멋있는 문장을 만들어 액자 속에 넣고 벽에 걸어놓았다는 의미입니다. 학교 다닐 때 교훈이나 급훈 같은 것이 있었지요? 혹시 생각나는 게 있나요? 아주 특이한 경우를 제외하고는 없을 것입니다.

미션은 단지 선언하기 위해서 존재하는 것이 아닙니다. 미션을 명확히 함으로써 조직이 어디를 향해 가야 하는지 알려줍니다. 의사결정의 기본이 됩니다.

유기농 야채를 재배, 판매하는 기업이 있습니다. 최근 자체 농장에서 생산 이슈가 생겨 재배 원가가 급격히 올라갔습니다. 거기다 생산량이 적어 주문을 소화하기 어려워졌습니다. 이때 담당자가 이런 제안을 합니다.

"이번 주문들은 인근에 있는 농가 야채를 사서 보내야겠습니다. 우리보다는 품질이 약간 떨어지지만 거의 비슷합니다. 이렇게 안 하면 매출을 놓치게 됩니다."

회사를 위해 낸 의견입니다. 적절한 의사결정일까요? 이익을 극대화하는 게 회사의 목적이라면 환영할 만한 제안입니다. 어차피 고객은 그 차이를 쉽게 찾지 못할 것입니다. 하지만 이 회사의 미션이 '최고 품질의 유기농 농산물을 제공하는 것'이라면 얘기가 달라집니다. 품질이 떨어진다는 것을 알면서도 제공했다는 것은 우리 회사의 미션에 어긋나는 일이 됩니다. 이런 결정은 처음 한 번 내리기가 어려워서 그렇지 그다음부터는 다른 담당자, 다른 파트에서도 이런 방식의 결정이 이루어질 것입니다. 미션이 공유되고 미션대로 행동하는 조직에서는 나올 수 없는 결정입니다.

영화 '더 포스트(The Post)'를 보면 의사결정에 있어서 미션의 중요성을 극적으로 느껴볼 수 있습니다. 1964년 8월 2일, 베트남 동쪽 통킹만에서 북베트남 경비정과 미군 구축함 사이에 해상 전투가 발생했습니다. 미국은 이 사건을 명분으로 베트남 전쟁에 본격 개입하게 됩니다. 그러나 이 전투는 미국의 베트남전 개입을 정당화하기 위해 조작된 것이었습니다. 워싱턴포스트는 이러한 내용이 담긴 기밀문서, '펜타곤 페이퍼'를 확보하게 됩니다. 이 사실을 알게 된 정부 당국은 국가의 중요 기밀이므로 보도를 못 하게 하고 강력한 법적 대응을 예고합니다. 만약 사실대로 보도를 하면 워싱턴포스트는 법적 소송에 휘말릴 것이고, 재정난을 해결하기 위해 진행 중이던 증시 상장도 어려워질 가능성이 높았습니다. 당시 워싱턴포스트의 발행인, 캐서린 그레이엄은 남편과의 사별로 어쩔 수 없이 신문사를 책임지게 된 상황이었습니다. 결국 보도를 할 것이냐 말 것이냐의 최종 결정은 캐서린이 해야 했습니다. 잘못하다간 회사가 공중분해 될 수도 있는 상황이었습니다. 회사의 운명을 걸고 결정해야 했습니다. 대부분의 이사들은 회사가 큰 위기에 처할 것이라며 보도하는 것에 반대했습니다. 인쇄소에서는 모든 준비를 마치고 결론이 나기만을 기다리고 있었습니다. 다들 캐서린의 최종 결정만을 숨죽여 기다렸습니다. 긴장감이 고조됩니다. 이해관계자들의 난상토론 속에서 캐서린은 담담하면서 명확한 어조로

| 보도 여부에 대한 의사결정 회의 장면. 영화 더 포스트(The Post) |

결정을 내립니다.

"언론은 통치자가 아니라 국민을 섬겨야 합니다."

"우리가 보도하지 않으면 우리가 지고 국민이 지는 겁니다."

앞으로 험난한 길이 기다리고 있겠지만, 언론의 미션을 지키기로 합니다. 그의 결정이 떨어지자마자 윤전기가 돌아가기 시작했습니다. 극적인 순간이었습니다. 이후 정부와 법적 소송을 비롯하여 여러 가지 갈등이 시작되지만, 해야 할 일을 했다고 생각한 구성원들은 똘똘 뭉쳐 위기에 맞섰습니다. 기자들은 조직과 자신의 사명을 재확인하고 더욱 적극적으로 취재에 임했습니다. 이후 워싱턴포스트는 워터게이트 사건까지 보도하며 미국의 주요 정치 미디어 자리에 올랐습니다. 캐서린의 결정은 미션에 기반했고, 이런 행동이 본보기가 되어 구성원들의 의사결정 기준이 되었습니다. 그리고 이후에도 조직의 DNA가 되어 판단의 원칙이 되었습니다.

스케일업 단계에서 미션은 사업의 중심을 잡고 확장해 나가는 방향으로서 역할을 할 것입니다. '우리는 건강한 화장품을 만든다.'가 미션이라면 고객의 건강을 최우선으로 하는 화장품 회사로 성장 방향을 갖게 될 것입니다. '우리는 여성의 아름다움을 만든다.'를 미션으로 한다면 화장품뿐만 아니라, 액세서리, 눈썹 정리기 등 아름다움에 도움이 되는 어떤 것들을 중심으로 확장해 가게 될 것입니다. 주의할 점은 초기부터 미션의 범위를 '인류의 미를 추구한다.'처럼 너무 넓게 잡으면 있으나 마나 하거나 너무 뻔한 미션이 됩니다. 이런 것을 보면 미션이라는 것이 한 번 정하면 평생 바뀔 수 없는 불변의 어떤 것은 아니라고 할 수 있습니다. 기업의 존재 이유가 너무 자주 바뀌는 것은 이상하지만 환경이 변하고 시대가 바뀌면 달라질 수 있습니다.

주요 기업의 미션

기업	미션 *
삼성전자	[경영 철학과 목표] 인재와 기술을 바탕으로 최고의 제품과 서비스를 창출하여 인류사회에 공헌한다.
현대자동차	[Management Philosophy] 창의적 사고와 끝없는 도전을 통해 새로운 미래를 창조함으로써 인류사회의 꿈을 실현한다.
카카오	기술과 사람이 만드는 더 나은 세상
우아한형제들	문 앞으로 배달되는 일상의 행복
비바리퍼블리카 (토스)	어렵고 불편하고 멀게 느껴지는 금융이 아닌 누구에게나 쉽고 상식적인 금융을 만드는 것

---

*   각 사의 홈페이지를 참조했습니다.

삼성전기	최고의 컴포넌트와 독창적인 솔루션으로 모두에게 가치 있는 경험을 제공한다(We bring the best components and compelling solutions that enrich people's experience).
아성(다이소)	놀라운 가치로 즐거움과 감동을
테슬라(Tesla)	지속 가능한 에너지로의 세계적 전환을 가속화한다 (To accelerate the world's transition to sustainable energy).
아마존 (Amazon)	고객이 온라인으로 구입하고 싶은 것을 찾고 발견할 수 있는, 지구에서 가장 고객 중심적인 기업이 되고, 고객에게 가능한 한 가장 낮은 가격을 제공하기 위해 노력한다 (To be Earth's most customer-centric company, where customers can find and discover anything they might want to buy online, and endeavors to offer its customers the lowest possible prices).
월마트 (Walmart)	사람들의 돈을 아껴줌으로써 더 나은 생활을 할 수 있도록 한다 (To save people money so they can live better).
페이스북 (Facebook)	사람들에게 커뮤니티를 구축하고 세상을 더 가깝게 만들 수 있는 힘을 준다 (Give people the power to build community and bring the world closer together).
맥도날드 (McDonald)	모두에게 맛있는 기분 좋은 순간을 쉽게 만들어 준다 (To make delicious feel-good moments easy for everyone).
파타고니아 (Patagonia)	우리의 지구를 지키기 위해 사업을 한다 (We're in business to save our home planet).
사우스웨스트 항공 (Southwest Airline)	친근하고 신뢰할 수 있는 저비용 항공 여행을 통해 사람들이 삶에서 중요한 것에 연결되도록 한다 (To connect People to what's important in their lives through friendly, reliable, low-cost air travel).
페이팔 (PayPal)	웹에서 가장 편리하고 안전하며 비용 효율적인 결제 솔루션을 만든다 (To build the web's most convenient, secure, cost-effective payment solution).
노드스트롬 (Nordstrom)	우리는 고객이 좋은 기분과 최상의 모습을 보일 수 있도록 돕기 위해 존재한다 (We exist to help our customers feel good and look their best).

2

글로 쓴 미래 이미지, 비전

미래의 모습을
글로 그리다

비전(Vision)은 '글로 쓴 조직의 미래', '미래에 성취하고자 하는 이상적 목표', '미래의 이상적 이미지', '조직이 달성해야 하는 목표의 이미지' 등으로 정의할 수 있습니다. 이 중에서 '글로 쓴 미래 이미지'가 가장 적절하지 않을까 싶습니다. 그리고 좋은 비전은 방향성을 가지고, 구체적 목표, 일정한 기간이 제시되는 것이라 할 수 있습니다.

이러한 요소를 잘 반영하여 비전의 모범 사례로 자주 등장하는 문장이 바로 '1960년대가 끝나기 전에 인간을 달에 보낸다.' 같은 것이 되겠습니다. 우주 개척을 위한 미국 케네디 대통령의 말이죠. 방향성, 구체성, 기간이 모두 제시되어 있습니다. 비전의 예로 자주 활용되는 것에는 "2010년 세계 3대 전자, 정보통신 기업"(2006년, LG전자), "우리는 야마하를 무너뜨릴 것이다."(1970년, 혼다), "서부의 하버드대학이 된다."(1940년, 스탠퍼드대학)[18] 미래 달성하고자 하는 모습을 한 문장으로 간결하게 만들면 이해하기와 공유하기가 수월할 것입니다.

물론 미래 모습을 꼭 한 문장으로 설명할 필요는 없습니다. 핵심 비전은 그렇게 하더라도 우리가 꿈꾸는 미래의 모습을 구성원들과 함께 구체적으로 그려보는 것도 추천할 만합니다. 미래를 함께 그리고 공유하면 그러한 생각만으로도 기대에 부풀고 일하는 즐거움이 생기기 때문입니다. 예를 들어 5년 뒤 우리 회사의 모습을 그려보는 겁니다. '사옥을 짓는다.', '사옥 안에는 회사 카페를 만들자.', '5년 뒤 재무적 목표를 달성하면 전 사원 해외 워크숍을 간다.' 같은 것이죠. 이런 내용들을 그림으로 표현할 수 있다면 시각적 효과도 함께할 수 있어 보다 효과적인 노력이 가능할 것입니다. 배달의 민족으로 유명한 우아한형제들이 버킷리스트란 이름으로 웹 사이트에 게재한 것은 아주 신선했습니다. 보통 이런 것은 공개하지 않고 내부용으로만 다루는데 공개를 한 것이죠. 상상만으로도 즐거워 보입니다. 이렇듯 비전이 꼭 한 문장으로 제시될 필요는 없습니다. 구성원들마다 생각이 다를 수 있지만 다수의 구성원들과 합의된 비전 선언이 된다면 훨씬 더 달성하고 싶은 구체적인 것이 될 것입니다.

㈜우아한형제들의 우아한 버킷리스트

2014년 12월 31일까지를 목표로 하나하나 지워갔던 최초의 우아한 버킷리스트

- ☑ 월요일 오후 출근! 주 4.5일제 운영!
- ☐ 야근이 없는 회사
- ☑ 회사 내에 카페가 있었으면 좋겠습니다.
- ☑ 유명인사를 초청해서 강연을 듣고 싶어요!
- ☑ 직원의 건강에 초점을 맞춘 복리후생을 원합니다.
- ☑ 워크샵을 해외로 갔으면 좋겠습니다.
- ☑ 반바지, 미니스커트 상관없이 자유로운 복장으로 출근하고 싶어요.
- ☑ 개인 및 회의 공간이 충분했으면 좋겠어요.
- ☑ 공부하고 싶은 직원들에게 교육비를(일부) 지원해 주는 회사
- ☐ 결혼도 시켜주는 회사, 중매업체 가입은 공짜!
- ☐ 주차장이 넓어 누구나 차를 가지고 다닐 수 있으면 좋겠어요.
- ☑ 회사 곳곳에 책이 널브러져 있는 회사
- ☑ 직원들이 대표님이나 임원들과 언제나 편하게 지내는 회사
- ☑ 돈을 많이 버는 회사

하나씩 이루어가는 '우아한형제들'의 버킷리스트 2.0 Ver 성공담도 기대해 주세요!

- ☐ 은행이 안에 있는 회사!
- ☐ 회사에 헬스장, 수영장을 갖췄으면 좋겠어
- ☐ 트랙이 있어서 언제나 달릴 수 있는 회사
- ☐ 스타벅스가 회사 안에 있으면 좋겠어요
- ☐ 바비큐장과 텃밭이 있어서 바비큐 해먹을 수 있는 회사!
- ☐ 사내 볼링장에서 스트레스를 풀고 싶어요
- ☐ 회사 심리상담소에서 심신을 위로받을래요
- ☐ 병원이 있어서 아파도 걱정 없음!
- ☐ 우아한 편의점에서 간식 사 먹고 싶어요
- ☑ 전문 장비를 풀로 갖춘 우아한 촬영 스튜디오
- ☐ 흡연실이 필요합니다…
- ☑ 택배실에 택배를 맡아주세요
- ☑ 배민문구 오프라인 스토어 개점!
- ☐ 날씨 좋은 날에 옥상 카페에서 일광욕을 즐기고 싶어요
- ☐ 회사 전시장에서 유명 아티스트의 작품을 관람하기
- ☐ 회사에서 실내 암벽등반 할래요
- ☐ 영화관을 갖춘 회사
- ☐ 반려동물호텔이 있어서 반려동물과 같이 출퇴근하는 회사

현실은 미션, 비전이
혼용되어 사용 중

미션은 우리의 존재 이유로서 그렇게 하고자 하는 지향점이고, 비전은 중간중간 도달할 목표 지점이 될 것입니다. 그런데 막상 관심 있는 기업의 미션과 비전을 찾아보면 앞에서 설명한 미션과 비전의 정의에 부합되는 곳도 있고, 그렇지 않은 곳도 있다는 것을 알게 됩니다. 특히 '미션'과 '비전'의 개념을 반대로 해석하여 기재된 것을 보면 상당히 혼란스럽기도 합니다.

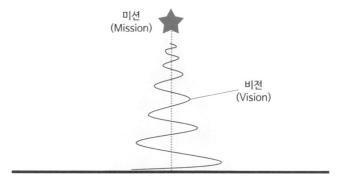

| 미션과 비전의 관계 |

일반적으로 사전적 정의의 '미션'은 사명 · 천직(A Task That You Consider To Be A Very Important Duty), 임무 · 해야 할 일(A Task or Job That Someone Is Given to Do) 이렇게 나누어 볼 수 있습니다. 이 중 어떤 정의를 선택하느냐에 따라 비전과의 관계가 정립될 것입니다. 기업의

존재 이유, 목적에 부합하는 정의는 사명·천직이 될 것입니다. 그런데 현실에서는 임무·해야 할 일의 의미도 미션으로 사용되는 경우를 종종 보게 됩니다. 이렇게 된 데에는 세계적 베스트셀러인 『성공하는 기업들의 8가지 습관(Built to Last)』, 『좋은 기업을 넘어 위대한 기업으로(Good to Great)』의 저자 짐 콜린스(Jim Collins)도 일조했습니다.

그의 저서 『짐 콜린스의 경영전략(Beyond Entrepreneurship)』에서는 미션을 사실상 임무·해야 할 일 수준의 의미로 설명했습니다. 짐 콜린스는 비전을 '핵심가치와 믿음', '목적', '미션' 이렇게 세 가지 요소로 구성되어 있다고 설명했습니다. 그리고 여기서 목적을 '기업의 존재 이유'로, 미션을 '해야 할 일, 목표'라고 제시했습니다.[19]

| 짐 콜린스의 비전 구성요소 |

그리고 미션의 대표적인 예로 1961년 미국 케네디 대통령이 밝힌 NASA의 우주 개발을 언급했습니다.

"우리 미국은 10년 내 달에 착륙하여 탐사한 후 지구로 무사히 귀환할 수 있도록 최선을 다해야 합니다."

그러면서 이런 미션은 결코 성취할 수 없는 목적과 다르다고 했습니다. 한편 동일 저자의 『성공하는 기업들의 8가지 습관』에서는 이 문장을 크고 대담하고 도전적인 목표(BHAGs ; Big Hairy Audacious Goals)의 대표적인 예로 제시했습니다. 일단 미션을 달성하면 목적에 비추어 다시 새로운 미션을 설정하라고 했습니다.[20] 앞에서 설명한 미션(사명 · 천직)과는 다른 의미(임무 · 해야 할 일 · 목표)로 사용한 것입니다.

　이 용어라는 게 말하는 사람이 자신만의 정의를 내릴 수 있는 것이고, 그대로 통용하여 사용하느냐는 대중들의 몫인데, 저자의 영향력이 워낙 크다 보니 적지 않은 기업에서 이런 정의로 사용하고 있습니다. 이렇게 되면 무엇이 맞다 틀리다라고 규정하기 어렵습니다. 실제 혼용해서 사용되고 있기 때문입니다. 따라서 미션과 비전을 언급해야 하는 상황이라면 먼저 용어 정의를 하고 시작해야 커뮤니케이션에 문제가 없을 것입니다. 본서에서는 '존재 이유'를 미션으로, '글로 쓴 미래의 그림'을 비전으로 설명하고 있습니다. 그리고 케네디의 달 탐사 언급은 잘 만들어진 비전의 대표적 사례로 인용하였습니다.

2

바람직한 신념과 태도, 핵심가치

구성원들이 함께
공유할 가치

미션과 비전이 조직의 나아갈 방향을 제시한다면 핵심가치는 구성원들의 바람직한 신념, 태도, 행동 규범이라 할 수 있습니다.

보통 '고객 중심', '소통', '협력' 같은 단어들이 기업의 핵심가치로 많이 사용됩니다. 여러 기업들에서 공개한 핵심가치를 살펴보면 빠른 이해가 가능할 것입니다. 삼성전자는 "인재제일, 최고지향, 변화선도, 정도경영, 상생추구"를, 현대자동차는 "고객 최우선, 도전적 실행, 소통과 협력, 인재존중, 글로벌 지향"을 핵심가치로 하고 있습니다. 카카오는 "가보지 않은 길을 두려워하지 않습니다. 무슨 일이든 본질만 남기고 처음부터 다시 생각해 봅니다. 나보다 동료의 생각이 더 옳을 수 있다는 믿음을 가집니다. 스스로 몰입하고 주도적으로 일합니다. 세상을 선하게 바꾸려고 노력합니다."라는 문장을 카카오스러움이라는 표현으로 제시했습니다. 우아한형제들은 "규율 위의 자율, 스타보다 팀워크, 진지함과 위트, 열심만큼 성과"를 핵심가치로 하고 있습니다. 단어 하나하나가 고귀한 의미를 가지고 있고 추구해야 할 신념으로 손색이 없어 보입니다.

주요 기업의 핵심가치

기업	핵심가치
삼성전자	인재제일, 최고지향, 변화선도, 정도경영, 상생추구
현대자동차	고객 최우선, 도전적 실행, 소통과 협력, 인재존중, 글로벌 지향
카카오	[카카오스러움] 가보지 않은 길을 두려워하지 않습니다(Willing to Venture). 무슨 일이든 본질만 남기고 처음부터 다시 생각해 봅니다(Back to Basic). 나보다 동료의 생각이 더 옳을 수 있다는 믿음을 가집니다(Trust to Trust). 스스로 몰입하고 주도적으로 일합니다(Act for Yourself). 세상을 선하게 바꾸려고 노력합니다(Tech for Good).
우아한형제들	규율 위의 자율, 스타보다 팀워크, 진지함과 위트, 열심만큼 성과
비바리퍼블리카 (토스)	[핵심가치 3.0] 개인의 목표보다 토스팀의 미션을 우선한다(Mission over Individual). 기대를 뛰어넘는 수준을 추구한다(Go the Extra-mile). 하면 좋을 10가지보다, 임팩트를 만드는 데 집중한다(Focus on Impact). 모든 기본 가정에 근원적 물음을 제기한다(Question Every Assumption). 빨리 실패할 용기를 가진다(Courage to Fail Fast). 주도적으로 학습한다(Learn Proactively). 신속한 속도로 움직인다(Move with Urgency). 동료 간에는 완전한 솔직함을 추구한다(Radical Candor).
아성(다이소)	고객 중심, 도전정신, 주인의식
테슬라(Tesla)	최선을 다하고, 위험을 감수하고, 존중하고, 지속적인 학습과 환경의식을 갖는 것

아마존 (Amazon)	고객에 집착한다, 주인의식을 가진다, 발명하고 단순화한다, 리더는 많이 옳다, 배우고 호기심을 가진다, 최고의 인재를 뽑아 육성한다, 최고의 기준을 추구한다, 크게 생각한다, 신속하게 판단하고 실행한다, 절약한다, 신뢰를 구축한다, 깊게 파고든다, 반골기질을 갖되 결정사항에 헌신한다, 결과를 만들어 낸다.
월마트 (Walmart)	고객에 대한 서비스: 고객 우선, 접점 집중, 혁신과 민첩함 (Customer first, Frontline focused, Innovative and agile) 개인에 대한 존중: 경청, 사례를 통한 주도, 포용성 (Listen, Lead by example, Inclusive) 탁월함을 위한 노력: 고성과, 책임감, 전략적 (High performance, Accountable, Strategic) 진정한 행동: 솔직함, 공평함, 용기(Honest, fair, Courageous)
페이스북 (Facebook)	대담한 태도, 영향력에 집중, 신속한 실행, 열린 자세, 사회적 가치 구축(Be bold, Focus on impact, Move fast, Be open, Build social value)
맥도날드 (McDonald)	서비스, 포용성, 진정성, 커뮤니티, 가족(Serve, Inclusion, Integrity, Community, Family)
파타고니아 (Patagonia)	최고의 제품 만들기, 부적절한 피해 만들지 않기, 자연을 보호하기 위해 비즈니스를 활용하기, 관습에 얽매이지 않기(Build the best product, Cause no unnecessary harm, Use business to protect nature, Not bound by convention)
사우스웨스트 항공 (Southwest Airline)	나(자신이 보여지는 방식): 자부심, 진정성, 겸손(Pride, Integrity, Humility) 우리(서로를 대하는 방식): 팀워크, 솔직함, LUV(사우스웨스트항공)와 함께하는 서비스(Teamwork, Honesty, Service with LUV) 사우스웨스트(사우스웨스트가 성공하는 방식): 효율, 원칙, 탁월함(Efficiency, Discipline, Excellence)
페이팔 (PayPal)	협업, 혁신, 웰니스, 포용(Collaboration, Innovation, Wellness, Inclusion)
노드스트롬 (Nordstrom)	가족, 진정성, 솔직함, 존중하는 커뮤니케이션(We're family, Integrity, Be honest, Respectful communication)

유용한 핵심가치를 위한
체크 포인트

핵심가치에 해당하는 단어들이 모두 좋은 의미를 가지고 있긴 한데, 단지 멋진 단어들을 골라냈다고 조직에서 유의미한 역할을 하는 것은 아닙니다. 핵심가치를 만들 때 알아두면 좋을 몇 가지 포인트를 살펴보겠습니다.

첫째, 진정성 있게 만들어야 합니다. 미션도 그렇지만 핵심가치를 만들 때도 그저 멋있고 근사한 단어들을 선택하면 안 됩니다. 선택한 가치가 우리 조직에서 특별히 왜 중요한지 설명할 수 있어야 합니다. 그리고 선정한 단어가 조직의 실제 신념과 태도가 되기 위해서는 내재화하기 위한 노력이 뒤따라야 합니다. 과거 상품 담합 사례, 과대광고, 대리점 갑질 논란을 일으켰던 N사의 핵심가치는 고객 만족, 인간 존중, 사회봉사였습니다. 없느니만 못한 핵심가치였습니다.

둘째, 너무 뻔한, 진부해 보이는 핵심가치는 지양할 필요가 있습니다. 아직도 어느 회사의 핵심가치는 정직, 성실, 봉사였습니다. 물론 중요한 가치이고 이를 실행하기 위한 노력이 함께 한다면 아무런 문제가 없습니다. 하지만 이런 경우 대부분 회사 소개서에서만 볼 수 있는 경우가 많습니다.

셋째, 핵심가치는 핵심만 모아놓은 것입니다. 너무 많은 핵심가치는 구성원에게 혼란만 주고 핵심가치로서의 의미가 퇴색될 것입니다. 어느 회사의 경우 핵심가치가 다섯 항목이었습니다. 이 정도까지는 그래도 받아들일 만했습니다. 그런데 문제는 '탁월함과 학습', '도전과 신뢰' 이런 식으로 한 단어에 두 개씩 사실상 열 개의 핵심가치가 제시되었습니다. 또 어느 기업은 '탁월함'이라고 정해놓고 '탁월함은 열정, 빠른 실행, 자기주도…, 인간존중의 정신으로 자율과 창조성이 고양되는 것입니다.'같이 적어놓았습니다. 하나의 가치에 다시 복수의 가치가 포함된 경우인데, 이렇게 되면 기억하는 것조차 어렵습니다. 2019년 1억 달러가 넘는 투자를 유치한 국내 스타트업 센드버드에서는 사업 초기 '월드 클래스 인재'라는 제목으로 52가지 인재상을 상세하게 적어놓았다고 합니다. 그러나 그 누구도 기억하지 못했고, 실천이나 공유되지 못한 채 캐비닛에 들어가 있었다는 에피소드를 공유하기도 했습니다.[21]

넷째, 핵심가치를 꼭 하나의 단어로 표현할 필요는 없습니다. 'ㅇㅇㅇ 웨이(Way)', 'ㅇㅇㅇ인의 일하는 방식', 'ㅇㅇㅇ인의 일하는 원칙'처럼 행동 양식을 문장으로 표현하는 것도 방법입니다. 핵심가치를 단어로 하면 외우기는 쉽지만 어차피 그 단어가 우리 조직에서 의미하는 바를 부연 설명할 필요가 있기 때문에 결국 핵심가치를 풀어쓴 것과 비슷한 결과가 되기도 합니다.

핵심가치 만들 때
주의할 점

핵심가치를 만들 때 경영자가 만들어서 공유하는 게 좋을까요? 구성원들끼리 만드는 게 좋을까요? 아니면 다 함께 모여서 만들어야 할까요?

핵심가치를 만들기 위해 전체 워크숍을 시행하는 경우를 종종 보게 됩니다. 워크숍에서는 아이스 브레이킹, 조직의 미션, 비전에 대한 이야기, CEO 메시지 등이 우선 진행되고 이후 본격적인 핵심가치 찾기에 들어갑니다. 보통은 수십 개의 후보 단어로 구성된 가치 목록을 배포한 후, 구성원들이 이 중에서 단어를 선정하는 방식으로 진행됩니다. 개인별로 몇 개씩 선정하여 그 이유와 필요성을 논의한 다음 조별로 후보 가치를 선정하고, 다시 전체 토론을 통해 더 적합한 단어를 선정하는 방식입니다. 이 과정에서 우리 조직에 이 가치가 왜 중요한지, 얼마나 중요한지, 어떤 상황에서 필요한지 등을 설명하며 의견을 모아갑니다. 이런 논의의 끝에 다수가 선택하는 방향으로 핵심가치 후보군이 선정되고 경영진이나 대표가 최종 선정하는 방식을 취합니다. 빠르게 진행되면 전체 토론 다음 날 모두의 축하 속에 우리 회사의 핵심가치가 선포되기도 합니다. 모두가 함께 토의해서 얻어낸 결과입니다.

핵심가치 후보 키워드의 예

도전 Challenge	자율 Autonomy	신뢰 Trust	목표 Goal	열정 Passion	창의성 Creativity
완전성 Perfection	균형 Balance	효율 Efficiency	용기 Courage	자존감 Dignity	지식 Knowledge
소통 Communication	고객 Customer	공정 Fairness	신의 Sincerity	인내 Patience	존중 Respect
용기 Courage	혁신 Innovation	정직 Honesty	감사 Gratitude	속도 Speed	변화 Change
팀워크 Teamwork	즐거움 Fun	리더십 Leadership	발전 Development	회복탄력성 Resilience	수익성 Profitable
행복 Happiness	호기심 Curiosity	기민성 Agility	품질 Quality	포용 Inclusion	적극성 Proactivity
책임감 Responsibility	탁월함 Excellence	성장 Growth	헌신 Commitment	긍정 Positive	유머 Humor
전문성 Professional	학습 Learning	주도성 Initiative	조화 Harmony	관용 Generosity	인정 Recognition
안전 Safety	충실 Faithfulness	전문성 Specialty	성취 Accomplishment	투명성 Transparency	사회적 책임 Social responsibility

그런데 조금 생각해 볼 부분이 있습니다. 한 기업은 이런 방식의 워크숍을 통해 구성원들이 세 가지 핵심가치를 정했습니다. 워크숍이 끝난 후 CEO가 핵심가치를 최종 결정하기로 했는데, 문제는 세 개 모두 CEO 마음에 충분히 들지 않았습니다. 그렇다고 구성원 모두가 함께한 워크숍 결과를 없었던 일로 하거나 다시 하자고 할 수도 없었습니다. 그래서 타협안으로 CEO가 추천하는 핵심가치를 하나 더 추가하는 것으로 정리했습니다. 구성원이 정한 핵심가치는 '자율, 인정, 공정'이었고, CEO가 선택한 가치는 '열정(Passion)'이었습니다. 구성원이 선택한 가치와 CEO가 선택한 가치의 느낌이 다르다는 게 보일 겁니다. 구성원들은 작은 것 하나까지 CEO가 결정하고 있는 상황에서 좀 더 자율적인 의사결정이 가능했으면 좋겠다고 생각하여 '자율'을 골랐습니다. 실행한 과업에 대한 피드백이나 칭찬 없이 부족한 부분만 지적받는 현재 상황이 개선되었으면 좋겠다는 생각에 '인정'을 선택했습니다. 또 CEO의 지인들이 입사하며 기존 멤버에 비해 과도한 보상이 제공되는 것을 보면서 '공정'이라는 가치를 선택했던 것입니다. 해당 단어가 핵심가치로 합의된 데에는 이런 구체적인 이유가 있었지만, CEO가 있는 자리에서는 적당히 순화된 표현으로 논의되었습니다. 하지만 CEO는 이런 가치들은 우리 조직의 최우선 가치가 아닌 것 같다고 생각했고, 오히려 구성원들이 좀 더 열정적으로 일하면 좋겠다는 바람이 있었습니다. 그래서 평소 아쉽다고 생각했던 '열정'을 제안한 것입니다. 이렇게 네 개의 핵심가치가 정해지고 곧바로 회사 소개서와 홈페이지에 올라갔습니다. 그런데 그러고 나서 끝이었습니다. 이후 적극적인 실행 방법이나 후속 조치는 없었습니다. 달라지는 것도 없었습니다. 그냥 한 번의 워크숍 주제, 그리고 미션, 비전 밑에 적어놓는 용도로 사용되었습니다.

그렇게 시간이 흐르다 코로나 팬데믹 시대를 맞았습니다. 구성원들이 자율적인 근무장소를 요청했습니다. '자율'이 핵심가치이기도 하니 무난하게 받아들여질 것으로 예상했습니다. 하지만 CEO는 소통과 속도에 차질을 줄 수 있다며 최대한 출근하는 것을 원칙으로 하는 결정을 내렸습니다. 차라리 '자율'이라는 핵심가치가 없었으면 더 나았을 텐데 구성원들의 불만만 키우는 상황이 되었습니다. 결국 얼마 뒤 기업의 가치체계를 다시 만들기로 했다는 소식이 들렸습니다.

회사들의 핵심가치를 살펴보다 보면 누가 주도적으로 정했는지 알 수 있는 경우가 많습니다. 경영자가 주도적으로 핵심가치를 정하는 경우 주인의식, 열정, 헌신, 탁월함 같은 단어들이 자주 보입니다. 주로 경영자가 기대하는 '여러분들이 이렇게 해주면 좋겠습니다.'의 감정이 들어있는 당위적 키워드들입니다. 이런 핵심가치의 장점은 조직 내재화를 위해 적극적인 후속 조치가 진행되는 경우가 많은 반면, 구성원들의 공감을 얻어내지 못하는 경우가 많습니다. 한편, 구성원들이 주도적으로 정하는 회사가 있습니다. 대부분 워크숍 같은 것을 통해 중요하다고 생각하는 것들을 토론으로 선정했습니다. 이때 '열정', '탁월함' 같은 단어들은 어쩌다 한 번씩 선택됩니다. 하지만 CEO들이 좋아하는 '주인의식', '헌신' 같은 단어는 거의 선정되지 않습니다. 구성원들이 선택하는 가치는 주로 '일과 삶의 균형', '즐거움', '공정함', '자율성' 같은 것들입니다. 이런 가치의 경우 구성원들 간 공감대를 폭넓게 얻을 수는 있으나 CEO의 적극적인 지지를 얻기 어려운 상황이 종종 생깁니다. CEO가 생각하는 우선순위가 다르기 때문입니다. 때에 따라 구성원들이 핵심가치에 대한 이해를 충분히 하지 못한 경우, 인기투표처럼 그럴듯한 키워드가 선정되기도 합니다. 이렇게 되면 조직 안에 내재화시키기 어렵습니다. 그냥 한 번의 워크숍 행사로 끝나게 됩니다.

스케일업의
핵심가치 만들기 제안

핵심가치는 조직 구성원들의 바람직한 신념, 태도, 행동 규범 같은 것이라 했습니다. 그런데 지금까지 핵심가치가 없어서 큰 문제가 되었던 적이 있었나요? 핵심가치가 필요한 이유를 명확히 해야 합니다. 그렇지 않으면 미션, 비전 아래 적어놓는 멋있는 단어들의 나열에 지나지 않을 것입니다.

핵심가치는 조직 규모가 커지면서도 조직이 가져가고자 하는 일관된 신념과 태도를 유지할 필요가 있다고 생각될 때 만들면 됩니다. 특히 사업 특성에 따라 독특한 신념, 태도가 필요하고, 그것이 성공의 핵심 요소가 되겠다는 판단이 있을 때가 적당한 시점입니다. 대신 만들어진 핵심가치는 구성원들의 신념과 태도에 내재화되도록 노력을 해야 합니다.

"저 회사 사람들은 '안전'에 대해서는 한 치의 양보도 없더라고."

"상대와 공감할 수 있는 사람이 제대로 된 유머를 구사합니다. 우리는 유머러스한 사람을 찾습니다."

"우리는 정시출발, 정시도착을 최우선으로 합니다. 아무리 일을 잘 해도 시간 약속, 시간 관리가 되지 않는 사람이라면 우리 조직에서 제 역할을 하기 어려울 것입니다."

이런 말들은 핵심가치가 내재화되어 실행되고 있을 때 사용할 수 있는 표현입니다.

핵심가치를 만드는 몇 가지 접근 방법을 살펴보겠습니다.

첫째, 우리 사업의 경쟁력을 높이기 위해 가져야 하거나 키워나가 야 할 우리만의 특성을 찾아봅니다. 경쟁 기업들과 다른 차별화할 수 있는 특별한 가치를 찾는 것입니다. 핵심가치가 의사결정의 판단 기준 정도를 넘어 사업 자체의 경쟁력이 될 수 있습니다. 등산 장비 제조공 장에서 출발해 글로벌 아웃도어 의류회사가 된 파타고니아는 지구를 지키기 위해 사업을 한다는 미션을 가지고 있습니다. 현재 환경친화적 기업으로 굳건히 자리매김하고 있습니다. 이런 미션을 실행하기 위한 철학이 제품에도 담겨있습니다.

파타고니아 핵심가치의 첫 번째 항목은 '최고의 제품 만들기'입니 다. 최고의 제품을 만든다는 것은 어느 회사나 추구하는 바입니다. 너 무나 당연한 말처럼 들립니다. 따라서 여기서 끝나면 핵심가치로서 의 미가 흐릿합니다. 파타고니아가 말하는 최고의 제품이란 무엇인지 명 확히 할 필요가 있습니다. 연이어 나오는 부연 설명에는 기능성, 수리 가능성, 내구성에 기반한다고 했습니다. 일단 기능적이어야 합니다. 창업가 이본 취나드는 "파타고니아 제품의 디자인은 기능성에서 출발 한다. 보온용 내의는 땀을 잘 빨아들여야 하고 통풍이 잘돼야 하며 빨리 마를 수 있어야 한다. 카누나 카약을 할 때 복장은 물에 쉽게 젖지 않아야 할 뿐만 아니라 팔을 자유롭게 움직일 수 있게 해 주는 게 중요하다. 기능이 디자인을 지배하는 게 당연하다."고 했습니다. 이것을 기본으로 수리 가능성과 내구성이 있어야 합니다. 오래 입을 수 있어야 환경에 미치는 영향을 줄일 수 있다는 것입니다. 이것이 바로 파타고니아가 생각하는 최고의 제품입니다. 구성원 모두가 공유해야 할 핵심가치입니다. 의류 제조의 특성상 제조 과정에서 환경에 부정적 영향을 끼칠 여지가 큽니다. 이런 부정적 영향을 줄이기 위해 '부적절한 피해 만들지 않기' 역시 추구하는 핵심가치입니다. 이를 기반으로 제조 과정에서 유해한 물질로 만든 염색제 사용을 금지하거나 친환경 소재를 사용하기 위한 노력이 이루어집니다. 구성원 모두 이런 가치를 중요하게 생각해야 합니다. '자연을 보호하기 위해 사업을 이용하기'도 있습니다. 파타고니아의 제품 자체에만 환경적 노력을 하는 것이 아니라, 자연을 보호하기 위해 사업 자체를 활용하겠다는 것입니다. 비즈니스를 통해 환경 운동이나 매출의 1%를 사회환경단체에 기부하는 활동도 이러한 핵심가치에 기반한다고 하겠습니다.

둘째, CEO가 만들어 가고자 하는 조직적 특성 혹은 철학, 신념을 핵심가치로 만들 수 있습니다. 사우스웨스트항공의 허브 켈러허(Herb Kelleher) 회장은 유머가 많은 사람일수록 변화에 잘 적응하고, 스트레스를 받아도 창조적이며, 효율적으로 일할 줄 알며, 놀 때는 열심히 놀아서 남들보다 건강하다고 생각했습니다. 그리고 늘 이렇게 말했다고 합니다.

"나는 항공 업무가 정말 재미있는 일이 되기를 바랍니다. 인생은 너무 짧고 너무 힘들고 너무 진지한 것이기 때문에 반드시 인생에 대한 유머 감각이 있어야 합니다."

대부분의 회사는 구성원들이 진지하고 사무적이기를 바라지만, 허브 켈러허는 유머러스한 업무 방식이 고객과 직원의 생활을 풍요롭게 한다고 믿었습니다. 그래서 재미(Fun)를 중요하게 생각했습니다. 허브 켈러허 회장 시절 '재미'는 조직 내 깊숙이 자리 잡은 핵심가치였습니다. 당연히 조직의 핵심가치가 되었습니다.

항공, 철도, 호텔, 영화관, 콜라, 화장품 등 400여 계열사를 가진 영국 버진 그룹의 회장 리처드 브랜슨(Richard Brandson). 그의 경영 철학은 '즐거움을 최고의 가치로 여기고 일을 하라.'는 것이었습니다. 남과 똑같이 행동해서는 탁월한 결과를 낼 수 없다고 믿기 때문입니다. 이런 믿음은 버진 그룹의 미션을 '비즈니스를 바꾸는 것'으로 만들었고, 핵심가치에는 '혁신(Innovation)'과 '재미(Fun)'가 포함되어 있습니다.

'꾸준히 학습하고 자기개발을 통해 역량을 향상시키는 사람이 자기 몫을 한다.'라는 생각을 가지고 있다면 '학습', '자기개발', '역량 강화', '탁월함', '자기학습' 같은 단어나 문구를 핵심가치에 넣을 수 있습니다. 그리고 나서 사내에 학습 조직 만들기, 학습 조직 운영, 월간 전문가 초청 강연회, 외부 세미나 비용 지원 등 이를 실현할 수 있는 구조를 만들어 갈 수 있습니다.

셋째, 긴장 관계를 해소시킬 수 있는 가치를 찾아봅니다. 구성원들이 의사결정이나 행동을 해야 할 때 딜레마 상황, 무엇을 선택할 것인지 고민하는 상황들을 적극적으로 수집하는 것입니다. 고객이 무례한 요구를 했을 때 그럼에도 불구하고 가급적 고객의 요구를 들어줄 것인지, 단호하게 대처할 것인지 고민될 수 있습니다. 고객 기업에 용역을 제공하는 일이 많은 사업을 하는데, 고객사에서 접대를 요청했을 때 영업사원이 어느 수준까지 받아들일 것인지 고민할 수 있습니다.

일하는 방식의 하나로 '보고서는 형식보다 내용'이라는 가치를 제시한 기업이 있습니다. 보고서를 작성할 때 최대한 형식에 맞춰 완성도 있게 작성할 것이냐, 내용 중심으로 신속하고 간결하게 작성하는 것이 바람직한 행동인지 결론을 마련해 놓은 것입니다. 우리 조직은 분량이나 형식보다 핵심 메시지의 간결함을 중요시한다는 것을 명확히 해놓은 것입니다.

'공급자 관점이 아닌 사용자 관점'을 핵심가치로 삼은 기업이 있습니다. 선택의 상황을 제시하고 아예 대비시켜 놓은 경우입니다. 이 경우 제품 기능에 대한 의사결정을 할 때 제작이 쉬운지보다 사용이 쉬운지, 원가가 낮은지보다 지불의사에 원가를 맞출 수 있는지 등의 관점에서 판단할 것을 독려합니다.

각각에 대해 조직문화에 따라, 사람에 따라 판단 기준이 다를 것입니다. 이런 의사결정이 사람에 따라 달라지는 상황, 매번 선택의 고민이 되는 상황 등을 정리해서 핵심가치로 만드는 것입니다. 이런 관점에서 우아한형제들과 비바리퍼블리카의 핵심가치를 참고해 볼 만합니다. 우아한형제들의 4대 핵심가치는 "규율 위의 자율", '스타보다 팀웍", "진지함과 위트", "열심만큼 성과"입니다. 즉, 조직이 정해놓은 규율을 지키는 게 기본이지만, 자율적인 문화를 지향한다고 합니다. 최소한으로 정해놓은 규율은 반드시 지킨다는 전제 위에 나머지는 자율적으로 생각하고 행동한다는 의미일 것입니다. 스타보다 팀워크, 조직 내에 스타도 있어야 하고 팀워크도 필요하지만 우아한형제들은 팀워크를 보다 중요하게 생각한다는 의미입니다. 이렇게 핵심가치가 정해지면 성과평가, 보상 방식 등도 개별성과보다는 팀성과, 팀 중심 보상으로 제도가 만들어져 있을 것입니다. 구성원들이 서로 협력하는 것이 중요하다는 것을 알리고 조직 내 의사결정이 개인보다 팀 중심으로 이루어질 것입니다.

비바리퍼블리카 역시 상반되는 가치를 제시하고 둘 다 중요하지만 두 가지가 대립될 때는 후자의 것이 더 중요하다고 했습니다.[22] "개인의 목표보다 토스팀의 미션을 우선한다." "하면 좋을 10가지보다 임팩트를 만드는 데 집중한다." 같은 핵심가치가 그렇습니다.

넷째, 현재 인재 채용을 위한 면접 과정을 생각해 보는 것입니다. 이 과정에서 업무 역량 외에 자주 물어보는 질문이 있을 것입니다. 짧은 시간에 상대를 알아보기 위한 이 질문은 우리 조직이 중요하게 생각하는 가치일 가능성이 높습니다. 반대로 이미 핵심가치가 공유된 기업이라면 핵심가치에 관한 경험, 생각, 행동을 물어보고 있을 것입니다. "새로운 아이디어라고 생각하고 제시했는데, 주위에서 '과거에 해봤는데 실패한 것이다.'라는 말을 들어본 적이 있습니까?", "그 경우 어떻게 대처하셨나요?", "그런 경우가 생긴다면 어떻게 하시겠어요?" 같은 질문을 자주 하며 이를 잘 해결해 나간 경험이나 할 수 있을 것 같은 대답을 기대한다면 '혁신'이나 '커뮤니케이션' 같은 가치를 중요하게 생각한다는 의미입니다. 구성원을 채용할 때부터 기대하는 가치, 당연히 조직 내에서도 중요하다고 생각하는 가치일 것입니다.

끝으로 핵심가치를 모든 구성원의 합의로 도출한다는 것은 현실적이지 않습니다. 앞에서 워크숍을 통해 구성원들의 합의로 만든 핵심가치의 현실에 대해 소개하기도 했는데, 이것은 결국 경영자가 최종 선택해야 할 이슈입니다. 누구보다 경영자가 핵심가치의 필요성을 인식해야 하고 그것을 조직에 내재화하겠다는 의지가 있어야 합니다. 또한 이렇게 정해진 핵심가치는 구성원들에게만 적용되는 게 아니라, 경영자 역시 누구보다 핵심가치에 기반한 행동과 의사결정을 보여야 합니다. 구성원들의 의견을 충분히 듣고 반영할 필요는 있지만 경영자 관점에서 우리 조직이 성장할 수 있는 차별화된 가치가 될 수 있는지 판단하는 게 중요합니다. 다시 강조하지만 그렇게 하지 않을 것 같으면 굳이 만들 필요가 없습니다.

핵심가치의
공유와 활용

핵심가치는 무엇을 핵심가치로 할 것이냐가 중요하지만 더 중요한 것은 어떻게 조직 내부에 스며들게 할 것이냐 하는 것입니다. 이를 위한 방법을 몇 가지 살펴보겠습니다.

첫째, 핵심가치의 내재화를 위한 구체적인 지원체계를 만들어야 합니다.

'주인의식'을 핵심가치로 정했다고 합시다. 그런데 이렇게 정해놓았다고 해서 구성원들에게 자동으로 주인의식이 생기는 것은 아닐 것입니다. '주인의식'을 핵심가치로 정하지 않았다고 해서 자동으로 주인의식이 사라지는 것도 아닙니다. '주인의식'이 불필요한 것이라고 생각하지도 않을 것입니다. 핵심가치를 만들었다는 것만으로 달라지는 것은 없습니다. 이것을 조직에서 내재화하기 위해 어떻게 할 것인지가 훨씬 더 중요한 과제가 됩니다.

주인의식을 가지려면 진짜 주인이 돼야 그런 의식을 갖고 주인처럼 행동하겠지요? 그래서 회사 주식을 살 수 있도록 하거나 무상으로 나눠주거나 스톡옵션을 통해 주주가 될 수 있도록 후속 조치를 취하기도 합니다. 그런데 주인의식이란 게 무엇인가요? 주인 같은 정신이죠. 주인 같다는 것은 무엇인가요? 주인은 행동을 주도적으로 하고, 스스로 선택하고, 그러면서 책임의식도 가질 것입니다. 그런 정신이 주인의식입니다. 약간의 지분을 가진 소액주주도 그런 정신을 가질 수 있고, 향후 금전적 이익을 볼 수 있을지 모르지만, 사실 소액주주라고 해서 자기주도적으로 할 수 있는 일은 없습니다. 물론 해당 금액만큼 주인이긴 하지만 CEO가 원하는 주인의식의 발현과는 차이가 있습니다. 그래서 실제 주주가 되도록 하는 것도 의미 있지만 더 중요한 것은 일에 대한 주도성과 자율성을 주는 것이라 하겠습니다. 따라서 주인의식이 핵심가치라면 주도성과 자율성을 가질 수 있는 제도나 환경을 만드는 게 중요합니다. 그런데 개인적으로는 '주인의식'이라는 단어보다는 '주도성', '자율성' 같은 단어가 좀 더 보기 좋아 보입니다.

'협업'이 핵심가치라면 역시 협업을 잘해야 한다고 말로만 할 게 아니라, 뒷받침할 수 있는 지원체계가 필요합니다. 어느 회사의 경우 협업을 위해 구성원 개개인에게 동일한 개수의 사이버 토큰을 지급하고 일정 기간 내에 지급 받은 토큰을 모두 다른 구성원들에게 나눠줘야 하는 제도를 만들었습니다. 토큰은 자신의 팀을 도왔거나 자신을 도왔거나, 열심히 일하는 모습이 멋져 보였거나할 때 자율적으로 전달하는 것입니다. 개인들은 누구로부터 몇 개의 토큰을 받았는지 알 수 없고, 연 2회 정산하여 수취한 토큰을 기반으로 일정 부분 상금을 지급하는 제도를 만들었습니다. '협업'을 위한 그럴듯한 지원체계 중 하나라고 생각됩니다.

'안전'이 핵심가치라면, 또는 '혁신'이 핵심가치라면 어떤 지원체계를 만들 수 있을까요?

둘째, 표현하기입니다. 미션, 비전, 핵심가치가 홈페이지에만 적혀 있는 문구가 되지 않으려면 시각적으로 인지할 수 있는 방법을 찾아야 할 것입니다. 우선 관련된 포스터를 만들어 벽에 붙여놓는 방식이 있겠습니다. 사내 인트라넷이나 협업툴이 있다면 로그인, 특정 게시판 진입 시 핵심가치가 도출되도록 하는 방법도 있을 것입니다.

페이스북은 사람들의 연결성을 중요하게 생각하는 기업입니다. 사람들이 서로 연결되려면 서로의 관심사를 알아야 하고 그것을 알릴 방법을 찾아야 합니다. 페이스북은 내부에서도 이런 부분들을 중요하게 생각하는데, 그러다 보니 건물 내부에는 구성원들이 만들어 붙인 취미 모임, 행사 소식 등 관심사에 기반한 포스터들이 벽면마다 붙어있는 것을 볼 수 있습니다. 지향하는 가치가 실제로 표현되고 있는 것이죠. 알게 모르게 내재화되는 과정입니다.

셋째, 리츄얼(Ritual)입니다. 리츄얼은 항상 규칙적으로 행하는 의식 또는 행동 같은 것입니다. 유명 작가인 무라카미 하루키는 매일 새벽 4시에 일어나서 5~6시간 글을 쓰고, 오후에는 달리기나 수영을 한 후

저녁 9시에 잠이 들었다고 합니다. 새벽에 일어나 혼자만의 집중하는 시간을 갖는 것, 어떤 의식 같은 것이라 할 수 있습니다. 인식과 무의식이 섞여있는 '습관'과는 의미가 조금 다릅니다. 핵심가치도 이런 리츄얼로 인식과 실행 수준을 높일 수 있습니다. 신입사원, 경력사원이 출근하는 하루 전날 모든 구성원에게 알림 메시지가 보내지고, 출근날 아침에 한마디씩 인사를 나누는 것도 리츄얼의 하나라고 할 수 있습니다.

넷째, CEO와 리더들의 행동 하나하나가 중요한 본보기가 됩니다. 그것을 보고 있는 구성원들에게 영향을 미치게 됩니다. 자신들의 의사결정과 행동을 살펴보며 조직의 핵심가치에 입각해 그것을 강화하는 쪽으로 행동하고 있는지, 반하는 행동을 하지 않았는지 생각해 봐야 합니다. 핵심가치만 제시된 채 그에 따른 실천적 방법이 제시되지 않거나 그에 반하는 지시나 선택이 발생한다면 '언행 격차(Say-do Gap)'가 발생하여 구성원들의 냉소에 직면할 수 있습니다. 이런 식의 핵심가치는 정하지 않는 편이 더 나을 수 있습니다.

실제 C사의 핵심가치에는 '창의적 혁신'이 있었습니다. 그런데 아이디어 회의에서 팀원들이 새로운 아이디어를 내면 대부분 돌아오는 팀장의 대답은 이런 식이었습니다.

"경쟁사도 이렇게 하고 있나요? 벤치마킹할 성공 사례가 있나요?"

"경쟁사가 안 할 때는 다 이유가 있을 거라고."

"우리가 재작년에 그렇게 해봤는데 안 되더라고. 그걸 굳이 또 할 필요가 있을까요?"

"대표님이 요즘 메타버스에 꽂히신 것 같던데, 메타버스와 관련된 아이디어는 없나요?"

과연 창의적 혁신이 가능할까요? 이런 상황이 계속되면 구성원들 사이에서 불만만 높아질 것입니다.

새로운 시도를 했다가 잘못되었을 때, '그럴 줄 알았다.'든지, '어떻게 수습할 거냐.'며 추궁하는 것도 혁신이라는 핵심가치를 무너뜨리는 행동이 됩니다. CEO와 리더의 행동 하나하나가 조직의 가치체계에 기반하여 내려지고 있는지가 모든 구성원들에게 중대한 영향을 미치게 됩니다.

'우리의 일하는 방식' – 행동 강령

기업에 따라 '핵심가치'와는 달리 다르게 일하는 방식을 구체적으로 명문화해서 표방하는 경우들이 있습니다. 보통 '○○ 웨이(Way)', '○○인의 일하는 방식' 같은 제목하에 정리된 내용들입니다. 추상적으로 들리는 핵심가치와는 다르게 구체적인 행동 양식을 표방함으로써 보다 직관적이고 명확하게 실행할 수 있도록 되어있는 게 특징입니다.

우리나라 기업에서 일하는 방식을 표현한 대표적인 문서는 우아한형제들의 '송파구에서 일 잘하는 방법'일 것입니다.[23]

우아한형제들

송파구에서 일을 더 잘하는 11가지 방법 몽촌토성역 편

1 ~~9시 1분은 9시가 아니다.~~ 12시 1분은 12시가 아니다.
2 실행은 수직적! 문화는 수평적~
3 잡담을 많이 나누는 것이 경쟁력이다.
4 쓰레기는 먼저 본 사람이 줍는다.
5 휴가나 퇴근시 눈치 주는 농담을 하지 않는다.
6 보고는 팩트에 기반한다.
7 일의 목적, 기간, 결과, 공유자를 고민하며 일한다.
8 책임은 실행한 사람이 아닌 결정한 사람이 진다.
9 가족에게 부끄러운 일은 하지 않는다.
10 모든 일의 궁극적인 목적은 '고객창출'과 '고객만족'이다.
11 이끌거나, 따르거나, 떠나거나!

각 문장은 취해야 할 행동을 직관적으로 표현하고 있습니다. 그런데 조금만 더 생각해 보면 제안하는 하나의 행동이 단지 겉으로 드러난 행위가 아니라, 지향하는 문화를 실천할 수 있는 대표적 행동이라는 것을 알게 됩니다.

"12시 1분은 12시가 아니다."을 통해 직관적으로는 시간을 잘 지키자 정도로 해석할 수 있습니다. 하지만 이것은 단지 시간 약속뿐만 아니라, 서로 합의한 원칙과 규칙을 지켜나가자는 의미가 내포되어 있습니다. 즉, 개인의 자율성을 강조하는 회사지만 시간 약속처럼 서로가 합의한 원칙은 지켜나가자는 것입니다. 그 기초가 바로 시간 약속 지키기이고, 이런 행동들이 서로 합의한 약속을 지켜나가는 습관이 될 것입니다(처음에는 "9시 1분은 9시가 아니다."라는 문장이었는데 '출근 시간을 잘 지키라'는 무언의 압력으로 받아들일 소지가 있어서 변경했다고 함)

"쓰레기는 먼저 본 사람이 줍는다."도 명확합니다. 바닥에 쓰레기가 떨어져 있으면 먼저 줍자는 것입니다. 그럼, 우리는 생각하게 됩니다. 바닥에 있는 쓰레기만 줍게 될까요? 회의실에는요? 탕비실에는요? 쓰레기만 줍게 될까요? 줍기만 하나요? 더러운 것을 보면 닦아야 할 것 같지 않나요? 이런 작은 행동들이 습관화되고, 서로 이렇게 행동할 것이라는 신뢰가 생기게 되면 조직 전체에 봉사와 헌신의 기반이 마련될 것입니다. 만약 이 문장을 "조직에 봉사하고 헌신하자.", "모든 일에 솔선수범 하자."라고 적었으면 어땠을까요? 아마 하나 마나 한 거룩한 말이라고 생각하고 넘겼을 겁니다. 별거 아닌 것 같은 한 문장이지만 무릎을 탁하고 칠만한 문장입니다. 넷플릭스에서는 "사무실 바닥의 휴지를 줍는 사람"을 책임감 있는 사람이라고 표현하기도 했습니다.

이런 방식의 제안이 막연하고 추상적인 핵심가치보다 조직의 가치체계를 만드는 데 더 효과적일 수 있습니다. 구성원들에게 보다 명확한 행동 강령을 제시하여 구성원들이 가져야 할 가치와 태도를 북돋기 때문입니다.

'우리의 일하는 방식' 같은 경우 첫째, 조직 구성원들이 함께할 핵심가치의 구체적인 행동 강령(예: 고객이 원한다는 데이터만 있으면 시도합니다. -'혁신'을 핵심가치로 생각하는 기업)으로서, 둘째, 우리 조직이 추구하는 특별한 문화를 단적인 행동으로 표현하여 내재화하는 방법(예: 최선을 다했다면 실패는 아무것도 아닙니다)으로서, 셋째, 업무 수행 과정에서 경쟁력을 확보할 수 있는 우리만의 차별화된 행동(예: 요청하거나 요청받거나 '언제까지'를 확인합니다. 고객사와의 미팅은 사내 게시판에 공유합니다)으로, 넷째, 기존 통념과 다르게 우리 조직에 적용하고 싶은 행동(예: 선조치, 후공유, 회고*합니다. 일에 사람을 맞추는 것이 아니라, 사람에 일을 맞춥니다)을 실행하기 위해 시도해 볼 만한 방법이 됩니다.

---

* 회고: 지나간 일을 돌이켜 생각해 본다는 것이 사전적 의미. 이전 일에 대해 좋았던 부분과 아쉬웠던 부분을 정리하여 개선 방향을 모색하는 활동을 말합니다.

4장

성과관리

2

성과관리에 대한 이해

기업은 미션과 비전에 맞추어 전략을 수립하고 이를 실행해 나갑니다. 고객이 늘어나면서 니즈도 다양해집니다. 그러다 보니 일손이 더 필요하고 구성원도 늘어납니다. 구성원이 늘면서 새로운 팀도 계속 생깁니다. 어느새 모두가 한군데 모여 회의하기가 어려워집니다. 팀장 회의와 팀 회의가 구분되어 진행되기 시작합니다. 구성원들은 대부분 자신이 맡은 일을 열심히 합니다. 그런데 회사가 어떻게 돌아가고 있는지 다른 팀은 지금 어떤 일을 하고 있는지 모르는 경우가 생깁니다. 각자 생각하고 있는 일의 중요도와 우선순위가 다른 경우도 생깁니다. 우리 조직이 해내고자 하는 목표와 팀별·개인별 목표가 체계적으로 정렬되어야 할 필요성을 느낍니다. 그래야 모두 같은 방향을 바라보며 목표 달성에 집중할 수 있을 것 같습니다.

이런 고민을 하다 보니 어느새 연말이 됩니다. 연말에는 구성원들에 대한 연봉 재계약 이슈가 생깁니다. 평소에는 가족처럼 동료처럼 잘 지내왔다고 생각했는데 연봉 재계약 기간 때만은 서로 남이 된 것 같은 불편한 분위기가 됩니다. 보통 연봉은 성과에 기반해서 결정한다고 하는데, 성과를 체크하거나 정리해 놓은 문서는 없습니다. 올해까지는 적당한(?) 수준에서 내년도 연봉을 결정해야 할 것 같습니다. 그런데 구성원이 더 늘어나면 이런 방식으로는 더 이상 감당할 수 없을 것입니다.

그러고 보니 조직의 목표 공유, 일의 중요도와 우선순위, 조직 목표와 팀별·개인별 목표 정렬, 연봉 재계약 문제들은 우리 조직에 제대로 된 성과관리 체계가 없기 때문인 것 같습니다. 이제라도 우리 조직에 맞는 성과관리 체계를 고려해야 하겠습니다.

성과관리란 무엇인가

조직에서 성과관리는 '성과향상을 위해 체계적이고 복합적으로 시도되는 모든 조직적 차원의 활동'이라 할 수 있습니다. 여기에는 채용, 보상, 교육, 승진, 평가, 복리후생 등 내부 기업 활동 대부분이 포함됩니다. 모든 것이 성과를 내기 위한 일련의 활동입니다. 성과관리에 대한 광의의 정의입니다. 한편 일상에서는 성과관리의 의미를 조금 더 구체적으로 사용합니다. 즉, '목표를 향한 과업의 진행 과정을 관리해 나가는 일련의 활동', '개인의 성과와 조직의 성과를 상호 약속된 정량적, 정성적 지표를 통해 운용하고자 하는 일련의 과정'을 성과관리라고 합니다. 이것을 협의의 정의라고 할 수 있겠습니다.

성과관리와 더불어 '성과평가'나 '인사평가'라는 용어도 자주 사용됩니다. 성과평가는 목표에 대한 달성도를 평가하는 것이고, 이것은 인사평가의 한 요소가 됩니다. 인사평가에는 성과평가와 함께 성과를 낼 수 있도록 만든 태도와 능력이 포함됩니다.

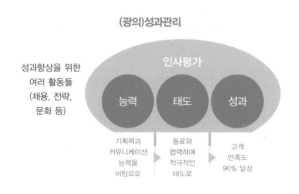

| 성과관리, 인사평가, 성과평가 관계 |

구성원 A가 고객 만족도 96%를 달성했다고 합시다. 이러한 성과가 그냥 달성된 것은 아닐 것입니다. '동료와 협력하며 적극적인 태도'가 성과달성에 영향을 미쳤고, 그 기반에는 기획력과 커뮤니케이션 능력이 있었을 것입니다. 이렇게 능력과 태도가 성과에 영향을 주었을 것이라고 생각하기 때문에 인사평가에서 함께 평가하는 경우가 많습니다.

성과관리, 성과평가, 인사평가 등의 용어를 섞어 사용하는 경우가 많아 우선 이 부분에 대해 정리해 봤습니다. 본서에서 '성과관리'는 '협의의 성과관리'라고 생각하면 되겠습니다.

성과관리의 목적
명확히 하기

성과관리의 목적은 조직의 성과를 향상시키는 것입니다. 그런데 이 과정에서 목적이 하나 더 추가됩니다. 바로 성과관리의 결과를 가지고 조직 관리에 활용하는 것입니다. 예를 들어 연말 연봉 재계약 시즌이 되었을 때 연봉 조정의 근거나 기준이 필요할 수 있습니다. 이때 일반적으로 성과평가의 결과를 활용합니다. 이렇게 하지 않으면 차년도 연봉 논의에서 어려움을 겪을 수 있기 때문입니다. 연봉뿐만 아니라, 승진이나 인사이동을 위해서도 그렇고, 때에 따라서 저성과자 재교육이나 퇴출 대상을 선정하는 데도 중요한 자료가 됩니다. 물론 이러한 조직 관리도 넓게 보면 조직 성과향상을 위한 활동이라고 할 수 있습니다. 하지만 조직 관리를 위한 목적이 강조되면 성과향상이라는 가장 기본적인 목적과 충돌을 일으키며 부작용이 생길 수 있습니다.

일반적으로 기업의 성과는 구성원들이 조직으로 일하기 때문에 만들어집니다. 그런데 성과평가는 개인을 대상으로 이루어집니다. 따라서 개인은 조직의 성과도 중요하지만 자신의 성과를 우선적으로 챙겨야 하는 유인이 생깁니다. 구성원 입장에서 생각해 보면 이 의미를 쉽게 파악할 수 있습니다.

구성원 모두는 조직의 성과를 위해 노력합니다. 각자의 역할과 방식으로 조직에 기여합니다. 그런데 누가 얼마만큼 기여했는지 정확히 측정하는 것은 현실적으로 불가능에 가깝습니다. 누구는 0.1%, 누구는 0.2%만큼 기여했다고 말하기 어렵다는 것입니다. 하지만 성과관리 프로세스에는 성과평가 부분이 있어 구성원마다 목표 달성 정도에 따라 점수가 매겨집니다. 그리고 그것을 등급화합니다. 그다음 이를 기반으로 차년도 연봉, 인센티브, 승진, 인사이동 등이 결정됩니다. 평가가 좋지 못하면 보직 변경이나 저성과자 관리 대상이 될 수도 있습니다. 따라서 구성원들은 회사의 성과도 중요하지만, 자신의 성과부터 챙겨야 할 필요가 생깁니다. 회사 성장에 대한 개인별 기여도는 불명확하지만 자신에 대한 평가는 구체적인 숫자로 나와 보상이나 커리어에 직접적 영향을 미치기 때문입니다.

현대 지식노동자들의 업무는 백인백색(百人百色)이라 할 정도로 다양합니다. 따라서 성과목표도 모두 다릅니다. 성과평가를 몇 차례 해본 구성원이라면 목표를 설정할 때 어떻게 해야 좋은 평가가 가능한지 경험으로 알게 됩니다. 달성 가능한 수준을 고려하여 목표를 설정할 것입니다. 도전적 목표 설정을 회피하게 됩니다. 그런 위험을 질 필요가 없기 때문입니다. 성과평가 결과가 개인에게 미치는 영향이 크면 클수록 부작용이 발생할 수 있습니다. 자신만 아는 정보를 움켜쥐고 공유하지 않는다거나 다른 사람이 설정한 목표 수준에 대해 공정성 이슈를 제기하기도 합니다. 목표 달성에 대한 당근이나 채찍이 과도해지면 성과를 만들기 위한 편법이나 위법이 발생할 수도 있습니다. 고객 만족도 목표를 달성하기 위해 지인들을 평가에 참여시키는 행동은 아주 가벼운 편법에 불과합니다.

성과관리의 핵심은 조직 전체의 성과를 높이는 것이었는데, 관리적 목적이 강화되면 구성원들은 조직 전체의 성과보다 자신의 성과에 더 집중하게 됩니다. 기업에서 성과관리를 통해 두 마리 토끼를 모두 잡으려다 생기게 되는 문제입니다. 이 상황을 해결하려면 목적을 명확히 해야 합니다. 기업은 성과를 내기 위해 있는 것이지, 구성원들을 관리하기 위해 있는 것이 아닙니다. 따라서 성과관리의 핵심 목적인 성과를 내는 것 자체에 집중해야 합니다.

2

성과관리 방법론

사람들이 모여 공동의 과업을 진행하기 위해서는 그에 적합한 관리 방식이 필요합니다. 성과관리 방식의 전형이라 할 수 있는 MBO(목표에 의한 경영, Management By Objectives)와 최근 많은 테크 기업들이 활용하고 있는 OKRs에 대해 살펴보겠습니다. 여기에 성과관리 전반의 이해를 위해 MBO 이전의 성과관리 방법론인 과학적 관리법부터 알아보겠습니다.

과학적 관리법

경제학의 아버지라고 하면 『국부론』을 쓴 애덤 스미스(Adam Smith)

라 할 수 있고, 경영학의 아버지라면 『과학적 관리법(The Principles of Scientific Management)』의 프레드릭 테일러(Frederick W. Taylor)라 할 수 있습니다. 테일러는 미국 필라델피아의 부유한 청교도 집안에서 출생, 법률가를 지망하여 1874년 하버드 법대에 우등으로 입학합니다. 하지만 건강 문제(안질) 때문에 법률가를 포기하고 필라델피아 수력공사에서 근무를 시작합니다. 1878년부터는 미드베일철강회사에서, 다시 1898년부터 베들레헴철강회사에서 근무하며 작업 효율을 늘리기 위한 방법론의 필요성을 절감했습니다.

19세기 말 미국 공장의 통상적 관리는 입에서 입으로 업무 지식이 전수되는 방법이었습니다. 숙련된 관리자들은 모범을 보여주며 노동자들이 열심히 일하도록 하는 게 자신들의 역할이라 생각했습니다. '솔선'을 통해 노동자들의 '동기'를 끌어내려고 한 것이지요. 하지만 노동자들은 고용주 앞에서만 부지런히 일하는 척하고 다른 때는 천천히 일했습니다. 그래서 고용주들은 승진, 노동시간 축소, 근무환경 개선 등 특별 인센티브 제도를 도입하기도 했습니다. 생산성을 전적으로 노동자에게 의존하는 '솔선과 격려의 경영'이라고 부를 수 있었습니다.

테일러는 이러한 상황과 현재의 방법으로는 작업 효율을 높이기 어렵다고 봤습니다. 그의 현실 인식은 이랬습니다.

첫째, 근로자들은 자신이 부지런히 일하면 고용이 줄어들어 동료들이 실직할 것이라 생각했습니다. 그래서 노동조합은 생산량을 줄이려는 노력을 했습니다.

둘째, 타고난 근무태만과 체계적 근무태만이 반복되었습니다. 타고난 근무태만이란 획일적 일당 지급으로 인해 성과를 더 내든 그렇지 않든 동일한 일당을 받게 되므로 열심히 할 필요가 없는 상황을 말합니다. 노동자들이 집에 갈 때는 시속 5~6km로, 작업에서는 시속 2km로 움직인다는 표현을 쓰기도 했습니다. 체계적 근무태만은 근로자들이 시간당 임금을 받기 때문에 빨리 움직일수록 돈을 적게 받는 꼴이 된다는 것입니다. 거기다 혼자만 빨리 움직이면 동료로부터 따돌림을 받게 됩니다. 더 열심히 일할 동기가 없었습니다. 생산량에 따라 임금을 지급하는 공장도 있었지만, 생산량에 정비례로 임금을 올려주는 것도 아니고, 시간이 지나면 생산 기준이 올라가 결국 임금 수준이 떨어진다는 것을 근로자들이 알게 되었습니다.

셋째, 주먹구구식 근로 관리였습니다. 근로자들을 열심히 일하게 만들 체계적인 방법이 없다는 것입니다.

테일러는 지금까지의 통상적인 관리 방법이 전적으로 노동자에게 의존되어 있다고 판단했습니다. 그래서 그는 노동자와 관리자의 균등한 업무 배분을 통해 보다 체계적인 관리 방법을 만들어야겠다고 생각했습니다. 그리고 실행에 나섰습니다. 근무했던 베들레헴철강회사에서 실험을 진행했습니다. 베틀레헴철강회사의 작업장 인근 들판에는 8만 톤의 무쇠 더미가 쌓여있었습니다. 당시 무쇠 가격이 많이 하락해서 재고로 남았던 것입니다. 그러다 미국이 스페인과 전쟁을 하게 됐고 이로 인해 무쇠 가격이 오르기 시작했습니다. 이제는 부지런히 무쇠를 운반해야 하는 상황이 되었습니다. 노동자들을 지켜보니 한 명이 하루에 운반 중인 무쇠는 12.5톤 정도였습니다. 테일러는 이 문제를 연구한 결과 가장 능숙한 노동자가 하루에 47톤에서 48톤의 무쇠를 나를 수 있다는 계산을 합니다. 그래서 테일러는 3, 4일 동안 75명의 노동자들을 관찰하여 이 중 4명의 일 잘하는 노동자를 선정합니다. 이 중에서도 네덜란드계 펜실베이니아 출신 슈미트(슈미트가 본명은 아님)를 최종 선발했습니다. 슈미트는 모든 작업에 대해 관리자의 지시를 따르고 반문하지 않는다는 조건으로 1.15달러였던 일당을 1.85달러로 올려받기로 합니다. 슈미트는 돈을 더 준다는 말에 이를 충실히 따르겠다고 합니다.

"이제 무쇠를 들고 걸어요."

"이제 앉아서 쉽니다."

"이제 걸어요."

"이제 쉽니다."

| 슈미트로 알려진 남자 |

관리자는 모든 행동을 효과적으로 할 수 있도록 작업을 지시했습니다. 관리자는 머리 역할을, 슈미트는 몸 역할을 충실히 이행합니다. 그렇게 하루 일과가 끝날 때 슈미트는 무쇠 47.5톤을 운반하게 되었습니다.

테일러는 이것을 과학적 관리법이라고 지칭했습니다. 그리고 네 가지 원칙을 제시했습니다.[24]

첫째, 관리자들은 노동의 각 요소에 적용할 과학을 개발하여 과거의 주먹구구식 방법을 대체한다.

둘째, 과거에는 노동자가 스스로 일을 선택하고 스스로 최선을 다해 훈련했던 데 반해, 관리자들은 과학적 원칙에 입각해 노동자들을 선발하고 가르치고 교육하고 훈련시킨다.

셋째, 관리자들은 앞서 개발한 과학적 원칙에 입각하여 진심으로 노동자들과 협력해서 모든 일을 하도록 한다.

넷째, 노사 간 일과 책임을 균등하게 배분한다. 과거에는 노동자들이 거의 모든 업무와 책임의 상당 부분을 맡았지만, 과학적 시스템 아래에서는 관리자가 노동자들보다 자신에게 더 적합한 일을 모두 떠맡아야 한다.

테일러는 삽질 작업의 예를 통해서도 과학적 관리법을 설파합니다. 삽질을 하는 일류 노동자가 하루에 최대한 많은 일을 하기 위해 삽질 1회당 얼마나 많은 양의 흙을 떠야 하는지를 가지고 실험했습니다.

이 상황을 좀 더 간결하게 정리하면 노동자는 노동에 집중하고, 관리자는 지시하고 확인한다는 것입니다. 그러기 위해 관리자는 전체 작업 프로세스를 구조화하고, 가장 효과적인 단위 작업 방식을 찾는 일을 합니다. 이후 관리자는 하루에 한 번 모든 노동자의 작업 계획을 수립합니다. 노동자는 작업에 활용할 방법과 수행할 업무가 세부적으로 정리된 지시사항을 문서로 받습니다. 노동자 혼자가 아니라 노동자와 관리자의 협력으로 해결해야 하는 과업을 구성합니다. 과업에는 무엇을 할지, 어떻게 할지, 정확히 시간은 얼마나 걸릴지 자세히 기술합니다. 노동자는 제대로 완수할 때마다 임금을 더 받게 됩니다. 관리자는 과업을 신중하게 계획하고 노동자는 성실하게 작업합니다. 노동자가 장시간 일해도 과로하지 않고 행복하게 생활할 수 있도록 과업을 조정합니다.

테일러의 과학적 관리법은 제조업 중심의 산업화 사회에서 생산성을 올릴 수 있는 방법을 제시한 것입니다.

목표와 자기관리에 의한 경영, MBO

20세기 초, 테일러의 과학적 관리법은 '테일러리즘(Taylorism)'이라 불렸습니다. 여기에 자동차왕 헨리 포드(Henry Ford)는 컨베이어 벨트 시스템이 더해진 대량 생산체계를 만들었습니다. 이것은 '포디즘(Fordism)*'이라고 부릅니다. 테일러리즘과 포디즘은 산업사회 대표적인 경영 관리 방법론으로 자리 잡으며 기업의 생산성 향상에 크게 기여했습니다. 과학적 관리법은 규정과 절차를 잘 만들어서 근로자들이 따르도록 하는 방식이고, 포디즘은 표준화된 제품의 대량 생산을 효율적으로 운영할 수 있는 방법이었습니다. 그런데 산업사회를 넘어 조직 구조가 커지고 복잡해지며 중간관리자와 지식 근로자가 늘어나는 시대가 되었습니다. 제조업 중심의 '과학적 관리법'을 넘어서는 경영 방식이 필요하게 된 것입니다.

1954년 피터 드러커(Peter Drucker)는 『경영의 실제(The Practice of Management)』에서 목표와 자기관리에 의한 경영(Management By Objectives and Self-control; MBO) 개념을 경영 원칙으로 제시합니다.

드러커는 "기업의 구성원들은 제각각 서로 다른 분야에서 공헌하지만 그들 모두는 공동의 목표 달성에 공헌해야 한다. 그들의 노력은

---

* 자동차 생산 공장의 컨베이어 벨트 시스템에서 유래한 것으로 조립 라인 및 연속공정 기술을 이용한 표준화된 제품의 '대량 생산과 대량 소비의 축적체제'를 일컫는 말. 헨리 포드가 'T형 포드' 자동차 생산 공장을 지은 이래, 산업사회는 컨베이어벨트 시스템이 도입된 공장을 채택했다. 그리고 이러한 포드 모델과 같은 기계화된 대량 생산 체제를 '포디즘'이라고 이름한 것(출처:네이버 지식백과).

동일한 방향으로 모아져야 하고, 그들의 공헌은 다 함께 하나의 목표를 달성하는 데 적합해야 한다. 그들 사이에 견해 차이나 알력, 또는 불필요한 중복 노력이 없어야 한다는 말이다."라고 언급하며 목표에 의한 경영의 필요성을 강조했습니다.

드러커는 MBO의 필요성을 소개하며 세 명의 석공 이야기를 합니다. 여러분도 한 번쯤 들어봤을 이야기입니다.

1666년 런던 대화재 이후 성바오로 성당 재건축 현장에서 있었던 실화를 바탕으로 한 이야기라고 합니다. 당시 건축을 맡은 유명한 건축가 크리스토퍼 렌(Christopher Wren)이 열심히 일하고 있는 인부들에게 지금 하고 있는 일을 물어봤습니다.

"당신은 지금 무엇을 하고 있나요?"

첫 번째 사람은

"가족들 먹여 살리려고 이렇게 열심히 일하고 있습니다."

똑같은 질문에 두 번째 사람은

"저는 벽을 쌓고 있습니다. 쌓는 것 하나만큼은 기가 막히게 합니다."

세 번째 사람은

"저는 전능한 신께 바칠 위대한 성당을 짓고 있습니다."

이 일화에서 얻을 수 있는 교훈은 무엇일까요? 보통 이 이야기는 미션의 중요성을 설명할 때 많이 활용됩니다. 그래서 세 번째 석공의 대답에 주목합니다. 지금 하고 있는 일의 목적을 알고 그것을 추구함으로써 일에 대한 의미를 찾을 수 있다는 내용입니다. 그런데 드러커는 두 번째 석공에 주목했습니다. 두 번째 석공 때문에 MBO가 필요하다고 말합니다.

두 번째 석공은 자신의 일에 대해 장인정신을 가지고 있습니다. 돌 쌓기에 대한 자신감과 자부심이 있습니다. 장인의식은 혁신과 진보를 가져오는 원천이 되기 때문에 적극 장려해야 합니다. 하지만 이 부분에서 문제가 생길 수 있다고 지적합니다. 때때로 어떤 기능적인 과업이 그 자체로 목적이 되면, 조직 전체 목적에 부합되지 않는 경우가 생길 수 있다는 것입니다. 조직 전체 목적은 정해진 기간 내에 건축물을 완성하는 것인데, 한 석공이 벽을 좀 더 높게 쌓아야 보기 좋다며 혼자 한 층씩 더 높이 쌓는다든지, 완벽한 건조를 위해 쌓은 벽돌 위에 천막을 치고 그늘을 만들어 놓았을 수 있습니다. 자신의 일에 대해 완성도는 높일 수 있을지 모르지만 전체 공사에는 방해가 될 것입니다. 부분의 입장을 고수하다 보면 전체의 효율성을 해치는 경우가 생깁니다. 따라서 기능 전문가가 자기 사고에 빠지지 않도록 해야 하며 이를 위해서라도 MBO가 필요하다고 주장합니다.

목표에 의한 경영을 통해 전체 목표와 하위 목표들을 체계적으로 정렬시켜야 합니다. 이를 위해 기업 전체 목표를 수립하고 하위 목표들은 전체 목표 달성에 기여하게 됩니다. 목표의 달성 가능성을 높이기 위해 최고 경영진뿐만 아니라 모든 관리자들이 기획 과정에 참여합니다. 그 과정에서 자기 부서의 목표를 스스로 개발하고 결정해야 합니다. 물론 상위 부서는 하위 부서의 목표를 승인하거나 거부할 권한이 있지만 하위 부서의 목표는 해당 관리자가 책임 있게 수립해야 합니다.

드러커가 '목표에 의한 경영', 즉 'MBO(Management By Objectives)'를 제안했다고 알려져 있습니다만, 저서 『경영의 실제』에는 "목표와 자기관리에 의한 경영(Management By Objectives and Self-control)"이

라고 되어있습니다. 여기서 'By Objectives'는 기업성과를 위해 각 부서의 목표가 기업 목표에 초점을 맞추어야 한다는 것, 'By Self-control'은 구성원들로 하여금 자기 자신의 성과를 스스로 관리할 수 있도록 해야 한다는 것을 의미합니다. 'control'을 우리말로 어떻게 번역해야 할지 애매한데 드러커는 '자신이 가는 방향과 해야 할 일을 결정하는 능력'이라고 했습니다. 그렇다면 'Self-control'은 '자기결정력', '자율성' 같은 의미라고 봐야 할 것입니다. 그래서 드러커는 성과를 관리하기 위해서 스스로 성과를 목표와 비교해 측정할 수 있어야 한다고 했습니다.

드러커는 MBO를 개인의 강점을 최대로 발휘하고 또 스스로 책임지게 하는 방법, 이와 동시에 공통의 비전을 제시하고 노력을 한데 모을 수 있는 방법, 팀을 형성하고 개인의 목적과 기업의 번영을 조화시킬 수 있는 유일한 방법이라고 주장했습니다.

한편 드러커는 경영자에 의한 평가의 필요성도 언급합니다. "경영자*는 부하의 성과를 평가하고 그것을 바탕으로 매일매일 각종 의사결정을 한다. 그에게 일을 맡기고, 그 사람 밑에 일을 하도록 또 다른 여러 사람들을 배치하고, 그가 받을 월급을 제안하고, 승진을 품의하고, 그리고 그 외에도 많은 일을 결정한다. 경영자는 부하를 체계적으로 평가할 필요가 있다."[25]고 했습니다. 그리고 이 평가는 다른 사람이 아니라 직속 상사가 해야 한다는 것, 피평가자의 잠재력, 성격, 가능성 같은 것이 아니라 성과를 기초로 해야 한다는 것입니다. 그래야 상대를

---

*   여기서 '경영자'는 '관리자'로 이해해도 무방할 것입니다.

이해할 수 있고 적합한 역할을 줄 수 있습니다. 그러나 현실에서 이 주장은 조금 다른 방향으로 흘러갔습니다.

성과관리의 목적에서도 언급한 적이 있는데, 조직 관리로서의 활용이 강화되면 성과관리의 핵심 목적인 '성과'가 아니라, '평가'에 비중이 실리게 됩니다. 그렇게 되면 MBO 역시 설계 의도와 다르게 통제의 도구로 사용될 수 있습니다. 맥그리거 역시 성과평가가 보상과 처벌의 논리를 가지고 있다고 봤습니다. 또한 성과평가의 근간에는 부하직원의 행동을 체계적으로 통제할 뿐만 아니라 그것을 관리하는 상급자의 행동까지 통제하기 위한 목적이 들어있다고 주장했습니다. 실제 20세기 후반 기업들은 대부분 MBO를 성과관리 방법으로 사용했지만 보상과 처벌의 수단으로도 사용했습니다. 성과가 좋으면 보상하고 그렇지 않으면 페널티를 주었습니다. 성과평가 후 상위 20%에게는 보너스를, 하위 10%에는 가차 없이 해고시키는 GE의 조직 활력 곡선(Vitality Curve)이 대표적 사례입니다. 그러다 보니 MBO의 약자 뒷부분인 'Self-control' 부분도 조용히 지워졌습니다. 그래서 현재는 MBO를 'Self-control'이 사라진 'Management By Objectives'로 표시하고, '목표 관리' 또는 '목표에 의한 경영'이라 부르고 있습니다.

핵심성과지표(KPI; Key Performance Indicator)

목표 설정을 이야기할 때 빠지지 않고 등장하는 용어가 있는데 '핵심성과지표' 즉, 'KPI(Key Performance Indicator)'입니다. '목표의 달성 수준을 나타내는 핵심이 되는 지표'라는 의미입니다. 예를 들어 '고객 만족'을 목표로 설정할 수는 있지만, 이렇게만 하면 목표 달성 수준을 판단하기 어렵습니다. 따라서 '고객 만족도 90%

달성'처럼 고객 만족 수준을 정량화할 수 있는 지표를 만들면 목표에 대한 집중력을 높일 수 있고, 달성 수준을 파악할 수 있습니다.

목표와 핵심결과,
OKRs

현재의 성과관리 체계는 대부분 MBO 방식을 활용합니다. 그런데 현실은 이 성과관리 방식이 성과향상 그 자체에 목적을 두어야 하는데, 평가와 보상의 도구로도 활용되면서 본말이 전도되는 상황들이 생겼습니다. 성과관리의 다른 목적인 조직 관리가 강조된 것입니다. 이에 대해 벤처캐피탈인 클라이너 퍼킨스(Kleiner Perkins)의 회장, 존 도어(John Doerr)는 자신의 저서 『OKR(Measure What Matters)』에서 이렇게 언급했습니다.

"MBO는 곧 한계를 드러냈다. 많은 기업이 중앙집중적인 방식으로 목표를 수립했고, 그렇게 정한 목표를 수직체계를 거쳐 천천히 하달했다. 그러나 목표에 대한 정기적인 수정이 이뤄지지 못하면서 실행은 정체되었다. 결국 목표는 조직 내에 애매모호한 형태로 남거나 애초의 취지와 맥락이 사라진 핵심성과지표(Key Performance Indicator, KPI)라는 형식적인 숫자로 전락했다. 그중 가장 치명적인 피해는 MBO가 연봉 및 보너스 기준과 직접적으로 연결되기 시작했다는 점이었다. 위험을 감수했다가 불이익을 받을 수 있다면 왜 굳이 힘든 과제에 도전한단 말인가? 이러한 문제로 MBO 시스템에 대한 열광은 1990년대에 시들어버렸다."[26]

그래서 존 도어는 OKRs 시스템이라는 성과관리 체계를 제안했습니다. 인텔에서 iMBO(Intel Management By Objectives)라는 이름으로 불리던 시스템인데, 기존의 MBO 방식과 혼동을 피하기 위해 OKRs이라는 이름을 붙였다고 합니다. 이 방식은 구글을 비롯해 현재 링크드인, 트위터, 드롭박스, 스포티파이, 에어비앤비, 우버 등 실리콘밸리의 테크 기업들이 주로 사용한다고 해서 유명해졌습니다. 국내에도 다수의 기업들이 도입하여 운영하고 있습니다.

OKRs은 목표(Objective)와 핵심결과(Key Result)를 의미합니다. 목표는 '달성하고자 하는 것', 핵심결과는 '달성여부를 확인할 수 있는 기준'이라고 할 수 있습니다.

예를 들어 OKRs에서 '건강한 몸을 만들자.'는 것은 목표(O)입니다. 그럼, 건강한 몸이라는 게 어떤 상태인지, 건강한 몸을 만들었다는 것이 무엇인지 기준이 필요할 것입니다. 목표 기간 동안 체지방률 15% 달성이 판단 기준이라면 '체지방률 15% 달성'을 핵심결과(KR)라고 할 수 있습니다.

목표(O)는 성취해야 할 대상으로 영감을 주고, 자신과 함께하는 이들에게 동기부여 될 수 있는 단어나 문장을 권장합니다. 가급적 정량적 표현, 숫자는 포함시키지 않는 것이 좋습니다. 핵심결과(KR)는 목표 달성의 구체적 상황입니다. 따라서 측정과 검증이 가능해야 합니다. 구체적이고, 측정 가능하며, 기간에 대한 내용이 제시될 것을 권장합니다.

OKRs을 수립할 때는 목표(O)와 그 목표에 따른 핵심결과(KR) 세트를 보통 두세 개 정도 제시합니다. 예를 들어 '고객 만족도 높이기'가 목표라면 핵심결과는 '고객 만족도 지수 90점', '고객 재구매율 20% 향상' 같은 것을 한 세트로 하여 두세 개 정도를 수립합니다.[*]

OKRs이 보상과
연결되지 않는다는 의미

존 도어는 기존 MBO 방식의 가장 큰 문제로 MBO에 의한 성과 평가 결과를 연봉 및 보너스 산정 기준에 연결시킴으로써 '성과' 그 자체보다 '평가'가 중요해지는 주객전도 현상을 지적했습니다. 그래서 OKRs의 중요한 특징으로 'OKRs은 보상과 분리된다.'고 했습니다. OKRs 달성결과를 연봉, 보너스, 승진 같은 보상과 연계하지 않는다는 겁니다. 목표가 보상과 연계되면 공격적이고 도전적인 목표 설정을 할 수 없고, 방어적이고 보수적인 태도를 가지게 되기 때문입니다. 뭔가 매력적으로 들립니다.

그러면 여기서 궁금한 점이 생깁니다. 성과평가를 보상과 연계하지 않으면 나중에 무슨 근거로 연봉이나 보너스를 조정할 것이냐 하는 겁니다. 결론부터 말하자면 OKRs 결과와 보상을 완전히 분리시키는 일은 가능하지 않을 것입니다. 회사에서 어떻게 그럴 수 있겠습니

---

[*]　조직 내 OKRs 실행의 구체적인 프로세스가 필요하다면 제가 만들어 놓은 〈OKRs Playbook〉을 다운로드 받으세요. OKRs을 우리 회사에 적용하는 9단계. https://scaleup.modoo.at

까? OKRs을 보상과 분리한다기보다 직접적으로 연결짓지 않는다는 표현이 적절할 것입니다. 즉, 'OKRs 점수 7.5이면 A 등급임. A 등급의 내년도 연봉 인상률은 ○○%임.' 이렇게 하지 않는다는 말입니다. OKRs 점수는 점수대로 매기고, 잘된 점, 부족한 점, 개선할 점 등 성과 자체에 대해서만 논의합니다. 그리고 인사평가는 그 사람의 태도, 노력, 팀워크, 성과, 기여도, 주위 피드백 등을 종합하여 진행하자는 의미입니다. 따라서 OKRs이 보상과 분리되어 있다는 특징은 OKRs 자체의 특징이라고 보기 어렵습니다. OKRs을 시행한 후 이를 보상과 직접적으로 연결시킬 수도 있고, 기존 MBO 방식으로 진행한 후 그 점수를 보상과 직접적으로 연결시키지 않을 수도 있습니다. 이것은 조직 전체의 인사평가 체계 혹은 일하는 체계를 어떻게 만들어 가느냐와 연관된 것입니다.

왜 OKRs을
활용하는가

최근 스케일업 단계에 들어가는 여러 스타트업들이 목표 공유와 실행 차원에서 OKRs을 활용하고 있습니다. 왜 다수의 기업들이 기존의 MBO 방식을 활용하지 않고 OKRs을 사용하고 선택했을까요?

첫째, (일반적 MBO체계보다)새롭고 트렌디합니다. 조직 차원의 목표 공유와 실행체계가 필요해지는 시점입니다. 이런 것을 하기 위해 어떤 방식이 있는지 인터넷 검색을 하거나 다른 스타트업 대표에게 물어보면 대부분 OKRs을 추천할 것입니다. 예전에는 MBO 방식으로 했는데, 요즘에는 다들 OKRs로 한다고. 최근에는 테크 기업뿐만 아니라, 대기업들도 OKRs을 도입하는 사례가 늘어나고 있습니다.

둘째, (일반적 MBO체계보다)쉽고 간결합니다. OKRs은 목표(Objectives)와 핵심결과(Key Result)라고 하는데 개념이 명쾌해 보입니다. 서너 개의 목표와 목표 달성 수준을 알 수 있게 하는 핵심결과를 작성하여 상위 레벨, 동일 레벨, 하위 레벨의 OKRs과 비교하며 전체 OKRs 구조를 완성시키게 됩니다. 물론 세부적으로는 여러 가지 생각해야 할 점이 많지만 일단 개념이 쉽고 간결하다는 것을 알게 됩니다. 이해하는 게 직관적이고 쉽게 시도해 볼 수 있을 것 같다는 느낌이 듭니다.

셋째, (일반적 MBO체계보다)빠르고 신속합니다. 린 스타트업의 MVP처럼 실제 활용 가능한지 확인하기 위해 한 부서만이라도 먼저 시작해 볼 것을 권장합니다. 단기(6주, 분기 등) 일정을 잡아 목표(Objective)와 핵심결과(Key Results)를 빠르게 설정하고 신속하게 실행할 수 있습니다. 그리고 매주 OKRs 미팅과 1:1 미팅을 통해 현황을 체크하며 개선, 보완해 나갑니다. 수 주간의 일정, 핵심 목표, 주간 미팅은 애자일 개발 방법론의 '스크럼(Scrum)*과도 비슷합니다. 테크 기업의 경우 사내에서 애자일 개발 방법론을 활용하는 곳이라면 OKRs 운영도 낯설지 않을 것입니다. 스케일업 과정에서도 스타트업스럽게 빠르고 신속한 문화를 유지할 수 있을 것입니다.

---

* 　작은 목표를 짧은 주기로 점진적이며 경험적으로 제품을 지속적으로 개발(전달)하는 관리 프레임워크. 스크럼 가이드 참조(https://scrumguides.org/scrum-guide.html).

넷째, (일반적 MBO체계보다)핵심에 집중할 수 있습니다. OKRs은 해야 할 모든 일들을 목표로 설정하지 않습니다. 집중해야 할 목표를 서너 가지만 설정함으로써 목표 집중력을 높여줍니다. 실제 많은 기업들은 연말연시에 조직과 개인의 목표 설정을 진행합니다만, 시간이 조금만 지나가면 수립한 목표 설정은 책상 서랍에서 쉬고 있는 것을 보게 됩니다. 최근에는 목표 수립 후 한두 달만 지나도 사업 환경이 달라지는 경우가 많아 그 전에 세워놓은 목표 설정 내용을 수정해야 하는 상황에 마주칩니다. 그런데 매번 환경이 달라질 때마다 목표 설정서를 수정한다는 게 쉽지 않습니다. 하지만 OKRs은 단기적이며 몇 개의 목표에 집중하기 때문에 개선하기도 편리하고 집중력을 유지하는 데도 큰 도움이 됩니다.

다섯째, 의미 있는 목표를 수립할 수 있게 합니다. 기업에서는 '전년 혹은 전 분기 대비 10% 성장', '올해 매출 목표 30억' 같은 숫자를 기본으로 해서 하위 목표를 수립하는 경우가 많습니다. 그런데 매출 목표 30억이 목표일까요? 결과일까요? MBO체계에서는 매출을 목표로 보는 경향이 있습니다. OKRs체계에서는 매출을 목표 달성에 대한 핵심결과(KR)로 봅니다. 매출은 고객 가치 창출이라는 목표를 달성한 결과 얻게 되는 것이기 때문입니다. 기업의 목표가 '올해 매출 목표 30억 원 달성'이라고 한다면 과연 구성원들의 가슴을 뛰게 하고 열정을 불러일으킬 수 있을까요? OKRs에서 매출 30억 원 달성은 어떤 목표의 달성 여부를 알 수 있게 해주는 핵심결과입니다. 기업의 인사·노무 관리를 클라우드 서비스로 관리할 수 있게 해주는 스타트업의 경우, 목표(O)를 '핵심 고객에게 인사·노무 관리를 간편하게 활용할 수 있도록 한다.'로 정할 수 있습니다. '매출 30억 원 달성'은 목표(O)의 달성 여부를 알려주는 핵심결과(KR)가 되는 것입니다.

여섯째, OKRs이 강조하는 이슈들은 일하는 방식에 긍정적인 효과를 주게 됩니다. 보상과의 직접 연결 배제, 도전적인 목표 설정, 조직 전반의 목표 공유, 피드백과 코칭 같은 것들을 실행하도록 권장합니다. 목표를 설정하고 관리하는 것도 중요하지만 결국 일하는 방식이 더 중요할 것입니다. 예를 들어 기존의 성과관리 체계에서는 연말 성과평가 결과가 연봉이나 보너스 같은 보상에 직접적으로 연결되는 경우가 많았습니다. 하지만 OKRs은 보상과 직접적으로 연결하지 않는다는 것을 강조합니다. 이런 구조를 통해 구성원들과 함께 금전적 보상보다 목표 자체에 집중할 수 있도록 하는 환경을 만들 수 있습니다. 수립한 목표의 성공실패에 따라 금전적 보상이 결정된다면 대부분 도전적인 목표 설정을 하지 않으려 할 것이기 때문입니다. 또한 OKRs에서는 일부 도전적 목표에 대해 100% 달성을 달성으로 보는 게 아니라, 70% 수준을 적절한 수준으로 보는 목표를 권장하기도 합니다. 약간 조삼모사(朝三暮四) 같긴 합니다만.

2

성과관리의 아이러니

2008년 경영 컨설팅 기업 shSMART의 공동 대표인 제프 스마트 (Geoff Smart)와 랜디 스트리트(Randy Street)는 『누구를 어떻게 뽑을 것 인가(Who: The A Method for Hiring)』라는 채용 기법에 관한 책을 출간했 습니다. 기업의 성공을 가르는 것은 사람이고, 경영자의 가장 큰 고민 역시 적합한 사람을 찾는 것임을 강조했습니다. 여기서 채용에 대해 언급하려는 것은 아니고, 흥미로운 내용이 있어 본문 내용을 일부 인 용해 봅니다.[27]

대부분의 조직에서는 1년을 단위로 계획을 수립한다. 반세기 전에 피터 드러커가 '목표 관리'란 개념을 도입한 이래 기업들은 목표와 예산이라는 형태로 연간 사업 계획을 세우고 있다. 하지만 성과를 개인 수준에서 산 정하는 일은 아직 미진하다.

몇 년 전 [포천]에서 개최한 컨퍼런스에서 기조연설을 하던 중에 우리는 200명의 CEO들에게 물어보았다.

"부하에게 지시를 내리면서 업무와 함께 구체적인 목표치도 제시하는 분 계십니까?"

손을 든 사람은 전체의 10%뿐이었다. 부하의 입장에서는 목표치가 없으면 어디에 초점을 맞춰야 할지, 얼마만큼 노력을 쏟아야 할지 알 수가 없다. 경영자 입장에서도 마찬가지다. 직원들이 제대로 일을 하고 있는지 어떻게 알 수 있겠는가? 구체적인 목표치를 설정하지 않는 경영자가 절대 다수라는 사실이 놀라울 따름이었다.

이런 문제를 해결해 주는 것이 평가표다. 평가표는 단순히 A급 인재를 채용하는 장치일 뿐 아니라 A급 인재가 최고의 실적을 내게끔 한다.

평가표를 잘 작성하면 CEO 및 임원들이 추진하는 전략을 구체적인 성과물로 표현할 수 있다. 이렇게 잘 짜여진 평가표를 바탕으로 하위 임원들에게 자신의 팀의 실적을 달성할 수 있도록 팀별 평가표를 작성하게 한다. 이처럼 평가표 작성이 하위 단위에서도 이루어지면 조직의 모든 구성원들이 전략을 뒷받침하는 실적 목표치를 갖게 될 것이다. 또한 그런 실적을 달성하는 데 바람직하게 작용하면서 기업문화에도 맞는 자질이 무엇인지 구성원들 스스로 파악하게 된다.

성과관리에 대해 언급되어 있습니다. 여러분은 어떤 생각이 들었습니까?

"그렇지. 직원들이 제대로 일을 하고 있는지 어떻게 알 수 있겠어. 구체적인 목표치를 설정해야지. 또, 그래야 A급 인재가 정말 A급 인재라는 것을 확인할 수 있는 것이고. 맞다. 우리도 MBO든, OKRs이든 체계적인 성과관리 체계를 제대로 만들어야겠어. 그래서 회사 목표를 수립하고 그것을 팀들이 나눠 갖고, 다시 구성원들이 나눠 가질 수 있게 목표를 만드는 거야. 그래야 모두가 같은 방향을 향해 일할 수 있고 누가 열심히 했는지도 알 수 있고, 목표도 달성하는 거지."

동의하십니까?

성과주의 조직의
성과관리 원리

성과관리는 목표 설정에서 시작한다고 생각할 수 있습니다. 만약 조직에 목표가 없다면 어떻게 될까요? 상상이 됩니까? 조직에 목표가 없으면 다들 무엇에 집중하고 있을까요? 그러니 조직 전체가 달성해야 할 목표를 만들어야 합니다. 그래서 올해 매출 목표 ○○○원, 신규 회원 수 ○○○명같이 만듭니다. 이런 목표는 보통 CEO가 세웠을 것입니다. 그런데 CEO 혼자 목표를 세워봐야 별 의미가 없다는 것을 압니다. 함께하는 사람들과 목표를 공유해야 합니다. 이제 팀장들에게 세부 목표를 세워보자고 합니다. 도전적이고 구체적인 목표를 설정하는 것이 좋겠다는 말도 덧붙입니다. 팀장들은 팀의 목표를 달성할 수 있도록 다시 팀원들을 독려하여 하위 목표를 수립하게 합니다. 이제 각자 어떤 목표에 집중해야 하는지 알 수 있게 되었습니다. 더군다나 이렇게 해놓으면 유용한 점이 더 있습니다. 연말 연봉 재계약 시즌에 서로 납득할 만한 판단의 근거가 생긴다는 점입니다. 성과평가 결과를 바탕으로 연봉 설정을 진행할 수 있습니다. '당신이 원하는 연봉 수준은 이 정도이지만 지난해 성과는 목표의 80% 수준밖에 달성하지 못했습니다. 그래서 내년 연봉은 4% 인상입니다.' 뭔가 과학적이고 합리적인 것처럼 들립니다. 누군가는 성과평가와 보상을 직접적으로 연결시키지 말라고 했던 것 같은데, 그건 현실을 모르고 하는 소리입니다. 성과에 따라 보상하는 것이 자연스러운 것이지, 성과에 상관없이 보상하라는 말입니까? 성과와 보상이 연결되어 있지 않으면 누가 왜 열심히 목표를 달성하려고 노력하겠습니까? 구성원들을 어떻게 독려하며 당장 내년도 연봉 협의는 무엇을 기준으로 할 수 있습니까? 열심히 하는 구성원들을 위해서라도 제대로 된 성과관리, 그리고 보상이 필요한 것입니다.

그리고 이런 식으로 조직의 목표가 체계적으로 수립되면 CEO는 미래에 대한 확신이 생깁니다. 핵심 목표가 달성되도록 세부 목표까지 보기 좋게 정렬되었기 때문에 올해 목표가 달성될 것 같은 생각이 듭니다. 모두가 목표 달성을 위해 노력할 것이고, 집중할 것이 무엇인지 알기 때문에 시간을 계획적으로 활용할 수 있을 것 같습니다. 잘 수립된 목표를 보면 확실히 안도감이 생깁니다.

회사 전체 목표부터 개개인에 이르기까지 목표를 체계화하는 것이 조금 어렵고 시간이 필요해서 그렇지 필요한 일입니다. 목표가 있어야 목표를 향해 최선을 다할 것 아니겠습니까. 목표 없는 조직은 생각조차 할 수 없습니다. 그것은 무책임한 경영입니다. 조직은 규모를 키우며 목표를 달성해야 하고, 구성원들이 열심히 할 수 있도록 관리해야 하며 그에 합당한 보상을 해주어야 합니다. 그런 게 없으면 기업이 어떻게 성장하며 사람들이 열심히 하겠습니까?

일반적인 성과주의 조직의 운영 방식이었습니다. 그런데 과연 목표는 성과를 견인할 수 있을까요?

우리는 성과관리의
실상을 알고 있다

스케일업 기업의 미래라고 할 수 있는 중견기업, 대기업 구성원들의 목표 설정 상황과 성과관리 상황에 대해 살펴보겠습니다. 보통 성과평가는 인사평가의 큰 비중을 차지하고 있고, 이 결과를 바탕으로 승진, 연봉, 보너스 등을 결정하는 기준이 됩니다. 그래서 구성원들도 성과평가에 대해 진지하게 생각합니다.

목표 수립 과정에 있는 구성원 A. A는 전년에 공격적인 목표와 KPI를 설정했다가 달성하지 못했습니다. 그래서 좋은 평가를 받지 못했습니다. 달성하지 못한 것은 사실이니 평가에 대해 납득할 수밖에 없었습니다. 팀장의 '작년보다 성장한 도전적인 목표를 세우자.'는 말에 깜빡 넘어(?)가서 목표를 너무 높게 설정한 것입니다. 하지만 목표를 그렇게 잡은 것은 자신이니까 다른 사람을 탓할 일은 아닙니다. 올해는 윗사람의 뽐뿌질에 당하지 말고 할 수 있을 만큼, 현실적인 수준에서 목표를 잡으려고 합니다. 달성할 수 있을 만큼 보수적으로 설정할 것입니다. 그러나 윗사람들에게 그런 인상을 주면 안 됩니다. 그들에겐 자신이 하는 일의 중요성과 어려움을 공감할 수 있도록 충분히 설명해야 합니다. 모두가 동일한 일을 하는 것이 아니기 때문에 핵심 업무와 난이도는 자신이 가장 정확히 알고 있습니다. 윗사람을 설득시킬 수 있는 충분한 논리도 있습니다. 그러면 올 연말에는 좋은 평가를 받을 수 있을 것입니다.

성과평가 시즌이 다가오는 시점. 목표에 대한 결과가 명확한 영업팀 구성원의 이야기도 들어보겠습니다.

법인영업을 맡고 있는 구성원 B는 고객과 합의된 내용을 반영하면 올해 목표를 무난히 달성할 것으로 예상합니다. 초과매출이 가능할 것 같지만 약간만 초과되도록 조율하고 있습니다. 초과매출이 나면 내년 목표 설정을 더 높게 잡아야 하는 부담이 생겨 달갑지 않습니다. 오히려 이렇게 아껴놓았다가 내년 실적에 추가시키면 훨씬 더 편하게 일할 수 있을 것입니다. 그래서 매출을 이월시킵니다. 이 정도는 컨트롤할 수 있는 역량(?) 있는 영업사원이었던 것입니다.

구성원 C도 있습니다. C는 작년보다 더 열심히 달렸음에도 불구하고 올해 목표 달성이 어려워 보입니다. 매출의 상당 부분을 차지하던 거래처 한 군데가 문을 닫았기 때문입니다. 워낙 대형 거래처라 이에 상응하는 새 거래처를 확보하는 것이 쉽지 않았습니다. 하지만 그런 것들은 C의 사정입니다. 상황은 이해할 수 있지만 목표를 달성하지 못했다는 사실은 변하지 않습니다. C는 작년 성과평가도 부진했었는데 이번에도 그렇게 되면 저성과자가 되어 별도의 교육을 받아야 할수도 있습니다. 어떤 방법을 만들어 내야 합니다. C는 친한 거래처들에게 부탁하기로 합니다. 일단 올해 매출을 발생시키고 내년 초에 환불해 주는 방법을 고려하고 있습니다. 내년 부족치는 내년에 더 열심히 해서 메꾸려고 합니다. 어차피 내년은 내년이고, 당장 올해를 해결해야 합니다.

목표 수립과 성과관리에 대한 경영자의 생각과 의도는 크게 잘못된 부분이 있어 보이지 않았는데, 구성원 A, B, C의 상황을 보면 무언가 제대로 돌아가지 않는 것으로 보입니다. 구성원 B, C는 현실을 조정해서 성과를 인위적으로 만들었습니다. 특히 구성원 B와 C의 행동이 불법은 아니지만 과연 무엇을 위한 행동이냐를 생각하게 만듭니다. 고객과 협의해서 올해 발급해야 할 세금계산서를 내년에 발급한다든지, 올해 세금계산서로 매출을 확정 짓고 내년에 환불 처리한다든지 하는 일이 결코 회사에 도움되지 않을 것입니다. 하지만 개인들에게는 중요한 문제입니다. 좋은 평가를 받아야 그에 적합한 보상을 받을 수 있기 때문입니다. 때때로 보상이 문제가 아니라, 저성과자로 낙인찍히지 않도록 하는 것 역시 중요하게 생각됩니다.

숫자가 목표가 되면
주객이 전도된다

웰스 파고(Wells Fargo)는 미국 캘리포니아주 샌프란시스코에 소재한 대형 은행입니다. 2010년대 워런 버핏은 이 은행의 지분을 꾸준히 사들였습니다. 2013년 신문기사에 의하면 버핏은 이 회사에 총 200억 달러를 투자하여 8.7%에 이르는 지분을 소유했다고 합니다. 버핏의 포트폴리오에서 156억 달러의 코카콜라를 밀어내고 가장 많은 투자를 한 기업이 되었습니다. 버핏은 웰스 파고를 '아예 통으로 사고 싶다.'라고 말할 정도였습니다.

『차이를 만드는 조직: 매킨지가 밝혀낸 해답』[28]에서는 '지속 성장하는 위대한 조직으로 거듭난 웰스 파고'라는 챕터에서 이 은행의 성공 사례를 다루기도 했습니다.

> 존 스텀프가 2007년 웰스 파고의 CEO가 되었을 때 상황은 나쁘지 않았다. 2000년대 중반 웰스 파고는 자산총액과 영업수익이 매년 10% 이상 성장하여 세계적인 은행이 되었다. 하지만 스텀프는 순풍이 영원히 지속되지 않으리라는 것을 감지했고 (중략) 그는 경영진 회의를 소집하고 '하나 된 웰스 파고'라는 강력한 비전을 제시했다.
>
> 이 포부를 가지고 경영진은 순이익과 매출에서 연평균 성장률이 두 자릿수로 상승하는 것을 중기 목표로 삼았다. 이를 위해 고객 하나당 상품 8 가지를 팔겠다는 교차 판매 목표를 세웠다. (중략)
>
> 첫 500일 계획이 끝나갈 무렵 글로벌 금융위기가 발생했다. 대규모 금융기관들이 도산하였지만 웰스 파고는 성과와 건강 개선을 위한 변화 프로그램을 실시하고 금융위기의 원인이 된 업계의 관행 대부분을 삼가온 덕에 안정된 상태를 유지했다.
>
> 오히려 그 기간에 웰스 파고는 시티그룹을 제치고 와코비아 은행을 인수했다. 이 합병으로 웰스 파고는 미국에서 매출 20대 기업에 진입했고, 《포춘》 선정 20대 기업에 이름을 올렸다.

2007년 신임 CEO 존 스텀프는 매출 증대와 순이익 향상을 위한 핵심 전략 중 하나로 교차 판매(Cross-selling)를 목표로 세웠습니다. 우수 고객이 높은 수익을 제공해 준다는 전제하에 우수 고객에게 더 많은 상품을 팔자는 것이었습니다. 이를 위해 모기지 대출 이자를 낮게 해주는 대신 펀드, 신용카드, 보험 등 자사의 다른 금융 상품을 판매하며 기반을 확대해 나갔습니다. 기존 고객을 대상으로 하는 것이므로 마케팅비를 절감하면서도 안정적인 수익을 낼 수 있는 좋은 방법이었습니다. 또한 여기서 얻은 수익을 바탕으로 미국 6위 은행 와코비아를 인수하는 등 적극적인 성장에 나섰습니다.

그렇게 잘 성장하고 있다고 생각되던 2016년 9월 어느 날이었습니다. 웰스 파고의 교차 판매 기사가 뉴스에 보도됩니다. 고객들을 기만하여 교차 판매를 진행했다는 내용입니다. 고객에게 현금 카드를 발급해 주면서 다른 금융 서비스를 받는 데 동의한 것으로 서류를 조작하거나, 특정 상품을 판매할 때 다른 상품과 패키지로 구입해야 구매할 수 있다고 속였습니다. 실적 채우기에 급급한 직원들은 '잔액이 300달러 아래로 내려가면 월 5달러의 계좌 유지 수수료'가 들어간다는 것을 설명하지 않고 계좌 발급을 진행했습니다. 이렇게 고객 동의가 없는 계좌와 신용카드 수가 350만 개에 이르렀습니다. 350만 개.

어떻게 은행에서 이런 일이 생길 수 있었을까요? 이 정도면 한두 사람의 일탈이 아니죠? 너나 할 것 없이 거짓 성과를 내고 있던 겁니다. 마치 레밍들이 낭떠러지로 향하는지도 모르고 줄지어 뒤를 쫓는 이미지가 생각납니다. 그런데 아무리 생각해도 은행에서 이런 일이 일어나다니 쉽게 납득되지 않습니다. 하지만 우리나라에서도 비슷한 일들이 있었습니다.

  2018년 우리은행의 휴면 고객 비밀번호 변경 사건입니다. 백화점을 자주 방문하는 사람의 상품 구매 빈도가 높듯이 모바일뱅킹에 자주 접속하는 소비자일수록 새로운 금융 상품에 가입할 가능성이 크다고 합니다. 또 고객이 모바일뱅킹으로 계좌를 만들어 입금하면 낮은 비용으로 현금 유동성을 확보하는 장점이 있다고 합니다. 우리은행은 모바일뱅킹 이용자 수를 늘리기 위해 직원들에게 가입자 수를 할당해서 배분했습니다. 그 실적을 인사평가에 반영하겠다는 것입니다. 그러자 직원들은 고객들에게 모바일뱅킹 앱 설치를 권유했고 실제 설치 건수가 늘어났습니다. 하지만 고객들은 앱을 설치만 해놓고 실행시키지는 않았습니다. 직원들의 부탁 때문에 설치만 해놓은 것입니다. 은행은 다시 직원들에게 비활동성 계좌를 줄이라는 성과지표를 배당했습니다. 고객이 모바일뱅킹 앱에 로그인하게 하라는 것이었습니다. 우리은행은 1년 이상 인터넷뱅킹이나 모바일뱅킹에 접속하지 않은 고객이 새로 접속할 때 새 비밀번호를 입력하도록 하고 있었습니다. 고객이 비밀번호를 기억하지 못하면 개인정보를 확인하고 임시 비밀번호를 부여합니다. 실적 압박을 받던 구성원들은 고객의 비활성화 된 온라인 계좌에 접속하여 새 비밀번호를 부여받은 뒤, 로그인하여 고객이 접속한 것처럼 꾸몄습니다.[29] 전국 200여 지점에서 4만여 건에 달하는 비밀번호 무단 변경이 일어났습니다. 우리은행 관계자는 성과 압박이 심해지고 인사고과를 의식한 직원들이 무리수를 둔 것이라고 말했습니다. 금융감독원은 이 사건에 대해 '기관 경고'와 과태료 60억 원을 부과했습니다.

비슷한 시기 한국철도공사에서는 직원들이 고객으로 가장해 고객 만족도 조사를 조작한 일이 있었습니다. 이 조사는 1년에 한 번씩 공공기관의 대국민 서비스 수준을 평가하는 조사였습니다. 조사업체가 공기업, 준정부기관 등 320여 개 공공기관을 대상으로 소비자에게 전화나 현장 설문으로 의견을 듣는 방식입니다. 여기서 나온 결과는 해당 기관의 경영 실적 평가 지표로 활용되고 이는 임직원 성과급에 영향을 미친다고 합니다. 그런데 한국철도 직원 208명이 222건의 설문 조사에 조직적으로 참여한 것입니다. 결국 관련자 30명이 문책받고 16명이 수사 의뢰 되었습니다.[30]

한번은 금융기관에 방문했을 때 '고객 만족도 조사' 설문을 요청받은 적이 있었습니다. 창구 직원으로부터 설문지를 받았는데 자세히 보니 이미 정답(?)이 친절하게 안내되어 있었습니다. 설문 문항마다 '매우 만족' 칸에 체크를 유도하는 형광색 표시가 되어있었습니다. '매우 만족'을 벗어난 곳에 체크하기가 쉽지 않았습니다.

설문문항	매우 만족	만족	보통	불만	매우 불만
[Q1. 의사소통] 직원은 고객님 의견을 경청하며 응대해 드렸습니까?	5	4	3	2	1
[Q2. 적극성] 직원은 고객님의 요청에 적극적으로 응대하고 있습니까?	5	4	3	2	1
[Q3. 관계관리] 직원은 고객님께 필요하신 만큼 충분히 연락을 드리고 있습니까?	5	4	3	2	1
[Q4. 전문성] 직원은 고객님께 전문적인 지식과 정보를 가지고 상담해 드리고 있습니까?	5	4	3	2	1
[Q5. 자산관리] 직원이 제안해드린 '상품과 서비스는 고객님께 적절하였습니까? (상품에는 주식도 포함됩니다. 고객님)	5	4	3	2	1
[Q6. 사후관리] 직원은 고객님이 거래하신 상품의 사후관리를 잘하고 있습니까? (상품에는 주식도 포함됩니다.)	4	4	3	2	1
[Q7. 전반적 만족도] 직원에 대한 전반적 만족도는 얼마나 되십니까?	5	4	3	2	1
이번 문항은 0 점에서 10 점까지 응답 부탁드리겠습니다. 의향이 매우 높으시면 10 점, 의향이 전혀 없으시면 0점을 주시면 됩니다(선 설명 후 질문). [Q8. 추천의향] 주변 지인에게 ○○○직원과 거래하도록 소개하실 의향은 얼마나 되십니까?	10 9 8 7 6 5 4 3 2 1 0				
[Q9. 고객의 소리] 마지막으로 직원에게 칭찬하실 점이나, 개선할 점이 있었면 말씀해주시겠습니까? (_____) 1) 칭찬을 말한 경우 → 네, 고객님 좋은 말씀 감사드립니다. 2) 불만을 말한 경우 → 네, 고객님 불편을 끼쳐드려 죄송합니다. 말씀하신 내용은 개선사항으로 올려 반영되도록 하겠습니다. 3) 없다고 한 경우 → 그러신가요? 고객님. 알겠습니다.					

| 모금융기관의 고객만족도 조사 설문지 |

이런 일들이 왜 일어날까요? 마이클 해리스(Michael Harris)와 빌 테일러(Bill Tayler)는 그 원인을 〈대체 현상(Surrogation Effect)〉으로 규정했습니다.[31] '대체 현상'이라고 알려진 심리적 함정에 빠지면, 성과지표를 만든 목표와 성과지표 그 자체를 혼동하게 된다는 것입니다.

'고객 만족도 높이기'가 목표인 경우, 달성 수준을 알기 위해 '고객 만족도 조사'를 합니다. '고객 만족도 조사'는 성과수준을 알려주는 성과지표입니다. 그런데 어느 순간부터 고객 만족도를 높이는 게 아니라 고객 만족도 조사의 점수를 높이는 것에 집중하게 된다는 것입니다. 목표와 지표가 뒤바뀌는 상황이 됩니다. 그 결과 고객들에게 '매우 만족 부탁드립니다.'라고 강조하거나 앞에 나온 〈고객 만족도 조사 설문지〉처럼 형광펜으로 넛지(Nudge)*를 만들어 답변을 유도합니다. 그러면 고객은 부탁을 받고 여간하면 10점 만점을 주게 되고, 그러면 고객 만족도 조사 점수가 올라가고, 그러면 고객 만족도가 올라간 것으로 나타납니다. 그런데 진짜 '고객 만족'은 어디 있을까요?

반드시 측정돼야
하는 것은 아니다

MBO 과정의 문제점으로 지적된 것에는 구성원들이 현재 하고 있

---

*   강압하지 않고 부드러운 개입으로 사람들이 더 좋은 선택을 할 수 있도록 유도하는 방법을 일컫는 말.

는 일을 정리하는 수준에서 KPI를 수립한다는 점, 도전적인 목표를 수립하지 않는다는 점 등이 있었습니다. OKRs은 이를 개선하기 위해 도전적인 목표 수립을 독려했고, 이런 목표들은 1.0 만점을 기준으로 0.6~0.7을 최적의 점수로 간주하겠다고 했습니다. 그러니 도전적인 목표를 수립하라고 권합니다. 도전적인 목표를 수립하자는 OKRs의 콘셉트는 좋습니다. 그런데 0.6~0.7이 나와도 적정한 수준으로 간주하겠다는 것이 과연 도전적 목표 수립을 권장하는 유인이 되는지는 잘 모르겠습니다(결국 1.0이 아니라 0.6~0.7이 만점이라는 의미가 되는 것이니).

KPI나 KR을 정할 때 SMART하게 설정하라고 하는 주장도 있습니다. 구체적(Specific)이고 측정(Measurable) 가능하고 성취(Achievable) 가능하며 목표와 연관(Relevant)되게 기한(Time-bound)이 나오도록 수준을 정하라는 의미입니다. 그런데 측정 가능하고 성취 가능한 수준의 목표라면 도전적인 목표라고 할 수 있을까요? 때때로 SMART의 R을 'Realistic'으로 표시해서 '현실적인' 목표를 정하라고도 합니다. R이 '현실적인'을 의미한다면 도전적인 목표 수립은 더더욱 불가능할 것입니다.[*]

목표 수준은 반드시 숫자로 정확하게 측정돼야 할까요? 이 질문에 대해 우리는 바로 대답할 수 있습니다. 피터 드러커의 유명한 문장입니다.

"측정할 수 없으면 관리할 수 없다(If You Can't Measure It, You Can't

---

[*] 목표 수립 시 SMART하게 하지 말아야 한다는 의미는 아닙니다. 이런 방향으로 고려하되 모든 것을 끼워 맞출 필요는 없다는 것입니다.

Manage It)."

성과측정의 필요성과 관련해서 아주 유명한 문구입니다. 측정을 엄격하게 해야 한다는 느낌을 줍니다. 하지만 피터 드러커는 이런 말을 한 적이 없습니다. 드러커 재단에서도 그런 말을 한 적이 없다고 부인했습니다. 1954년 발행된 『경영의 실제』에는 "자신의 성과와 결과를 목표와 비교하여 측정할 수 있어야 한다. 하지만 측정 기준은 엄격하게 숫자로 표시할 필요는 없으며 반드시 정확할 필요도 없다. 그것들은 분명하고 단순하고 합리적이어야 한다."고 했습니다. 측정이 필요하다고는 하지만 뉘앙스가 상당히 다릅니다.

이런 비슷한 말을 한 것으로 추정되는 유명인이 한 명 더 있습니다. 품질경영의 대가 에드워드 데밍(Edwards Deming)입니다.

"측정할 수 없는 것은 관리할 수 없다(You Can't Manage What You Don't Measure)."

데밍이 품질경영의 대가인 만큼 충분히 했을 것 같은 말입니다. 하지만 이 역시 사실이 아닙니다. 이 인용문은 데밍의 저서, 『새 경제학(The New Economics)』에서 발견했는데, 35페이지에 이렇게 적혀있었습니다.

"측정할 수 없으면 관리할 수 없다고 생각하는 것은 잘못된 것이다.-그것은 값비싼 신화다(It is wrong to suppose that if you can't measure it, you can't manage it-a costly myth)."

이 문장이 왜 이렇게 앞뒤가 잘린 채 사용되고 있는지 모르겠습니다.

목표를 설정할 때 측정 가능한 수치를 사용하지 않으면 어떻게 될까요? KPI가 없다고 해서 목표가 사라진 것이 아닙니다. 정량화하는 게 필요할 때는 정량화하고 그렇지 않은 부분은 조금 더 구체적인 문장으로 서술하는 것입니다. 조직 전체 목표나 상위 목표에 대해 어떻게 기여하겠다고 정리해도 될 것입니다. 이렇게 하는 것이 억지로 만든 KPI를 사용하는 것보다 나을 것입니다. 고객 만족도를 높여야 하는데, 고객 만족도 설문지 점수를 잘 받으려는 데 집중하는 것은 불필요한 노력이 됩니다. 그리고 기여도 중심으로 작성하면서 0.6이나 0.7 같은 점수 평가를 없애버리면 도전적인 목표를 수립하는 데도 숨통이 트일 것입니다. 또한 KPI가 없어졌다고 해서 각종 지표가 같이 없어지는 게 아닙니다. 개별 목표와 상관없이 방문율, 회원가입률, 객당 단가, 일별 매출 등 현황을 알아볼 수 있는 모든 숫자들은 우리의 현 위치를 알기 위해서, 각자의 기여가 어디에 영향을 미치는지에 대해 알기 위해서라도 측정하고 공유돼야 합니다.

핵심성과지표 폐지한 현대카드

2012년 현대카드는 혁신 경영의 하나로 핵심성과지표(KPI)를 폐지하기로 했습니다. 현재와 같은 성과관리 체계에서는 구성원들이 KPI 자체와 숫자에 교조적으로 집착하게 되어 또 다른 문제가 생긴다고 생각했습니다.

대표적인 사례로 콜센터의 고객 만족도 KPI와 소속 여직원들의 성희롱 노출에 대한 충돌이었습니다. 당시 조사결과를 보면 콜센터 여직원의 약 40%가 고객 상담 중 성희롱을 경험했다고 합니다. 그러나 고객 만족도로 성과평가를 받다 보니 성희롱 상황에 대해 적극적으로 대처하기가 힘들었습니다. 이후 현대카드는 고객이 콜센터에 전화를 걸어 직원들에게 성희롱이나 험한 욕을 퍼부을 경우, 두 번 경고 안내 후 전화를 차단하는 정책을 만들었습니다. 이는 고객 만족도라는 KPI를 높이는 데 역행하는 방식이었지만 시행하기로 했습니다. 고객 만족도 KPI에 집착할 필요가 없다는 것입니다.

또 영업부서에는 상반기 회원 모집 인원이 부진해 하반기 '1인당 회원 유치 수'를 높여 잡기도 합니다. 공격적인 KPI가 됩니다. 그런데 이렇게 적극적으로 신규 회원 모집에만 집중하다 보면 비우량 고객까지 대거 유치되어 연체율이 올라가게 됩니다. 하지만 1인당 회원 유치 수가 KPI로 설정된 이상 영업부서에서는 여전히 적극적인 회원 모집을 할 것이고, 회사는 연체율 관리에 자원을 투입해야 합니다. 이런 상황은 회사, 고객, 구성원 모두에게 좋은 일이 아닐 것입니다.

물론 현대카드는 성과지표와 목표 자체를 완전히 없앤 것은 아니라고 했습니다. 목표 숫자도 있고 성과결과도 기록하지만 양적인 결과보다 질적인 결과에 집중하겠다고 했습니다. 정태영 대표는 당시 트위터를 통해 이런 내용의 메시지를 남겼습니다.[32]

"좋은 아버지는 아이들이 그냥 느낀다. 이것과 기업의 KPI는 마찬가지다."

"아무런 기준이 없는 것보다야 낫지만 결코 신뢰해서는 안 되는 잣대다. 좋은 아버지인지 KPI로 측정할 수 있는 방법은 없다. '아이들과 먹은 식사 수 + 가족들과 보낸 시간 수 + 가족 대화의 총시간 × 2.0' 등으로 계산한 KPI 수치가 공정하지 않은 만큼 KPI는 허상일 수도 있다."

"KPI가 없다는 것이 목표가 없다는 것을 의미하진 않는다. 숫자가 사라지는 것이 아닌 만큼 Data, 성과, 목표치 모두가 있는 만큼 그것들을 다 종합해서 숫자가 어떤 영향을 미쳤는지 어떤 질의 숫자인지 등에 대해 논의를 통해 정성평가를 할 것이다."

2

우리는 어떻게 할 것인가

목표에 의해 관리하고, 성과를 기반으로 보상하는 체계는 성과주의 조직의 핵심 특징입니다. 사람은 일하는 것을 좋아하지 않기 때문에 당근으로 보상하고, 게으름을 방지하기 위해 채찍으로 질책함으로써 조직의 목표를 달성하는 것입니다. 그러나 경영자들도 알게 되었습니다. 명령과 통제 방식으로 육체노동이 대부분인 공장 노동자들은 관리할 수 있었지만, 개인별 몰입도에 따라 결과가 달라지는 지식노동자들은 관리하기 어렵다는 것을 말입니다.

현대의 지식노동자들은 자신이 하는 일에 의미를 부여하고 의미있는 일을 하고 있다고 생각할 때 몰입하고 결과에 보람을 느낍니다. 요즘 MZ 세대는 일에 대한 의미를 얻지 못하면 급여와 상관없이 과감하게 퇴사한다고 할 정도입니다. 자기발전, 회사 미션과 개인의 미션, 의미 있는 일, 창의적 활동 같은 키워드들은 바로 조직 내에서 자아실현의 욕구와 맥락을 같이 합니다. 물론 MZ 세대들의 이런 특성이 사회적 이슈가 돼서 그런 것이지, 일의 의미에 대한 지식노동자들의 인식 역시 높아졌습니다. 이런 인식 변화는 성과주의 조직이 가치지향 조직으로 변화되는 데 많은 역할을 했습니다. 가치지향 조직들은 구성원들의 이런 욕구를 담아내기 위해 부단히 노력하고 있습니다.

인텔(Intel)의 전회장 앤디 그로브(Andy Grove)는 MBO에 대해 이렇게 말했습니다.[33]

"MBO는 일종의 스톱워치를 개인의 손에 쥐여주고 스스로 자신의 성과를 측정할 수 있게 고안되었다. MBO는 직원에 대한 성과평가의 근거자료가 아니라, 그가 얼마나 성공적으로 수행하는가를 판단하는 하나의 기준으로 여겨야 한다."

조직에서 목표가 하는 진짜 역할

조직 전체의 최상위 목표에서 구성원 개개인의 하위 목표까지 수립되고 나면 우리가 가야 할 방향과 무엇에 도전해야 할 것인지 분명해집니다. 구성원들은 이 목표들을 어떻게 달성할 것인지, 목표를 달성하는 새로운 방법은 없는지 고민하게 됩니다.

목표를 세운다는 것은 미래의 불확실성을 낮춘다는 안도감과 확신이 생기는 장점이 있습니다. 목표대로만 하면 행복한 연말을 맞을 것 같은 기분이 듭니다. 하지만 이것은 심리적인 위로일 뿐 실제 성과가 달성되는 것과는 상관이 없습니다. 생각해 봅시다. 지금까지 해왔던 방식으로 목표를 수립하고 나면 목표가 달성되던가요? 대부분 큰 차이가 났을 것입니다. 넘치든지, 모자라든지 말입니다. 왜 그럴까요? 목표를 잘못 세웠기 때문일까요? 제대로 실행하지 못해서일까요? 아니면 대외 환경이 바뀌어서일까요?

어느 기업에서 75억 원을 매출 목표로 잡았는데 실제로 75억 원을 달성했다고 칩시다. 목표를 100억 원으로 높게 설정했다면 75억 원을 초과하는 결과를 만들 수 있었을까요? 목표를 50억 원으로 낮게 수립했다면 75억 원보다 낮은 결과를 가져왔을까요? 75억 원의 매출은 목표를 100억 원으로 하나 50억 원으로 하나 별로 달라지지 않았을 것입니다. 구성원들이 목표를 높이 잡았다고 해서 더 열심히 하고, 낮게 잡았다고 해서 태만하지 않았을 것입니다. 매출 목표를 더 도전적으로 설정하면 그것을 달성할 수 있는 방법을 찾아 실행했기 때문에 75억 원보다 더 높이 나올 수 있지 않았겠느냐고 반문할 수 있습니다. 하지만 목표를 수립할 때 지금까지 해온 대로 해도 자연스럽게 달성되는 수준으로 잡는 경우는 거의 없습니다. 오히려 성과에 영향을 미치는 것은 목표가 아니라 외부 변수들이라고 하겠습니다. 대형 고객사의 사업이 확장되어 주문량이 늘어나는 경우가 있습니다. 주요 고객사 중 한 곳의 사업부 구조조정으로 주문량 자체가 사라지는 경우도 있습니다. 이런 일들은 우리가 제어할 수 없는 외부 변수들입니다.

아이폰이 우리나라에서 판매를 시작한 지 얼마 되지 않았을 때, 국내에서 발행한 3,000여 종의 신용카드와 각종 멤버십 카드의 할인 정보를 담아놓은 스마트폰 앱을 출시한 적이 있었습니다. 출시 후 목표는 월 10,000건의 앱 설치였습니다. 목표의 근거가 있었던 것은 아닙니다. 그냥 희망사항 같은 것이었습니다. 그런데 결과는 출시 열흘 만에 15만 건이 넘는 설치가 이루어졌습니다. 여기에 들어간 비용은 스타벅스 아메리카노 커피 쿠폰 10장이었습니다. 그리고 다음 해 연말까지 50만 건의 앱이 설치되었습니다. 과연 이 성과가 수립한 목표에 영향을 받았을까요?

결국 목표를 높게 수립했다고 해서 높은 성과가 나오고, 낮게 수립했다고 해서 낮은 성과가 나왔다고 할 수 없습니다. 목표는 우리가 가야 할 방향을 알려주고 어떻게 달성할 것인지 생각할 수 있는 힘으로서 역할을 해야 합니다. 목표가 성과를 담보하는 것이 아니기 때문에 목표 그 자체보다 구성원들이 같은 방향을 바라보고 최선을 다할 수 있는 환경을 만드는 데 무게중심을 두어야 할 것입니다.

전체 목표는
핵심만 제시하라

목표가 실제 중요한 의미를 가지려면 자기주도적인 목표인지 여부가 중요합니다. 구성원 개인의 의사와 상관없이 위에서 내려온 무리한 목표를 대하는 자세와 자신이 주도적으로 세운 목표를 대하는 자세는 큰 차이를 보일 수밖에 없습니다. 일반적으로 하향식으로 설정된 목표는 경영자의 꿈과 희망을 반영한 수준이 될 가능성이 높습니다. 이런 방식으로 하위 조직까지 순차적으로 쪼개어 설정되면 경영자는 뭔가

체계적으로 잘 만들어졌다는 생각을 하게 됩니다. 하지만 구성원들은 그 목표를 자신의 목표라고 생각하지 않을 가능성이 높습니다. 회사가 자신에게 던져 준 '회사의 목표'라고 생각할 것입니다. 보통 회사들은 목표에 대한 결과를 평가하여 보상의 기준으로 삼는 경향이 있습니다. 그런 경향이 강할수록 앞에서 다룬 웰스 파고, 우리은행 같은 일이 벌어질 가능성이 높아지는 것입니다.

그럼에도 불구하고 조직 전체의 목표는 필요할 것입니다. 조직 전체의 목표는 조직이 미션과 비전을 이루기 위해 나가야 할 방향이며, 얼마나 가고 있는지 알게 해줍니다. 또한 조직의 목표 수준이 가늠돼야 자본 조달 계획, 생산 계획, 인원 계획 등 후속 계획을 수립할 수 있습니다. 따라서 경영자가 가장 주안점을 두고 있는, 우리 조직이 달성하고자 하는 목표를 한두 가지만 압축해서 제시하는 것을 권장합니다. 그것이 우리가 가야 할 방향입니다. 매출, 신제품 출시, 시설 확충 목표 같은 것들이 해당될 것입니다. 대신 목표 수준에 대해서는 구성원들과 함께 논의할 필요가 있습니다. 그렇게 해야 구성원들의 공감대를 형성하고 자기주도성을 확보할 수 있습니다. 또 목표의 실현 가능성을 가늠할 수 있고, 실현 방법을 찾기 위해 노력을 이끌어 낼 수 있습니다.

조직 특성에 따른 매출 목표 인식

보통 성과주의 조직은 하향식 목표 수립을 기반으로 목표 달성을 최우선으로 생각합니다. 그중에서도 목표가 직관적이고 집중할 수 있는 재무적 목표에 초점을 두는 경우가 많습니다.

가치지향 조직은 매출 목표도 중요하지만 목적과 과정도 중요하게 여깁니다. 조직 전체의 매출 목표가 수립되었다면 그것을 달성해야 하는 목적이나 의미를 공유합니다. 성과주의 조직이 KPI 달성에 집중한다면, 가치지향 조직은 OKRs 방식처럼 가슴 뛰는 목표에 집중하되 매출은 핵심결과로써 의미를 가집니다.

자율경영 조직은 조직 전체 차원에서 매출 목표를 제시하는 경우는 드뭅니다. 어차피 매출은 고객 가치 창출의 결과이고 구성원들은 내재적 동기를 바탕으로 해야 할 일에 전념하고 있기 때문에 매출 목표 자체가 큰 의미를 가지지 않습니다. 오히려 구성원들이 자율적이고 주도적으로 목표를 설정하고 추진하는 경우, 또 그러한 목표들이 모여 조직 전체의 목표가 되기도 합니다.

자율경영 조직에서 활용하는 목표 수립 방식 – 상대비교

자율경영 조직에서 많이 활용하는 목표 수립 방식이 있습니다. 상대비교 방식입니다. 여러분이 아마추어 축구 클럽에 가입되어 있다고 생각해 봅시다. 그러다가 지역 아마추어 축구 대회에 나가게 되었습니다. 대진표에 의해 인근에 있는 다른 팀과 경기를 하게 되었습니다. 이기고 싶습니까? 이기고 싶죠? 진다고 해서 큰일이 나는 것은 아니지만 이기고 싶은 마음이 간절합니다. 이기는 게 목표가 됩니다. 경기가 끝난 후, 이기면 이기는 대로, 지면 지는 대로 승패 요인을 분석하게 됩니다. 최소한 회식 자리에서만이라도 한두 시간 동안 모두들 오늘 경기에 대해 한마디씩 하게 됩니다. 이 과정에서 우리팀의 강점과 약점, 다음 경기에서 보완해야 할 점, 이기기 위한 전략 등이 논의되고 이후 연습에 임하게 됩니다. 이를 통해 팀은 보다 강해지고 개인도 성장하며 소속감도 느끼게 됩니다. 옆자리 동료를 믿을 수 있어야 패스를 하게 되고 그도 나를 신뢰한다는 생각을 할 때 더 열심히 할 수 있게 됩니다. 자신의 실력이 올라가면 우리 팀의 실력이 올라가는 것이기 때문에 모두가 환영할 것입니다. 내 실력만이 아니라 다른 사람들도 실력을 올리면 자신에게도 자극이 되고 결과적으로 우리팀은 더욱 강해질 것입니다. 지금 하고 있는 축구는 누가 시켜서 하는 것이 아닙니다. 그냥 재미있기 때문입니다. 자율경영 조직은 이런 관점으로 목표 관리에 접근합니다.

그럼 조직에서는 어떻게 상대비교 방식을 활용할 수 있을까요? 동일한 일을 하는 다른 팀이 있다면 좋은 경쟁 상대가 됩니다. 스케일업 단계에서는 아직 구성원이 충분히 많지 않아 조직 내에서 상대비교 하기에는 어려울 수도 있습니다.

우선 설명의 편의를 위해 일반적 사례를 들어보겠습니다. 어느 지역 영업을 담당하는 팀이 목표를 세우려고 합니다. 이때 회사 내 지역 영업을 담당하는 다수의 팀이 있다면 좋은 조건이 됩니다. 우리팀과 조건이 비슷하면서 우리보다 성과가 좋은 팀을 찾으면 좋은 경쟁 상대가 될 것입니다. 이 팀이 좋은 성과를 내는 이유가 무엇인지 찾아보기도 하고, 우리팀의 개선점을 살펴볼 수 있습니다. 여러 가지 데이터들도 살펴볼 수 있습니다. 1인당 매출액, 1인당 관리 고객 수, 1인당 영업 비용 등을 비교해 보며 개선점을 찾을 수도 있습니다. 이런 과정의 기본 전제는 '우리팀이 이기고 싶다.'입니다. 이 경쟁은 이기거나 졌다고 해서 뭐가 달라지는 것은 아닙니다. 축구 경기에 나가듯 그냥 이기고 싶은 것입니다. 따라서 편법을 사용하거나 숫자만 높이는 것은 의미가 없습니다. 누구에게도 도움이 되지 않습니다. 조직이 가지고 있는 미션과 비전이 기반이 됩니다. 그래야 의미 있는 일이 되기 때문입니다. 우리가 더 나아지면 회사 전체가 발전하는 것이기 때문에 그 혜택은 조직 구성원 모두에게 돌아가게 되어있습니다. 선의의 경쟁이 가능하고 서로에게 자극이 됩니다.

자율경영 조직들은 규모가 커지면 대부분 애자일 조직 형태의 자기완결성을 띱니다. 이렇게 되면 비교 대상의 팀이 늘어나 상대비교를 하기 수월해집니다. 조직 내에서 선의의 경쟁이 서로에게 자극이 되는 것입니다.

성과를 서로 비교하는 방법을 사용할 수 없는 팀의 경우 존경하는 기업들을 벤치마킹해 보는 것도 좋습니다. 사업적 특성이 비슷한 기업이라면 그 회사의 성장 속도, 매출 증가율, 트래픽 정보 등을 경쟁 대상으로 삼을 수 있습니다. 비교 기업이 경쟁사라면 또 그 나름대로 비교할 수 있는 정보가 있을 것입니다. 이런 정보들은 언론에 발표된 자료를 통해서도 얻을 수 있고, 경쟁 관계가 아닌 기업이라면 찾아가서 한 수 배우는 것도 방법이 됩니다. 최근에는 스케일업 기업들의 성장 속도를 보여주는 서비스*도 등장하고 있습니다.

---

*   예: 스타트업 성장분석 데이터 플랫폼, 혁신의 숲(https://innoforest.co.kr/).

방향을 제시하고
모든 정보를 제공하라

우리가 목표를 세울 때 예상하는 모습은 다음 그림과 같았을 것입니다. 앞에 목적지가 보이고 그냥 달려가면 된다고 생각했을 것입니다.

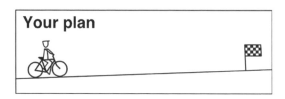

| 목표를 세울 때 예상하는 상황(출처: seekpng.com) |

하지만 현실은 어떤가요? 우선 목적지가 생각보다 멀리 떨어져 있다는 것을 알게 됩니다. 그래서 중간 목표지인 마일스톤을 표시해 놓았는데, 거기까지 가는 것도 쉽지 않습니다. 웅덩이가 있고, 외줄 다리가 있고, 호수가 있고 비가 오기도 합니다. 예상과 굉장히 다른 상황입니다.

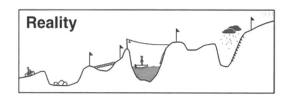

| 목표를 향해 가는 현실 상황(출처: seekpng.com) |

또 한 장의 사진을 보겠습니다. 길고 좁은 형태의 노를 저어 보트가 앞으로 나가게 하는 스포츠 경주, 조정입니다. 노를 젓는 구성원들이 한 줄로 앉아 몸을 뒤로 젖히며 힘껏 노를 젓습니다. 이때 한 명의 선수가 구성원들과 마주 앉아 경기를 조율합니다. 노를 젓는 선수를 조수라고 하고 조정하는 선수를 타수라고 합니다. 일반적으로 타수는 뛰어난 판단력으로 팀을 올바른 길로 이끕니다. 기업의 경영자를 조정에 비유한다면 타수 역할을 하고 있을 것입니다. 우리가 가야 할 길을 명확히 알고 있는 경영자, 하나의 팀으로 똘똘 뭉쳐 노를 젓는 임직원들. 이렇게 호흡을 맞추어 힘차게 전진한다는 것은 생각만 해도 기분이 좋아집니다.

| 조정 경기 모습 |
(출처: http://bit.ly/47gskoA)

그런데 이게 적절한 비유일까요? 이렇게 되면 좋겠다는 상상이 아닐까요? 아쉽게도 우리의 현실은 조정 경기의 배가 아닙니다. 우리가 처한 상황은 고무로 만든 배를 타고 래프팅하는 것에 더 가깝습니다. 강의 급류를 타고 골짜기를 지나 장애물을 피해 나가야 하는 상황입니다. 래프팅은 미지의 땅을 찾아 나선 개척자들이 타고 다닌 뗏목에서 그 원류를 찾아볼 수 있다고 합니다. 뱃길이 어떻게 생겼는지도 알기 어렵고 목적한 바는 있으나 제대로 가고 있는지도 불분명한 상황입니다. 일단 배에 탔으면 앞으로 가야 합니다. 래프팅에서 리더는 조정처럼 구성원을 바라보며 지시를 하는 게 아니라, 구성원들과 함께 같은 방향을 바라보며 대략의 방향 설정을 합니다. 구성원의 안전을 최우선으로 하며 자신이 알고 있는, 자신이 보고 있는, 자신이 가지고 있는 정보를 제공합니다. 구성원들은 자신에게 적합한 자리에 위치해 각자가 처한 상황에서 최선의 노력을 하게 됩니다. 특히 앞쪽에 위치한 구성원들은 물살과 장애물을 가장 처음 만납니다. 고객 접점에 있는 구성원들이며 고객에 대처할 수 있는 충분한 재량권을 주어야 합니다.

| 래프팅 모습 |
(출처: http://bit.ly/47cTf4l)

배가 안전하게 목적지로 가기 위해서 유능한 리더가 있으면 훨씬 수월할 것입니다. 많은 래프팅 경험이 있고 한 번 가본 적이 있는 길이라면 더욱 그러할 것입니다. 하지만 대부분 처음 가는 길입니다. 어디로 가야 한다는 목적만 명확한 상태입니다. 이 길을 헤쳐 나가기 위해서는 경험을 통해 학습해 나가야 합니다. 서로를 믿고 신뢰해야 합니다. 누가 무엇을 잘하는지 알아나가야 합니다. 자신이 가진 장점을 살릴 수 있는 위치에 앉아 서로를 격려해 주어야 합니다. 이 상황에서 리더는 성과를 내기 위해서 목표를 잘 세웠는지, 이것을 잘 달성했는지 평가하는 것이 우선이 아닙니다. 리더가 해야 할 일은 우리가 가야 할 이유를 제시하고 제공할 수 있는 모든 정보를 제공하는 것입니다. 그래야 구성원들이 현실을 인식하고 헤쳐 나갈 방법을 찾게 됩니다. 기업 내에서도 가능한 많은 정보를 오픈하면 구성원들은 이를 바탕으로 스스로 결정하고 행동할 수 있게 됩니다. 수평 조직이라는 게 뭡니까. 의사결정 단계를 줄인다는 것은 구성원들 스스로가 의사결정 해야 할 내용이 많아진다는 것입니다. 그러기 위해서는 구성원들이 자기주도적이어야 하고 올바른 결정을 내리기 위해서는 많은 정보를 가지고 있어야 합니다. 어느 지점에 장애물이 있는지, 30미터 전방에 물살의 정도가 어떠한지, 코너의 각도가 얼마나 깊은지 서로 공유할 때 무게중심을 신경 쓰며 올바른 방향으로 노를 젓게 될 것입니다.

> **우리는 왜 나아가야 하는가**
>
> 기업에서 수립하는 목표의 가장 일반적이고 기본적인 목표는 매출 목표입니다. 보통 성과주의 조직에서는 매출 목표가 가장 앞서는 경우가 많고, 가치지향 조직에서도 목표에 매출이 들어가는 경우가 적지 않습니다.
>
> 하지만 자율경영 조직은 매출 자체를 목표로 수립하지 않는 경우가 많습니다. 매출을 높이기 위해 일하는 것이 아니라, 고객 가치를 창출하기 위해 일하는 것이고, 매출은 고객 가치를 창출한 만큼 따라오는 결과라는 생각이 깔려있기 때문입니다. 따라서 CEO가 독려해야 할 것은 매출이 아니라, 일에 대한 '의미(Meaning)'입니다. 우리는 왜 이 일을 해야 하는지, 그것이 어떤 의미를 가지고 있는지, 그리고 정보를 제공한다면 구성원들은 스스로 판단하고 결정할 것입니다.

정기적인 피드백 미팅이
진행돼야 한다

성과관리가 제대로 운영되려면 진행 상황에 대한 정기적인 커뮤니케이션이 매우 중요합니다. 이를 위해 경영자는 팀 리더들과, 팀 리더는 팀 구성원들과 정기적인 미팅을 진행합니다. 이 미팅은 일주일에 한 번 내지 격주 한 번 정도가 적절하겠습니다. 보통 2주가 넘어가지 않도록 해야 합니다. 미팅 간 기간이 길어지면 이야기가 깊이 있게 들어가지 못하고 일반적인 이야기만 나누다 끝날 수 있습니다. 친구 관계를 생각해 봐도 그렇습니다. 매일 만나는 친구와는 구구절절 할 이야깃거리가 많지만, 어쩌다 한 번 만나는 친구와는 피상적인 이야기를 넘어서기가 어렵습니다. 그런 이야기들은 오히려 시간 낭비가 될 것입니다. 가급적 1주에서 2주 간격으로 1:1 미팅을 권장합니다. 이런 미팅을 체크-인(Check-in)이나 원 온 원(One On One)이라 부르기도 합니다. 미팅 주제는 업무에 대한 피드백입니다. 대화의 핵심은 두 가지입니다. '이번 주는 무엇에 집중하고 있는지', '어려운 부분이나 도와줄 부분이 있는지'가 중심입니다. 간혹 팀 리더 중에는 너무 바빠서 구성원들과 이야기 나눌 시간이 없다고 하는 경우도 있습니다. 하지만 이것은 팀 리더로서의 역할을 제대로 하고 있지 못하다는 것을 의미합니다. 구성원들의 상황을 챙기는 것이 팀 리더의 가장 중요한 역할 중 하나이기 때문입니다.

배달 어플 '요기요'를 운영하는 딜리버리히어로코리아는 매주 1회씩 팀장과 팀원이 체크인이라는 이름으로 피드백 미팅을 진행합니다. 유재혁 딜리버리히어로코리아 인재문화본부장의 말입니다.[34]

"연말평가는 성과를 평가하는 시간이 아니라 올해의 성과를 축하하고 내년의 계획을 생각하는 자리가 되어야지 자신의 평가결과를 듣고 깜짝 놀라는 자리가 되어서는 안 됩니다. 이를 위해서 주기적인 피드백이 이루어져야겠죠."

가이던스를 만들고
대응해야 한다

상향식, 수평식의 목표 수립 과정에서 CEO는 이런 고민이 생길 수 있습니다.

"목표 수립을 구성원들에게 맡겨놓았는데 목표 수준이 너무 낮다. 우리는 내년에 더 높은 수준의 성과를 만들어야 하는데…."

'현재의 목표 수준은 희망 수준이라서 현실적으로 달성 가능성이 낮은데…. 주주들에게 이 수치를 알려주기에는 좀 곤란할 것 같은데….'

앞서 이야기했지만 이런 고민은 별로 유익한 고민이 아닙니다. 목표가 높다고 해서 높은 성과가 나는 것도, 낮다고 해서 낮은 성과가 나는 것이 아니기 때문입니다. 이것은 단지 심리적인 문제일 뿐입니다. 여기서 경영자가 해야 할 중요한 역할이 있는데 바로 가이던스(Guidance)를 잡는 것입니다. 가이던스란 매출액, 영업 이익, 당기순이익 등 실적에 대한 기업의 예상 전망치를 말합니다. 목표치가 아니라, 전망치입니다. 보통 스케일업 단계의 기업이라면 전년도 재무 실적이 있을 것입니다. 지난 실적, 구성원들이 수립한 목표 수준, 외부 환경 변화 등 모든 정보를 종합하여 가이던스를 수립합니다. 이 가이던스가 얼마나 현실에 근접하는지가 경영자의 중요한 역량입니다.

현재의 가이던스보다 더 높은 성과를 만들고 싶다면 구성원들과 보다 심도 있게 이야기 나누어야 합니다. 사람을 더 채용해야 하는지, 광고비를 더 쓰면 되는지, 가격을 더 올려야 하는지, 외부 제휴를 늘려야 하는지, 인수합병을 진행할 것인지 등 가능한 방법을 찾을 수 있습니다. 성장을 추구하는 CEO의 전략적 판단이 됩니다. 확실한 것은 CEO가 조직의 목표 수준을 높인다고 해서 그렇게 되는 것이 아니라는 점입니다.

기업 실적에 대해 외부(투자자, 언론 등)와 공유해야 할 일이 있다면 이 역시 가이던스를 중심으로 하면 됩니다. 가이던스는 한 번 수립하면 끝나는 게 아니라, 매일매일의 진행 상황을 파악하여 정기적으로 변경될 것입니다.

성과주의 조직 (X이론 관점)	가치지향 조직	자율경영 조직 (Y이론 관점)
· 주로 하향식 목표 설정 · 조직 관리 목적이 강조 · 평가에 따른 외적보상 연계	· 상, 하향식 목표 설정 · 전략의 실행 향상 목적에 중점 · 성과평가와 보상과의 직접적 연계 지양 · 목표에 대한 의미 부여 · 피드백과 코칭 중심 · 정보 공유 노력	· 주로 상향식 목표 설정 · 전략의 실행 향상 목적에 중점 · 목표 압력은 불필요, 스스로 체크하고 실행 · 내재적 동기 중요 · 운동 경기 같은 목표 설정 · 동료기반 피드백 중심 · 최대한의 정보 공유

5장

인사평가

인사평가에 대한 이해

인사관리란 구성원들이 각자의 능력을 최대로 발휘하여 좋은 성과를 거두도록 체계적으로 관리하는 일을 말합니다. 이런 일을 전담하는 조직으로 인사팀[*]이 있지만 사실상 CEO와 팀 리더 모두 인사관리를 하고 있습니다. 팀 리더는 구성원들과 함께 일을 해나가는 관계에서 관리해 나갈 것이고, 인사팀은 조직의 구조적 차원에서 그 역할을 해나갈 것입니다. 승진, 보상, 교육, 인사이동 같은 것들을 통해서 말이죠. 이런 일들이 제대로 진행되려면 구성원에 대한 역량과 성과를 알아야 합니다. 이를 위해 '인사평가(Personnel Evaluation)'를 진행합니다. 성과관리 파트에서도 비슷한 이야기를 했지만 인사평가도 '평가'라는

---

[*] 요즘에는 '인사팀'보다는 HR팀, 피플팀 같은 명칭을 사용하는 기업들이 늘어나고 있습니다.

용어를 사용함으로써 평가에 집중하는 경향이 생깁니다. 용어를 좀 바꿔야 할 필요가 있습니다만, 현재 일반적으로 사용하는 용어라서 일단 그대로 사용하겠습니다.

아울러 인사평가 과정은 CEO가 만들어 가는 조직구조에 지대한 영향을 미칩니다. 사람이라면 누구나 좋은 평가를 받기 원합니다. 인사평가도 마찬가지입니다. 그리고 평가를 받고 나면 다음번에 무엇을 더 신경 써야 하는지 알게 됩니다. 이에 맞추어 행동과 태도를 적응시켜 갑니다. 따라서 어디에 비중을 두고 무엇을 어떻게 평가하는지에 따라 구성원들의 일하는 방식이 달라집니다. 인사평가는 구성원들을 움직이는 보이지 않는 손이 됩니다.

인사팀의 중심 업무, 인사평가

우선 일반적으로 인사평가가 어떤 방식으로 이루어지는지 살펴보겠습니다. 마침 어느 중견기업 인사 담당자가 실제 자신의 인사평가 업무를 설명해 놓은 유튜브 영상이 있어 그 내용을 중심으로 정리해 봤습니다. 우리나라 기업의 전형적인 인사평가 프로세스라고 볼 수 있겠습니다.

인사팀은 인사평가를 가장 중요한 업무라고 생각한다. 인사평가가 제대로 되어야 승진, 보상, 교육, 인사이동을 진행할 수 있기 때문이다.

인사평가는 보통 1년에 한 번, 연말에 진행한다. 연간평가이므로 1년이 모두 지난 다음 진행해야 하지만, 1월에는 연봉 계약, 성과급 산정, 승진, 당해 연도 목표 수립 확정 등이 진행되어야 해서 12월 중에는 마무리되어야 한다. 12월 실적은 대부분 결정되어 있을 것으로 추정하여 연말평가가 진행된다.

평가 방식은 팀장이 팀원을, 본부장이 팀장을 평가하는 하향식으로 진행한다. 팀원이 팀장을, 팀원 동료들끼리 서로를 평가하는 360도 다면평가를 시행해 본 적이 있긴 하지만, 구성원들에게 너무 과중한 평가 업무라는 의견이 많았다. 그래서 우리는 상사가 부하를 평가하는 방식으로만 진행한다. 사실 360도 다면평가는 진행하고 관리하는 인사팀 입장에서도 큰 부담이었다.

평가 내용은 성과평가와 역량평가로 나눠진다. 우리 회사는 팀장의 경우 60:40, 팀원의 경우 50:50의 비율이다.

성과평가는 연초에 상사와 합의해서 만든 목표가 평가 항목이 되고 해당 목표를 얼마나 달성했는지를 평가한다. 거의 모든 구성원이 서로 다른 목표 수준으로 결정되어 진행될 것이다.

역량평가는 직군, 직무, 직책에 따라 평가 내용이 달라진다. 리더십, 커뮤니케이션, 고객 중심, 기획력, 창의력 등이 있다.

평가가 끝나면 임원들과 인사팀으로 구성된 인재위원회를 통해 평가등급이 결정된다. S−A−B−C−D로 구분되며 S가 가장 높은 등급이다. 각 등급은 10%, 20%, 50%, 15%, 5%의 정규분포 비율로 결정된다. 예전에는 B−C−D가 40%, 20%, 10% 비율이었는데, 몇 년 전부터 하위 비율을 줄였다.

이렇게 등급까지 정해지면 팀 리더들에게 결과를 제공하고 팀마다 평가 결과 피드백이 진행된다. 그동안 인사팀은 이 과정이 잘 진행되고 있는지 많은 신경을 쓰고 있으며 승진, 성과급, 연봉 계약 등 후속 절차들을 부지런히 진행한다.

인사평가
기본 프로세스

앞에서 소개한 중견기업은 성과평가와 역량평가를 한다고 되어있습니다. 그리고 우리는 5장 성과관리의 서두에 인사평가 영역을 능력, 태도, 성과로 구분했었습니다. 이때 '능력'은 특정한 목적을 달성해 낼 수 있는 힘입니다. 창의력, 이해력, 지적능력 등이 해당됩니다. '태도'는 직무 수행을 효과적으로 하기 위한 움직임, 자세, 의욕이라 할 수 있습니다. 적극성, 협력성 같은 것들을 태도라고 볼 수 있습니다. '성

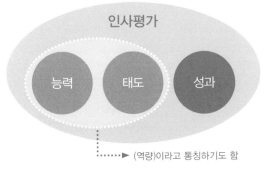

| 인사평가의 평가요소 |

과'는 목표 과업을 수행한 결과입니다. 능력이나 태도보다는 객관적으로 측정할 수 있는 영역이 됩니다. 그런데 누군가의 '커뮤니케이션 수준'을 평가한다면 이것은 능력일 수도 있고, 태도일 수도 있습니다. 그래서 능력과 태도를 통칭해서 '역량'이라 부르기도 합니다.

　이런 항목이 포함된 인사평가표 예제를 보겠습니다. 여기서 '구분' 항목에 업무 실적이라고 된 부분은 성과평가, 근무태도 부분은 태도평가, 능력 부분은 능력평가에 해당될 것입니다. 그런데 업무 실적 부분의 측정항목을 보면 업무 전반에 관한 종합평가에 가까워 보입니다. 목표 기반의 측정항목이라고 보기는 어렵습니다.

구분	평정요소	항목	내 용	매우우수	우수	양호	보통	다소뒤짐	뒤짐	인사사용란	
업무실적	업무의 양	속 도	업무를 신속하게 처리하며 지체되는 일은 없었는가.								
		지 속 성	어떤 일에나 차이 없이 끈기있게 했는가.								
		능 률	신속정확하게 낭비 없이 처리했는가.								
	업무의 질	정 확 성	일의 결과를 믿을 수 있는가.								
		꼼 꼼 함	지저분하지 않으며 철저하고 뒷처리를 잘 하는가.								
		성 과	일의 성과가 내용에 있어서 뛰어났는가.								
	종합		위의 관찰을 종합해 본 경우, 본인의 업무실적은 어떤가.								
근무태도	협조성	횡적 협조	스스로 동료와 협력하며 조직체의 능률향상에 공헌하는가.								
		상사와의 협 조	상사에 대해 협력하며 성과가 있는가.								
	근무의욕	적 극 성	일에 능동적으로 대처하려는 의욕은 어떤가.								
		책 임 감	책임을 회피하지 않으며 성실하게 일하려는 의욕은 어떤가.								
		연 구 심	넓고 깊게 일을 연구하려는 의욕은 어떤가.								
	복무상황	규 율	규칙을 준수하며 직장질서유지에 애쓰는가.								
		근태상황	지각·조퇴·결근 등 상황은 어떤가.								
		태도복장	직장에서의 언동·차림새가 깨끗하며 품위가 있는가.								
	종합		위의 관찰을 종합해 본 경우, 본인의 근무태도는 어떤가.								
능력	지 식	직무지식	담당업무의 지식이 넓고 깊은가.								
		관련지식	관련업무에 대한 기초지식은 넓고 깊은가.								
	이해판단력	신 속 성	규정, 지시, 자료 등을 바르게 이해하는 속도는 어떤가.								
		통 찰 력	사물의 요점을 파악하며 자주적으로 결론을 내릴 수 있는가.								
		타 당 성	내린 결론은 정확하며 타당한가.								
	창의연구력	연구개선	아이디어를 살리고 일의 순서개선이나 전진을 도모하고 있는가.								

| 인사평가표 예제 |

이런 방식의 인사평가표는 성과주의 문화가 커지면서 목표 대비 얼마나 달성했는지 구체화하는 쪽으로 변하게 됩니다. '목표에 의한 경영' 즉 MBO방식으로 전환되는 것입니다. 그래서 '업무 실적' 부분이 다음 〈목표 설정서 양식 예제〉처럼 변화됩니다. 업무 전반을 두루 뭉술하게 평가하는 것이 아니라, 목표를 구체적으로 수립하고 달성도에 따라 평가하는 방식입니다.

목표 설정서 양식 예제

목표	KPI	성과범위					비율	평가		
		S	A	B	C	D		자기 평가	1차	2차
고객 상담 만족	고객 상담 만족도	95% 이상	92~ 94%	90~ 91%	86~ 89%	85% 이하	50%			
내부시스템 업그레이드	내부 만족도	90% 이상	80~ 89%	70~ 79%	60~ 69%	59% 이하	30%			
역량 강화	상담교육 이수율	90% 이상	80~ 89%	70~ 79%	60~ 69%	59% 이하	20%			
합계										

여기에 개별 기업이 원하는 능력과 태도를 섞어 만든 역량평가가 진행됩니다.

역량 진단표 예제

역량	평가기준	평가척도				
		S	A	B	C	D
기획력	당면과제를 최대한 효과적, 효율적으로 해결하기 위해 요구되는 자원들을 선별, 할당하여 과정 상의 큰 그림을 잡고 체계적, 세부적인 계획 및 일정을 구성하는 능력	5	4	3	2	1
업무 추진력	업무 시작부터 완료시까지 주도적으로 인력들을 개입시키고 자원을 집중하여 업무가 원활히 추진되도록 이끔	5	4	3	2	1
커뮤니 케이션	상대의 기대나 욕구를 명확히 이해하고 이슈를 정확히 확인하며 동시에 자신의 의사나 요구사항 등을 다양한 방법을 통해 명확하고 알기 쉽게 표현하고 전달할 수 있는 능력	5	4	3	2	1
팀워크 지향	팀원들끼리 자주 의견을 공유하고 함께 일한다는 마음가짐을 갖음. 모든 팀 업무에 팀원들이 적극 참여하도록 함	5	4	3	2	1

그런데 역량평가가 진행되려면 회사 구성원들의 직군에 따라 필요한 역량을 진단하고 정의해야 하는데, 스케일업 단계에서 이 과정을 진행하기에는 시간과 비용이 부담스러울 것입니다. 현실적으로는 성과목표 외에 우리 조직에서 필요로 하는 행동, 태도, 가치체계, 우선시할 어떤 것들을 질문으로 만드는 것이 대안이 될 것입니다. 어느 기업은 이것을 정성평가서라고 이름 붙여 사용하기도 합니다. 정성평가서 예제의 평가 문항을 보면 성과목표의 빈틈을 메꿔주는 내용들을 주로 다루고 있습니다. 회사가 중요하다고 생각하는 것들에 대한 실행을 독려하기 위해 관련 문항으로 만들었다고 합니다.

정성평가서 예제

평가사항	평가자			
	본인	팀장	검토자	최종
1. 맡겨진 업무를 정해진 시간 내에 처리합니까?				
2. 우리 회사의 업무 개선을 위해 필요한 사항을 찾아내고 합리적인 대안을 제공합니까?				
3. 지속적인 자기계발을 통해 업무를 개선하여 창의성을 발휘하고 있습니까?				
4. 자신의 업무 외 회사 또는 조직 공통의 일에서도 적극적인 자세로 참여합니까?				
5. 약속된 사항(업무일지, 보고서 등)은 꾸준하고 성실하게 실행해가고 있습니까?				
6. 약속 시간을 잘 지키고 있습니까?				
7. 자신의 책상을 비롯하여 조직 물품 등을 깨끗하게 정리정돈하고 있습니까?				
점수 합계				

이렇게 성과평가와 역량평가를 합산하여 인사평가를 진행하고 인센티브, 급여 조정, 직무 이동, 개발 육성 등에 활용합니다.

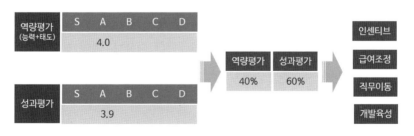

| 인사평가 반영 요소와 결과 활용 |

일반적으로 평가결과는 사내 조정회의를 통해 최종 확정합니다. 이 회의에서는 전체적 형평성을 위해 보정을 하거나 특별한 경우 평가자에게 추가적인 설명을 요청하기도 합니다. 물론 기업 규모가 작은 경우 대표가 최종 결정합니다. 기업의 규모와 특성에 따라 세부적으로는 차이가 있겠지만 전형적인 인사평가 방식의 흐름이라고 할 수 있습니다.

등급화, 서열화, 보상 연계

앞에서 예를 든 중견기업 인사평가 프로세스를 보면 인사평가 결과를 등급화, 서열화한 후 보상과 연계하고 있다는 것을 알 수 있습니다.

등급화라는 것은 구성원의 성과에 대해 상대적인 등급, 특정한 표현, 혹은 숫자를 부여하는 것을 말합니다. 즉, S등급, A등급, B등급 혹은 '탁월', '보통' 같은 표현이 그러합니다. 또한 이렇게 나온 결과를 바탕으로 구성원을 순서대로 나열하여 서열화합니다. 서열화할 때 각각의 비중은 정규분포 되어있다고 가정하여 S등급 10%, A등급 20%식으로 해놓습니다. 각 등급을 받을 수 있는 구성원의 비율을 미리 정해놓는 것입니다. 이런 방식을 상대평가라고 합니다. 이렇게 공정(?)하게 평가결과가 나오면 보상과 연계되어 다음 연도 연봉, 금년도 성과급, 승진 등에 영향을 미치게 됩니다. 등급화, 서열화, 보상 연계가 일반적인 인사평가 결과의 특징이라 할 수 있습니다. 우리나라의 경우

2015년 기준 대기업의 74%가 매년 상대평가로 등급을 매겼습니다.[35]

평가를 통해 등급을 매기고 순서를 나열한 후 결과에 합당한 보상을 제공하는 것은 너무나 합리적이라는 생각이 듭니다. 열심히 일해서 성과를 낸 사람이 좋은 대우를 받는 것이 당연한 일이니까요. 그런데 이 방식이 합리적이 되려면 중요한 전제가 있습니다. 바로 평가가 정확하고 공정하게 이루어져야 한다는 점입니다. 이 전제가 성립되지 않으면 등급화, 서열화, 상대평가, 보상 연계는 모래 위에 지은 집이 되고 말 것입니다.

2

인사평가에 대한 딜레마

정확한 평가의
어려움

능력에 따라 공정한 보상을 한다는 것은 자본주의 기업 조직하에 서 매우 적절해 보이는 문장입니다. 누구나 자신의 능력에 따라 합당한 대우를 받고 싶어 합니다. 문제는 공정한 보상을 위해서는 정확한 평가가 진행되어야 하는데 과연 이것이 가능한가에 대한 의문이 생깁니다.

역량평가에 대한 부분부터 보겠습니다. 역량평가를 하는 방식도 여러 가지가 있지만 규모 있는 회사의 경우 역량 모델에 따른 평가가 대표적 방법이라 할 수 있겠습니다.

기획팀 과장이라고 하면 이 직급에서 권장되는 역량 모델이 있습니다. 가령 기획력, 커뮤니케이션 능력, 창의력, 문제 해결력, 리더십 같은 것들이 중요한 역량이 될 것입니다. 그리고 이런 역량을 보유하고 있는지, 이러한 역량이 발현되고 있는지 평가합니다. 문제 해결력에 대한 평가를 위해 'ㅇㅇㅇ는 문제의 핵심을 정의하고 해결책을 도출하여 실행하고 있다.' 같은 문항을 주고 이에 대해 5점 또는 7점 척도로 평가하게 합니다. 7점 척도에서 7점을 주면 '아주 그렇다.'는 것을 의미하고, 0점을 주면 '전혀 그렇지 않다.'는 것을 의미할 것입니다. 그런데 한 번 더 생각해 보죠. '문제의 핵심을 정의하고 있다는 것'을 어떻게 판단하여 평가했을까요? '해결책을 도출하여 실행하고 있다.'는 것도 마찬가지입니다. 평가자가 피평가자를 하루 종일 관찰하면서 문제의 핵심을 잘 정의하고 있는지 확인할 수도 없고, 잘 정의한 경우와 그렇지 못한 경우를 합해 평균으로 계산할 수도 없습니다. 또 문제를 잘 정의하는 것과 해결책을 도출하는 것, 도출한 해결책을 실행하는 것은 또 다른 역량입니다.

사실상 이런 방식의 평가는 피평가자에 대한 평가보다 평가자가 어떤 생각과 기준을 가지고 있는지가 훨씬 더 중요한 변수가 됩니다. 이것을 '평가자 특성 효과(Idiosyncratic Rater Effect)'라고 부릅니다. 빈 컵에 물이 반쯤 차있을 때 어떤 사람은 '물이 반이나 차있다.'며 만족해하고, 또 어떤 사람은 '물이 반밖에 없네.'라며 불만족스러워합니다. 현상은 같으나 그것을 해석하는 것은 그 사람의 성격, 관점, 기분, 경험 등 평가자 특성에 따라 달라집니다.

'업무 처리 시 꼼꼼하게 진행합니까?', '어떤 일에나 차이 없이 끈기 있게 진행합니까?', '아이디어를 살리고 업무 개선에 힘을 씁니까?',

'회사에 대해 소속감과 긍지를 가지고 있습니까?', '스스로 동료와 협력하고자 합니까?' 같은 질문들은 모두 피평가자의 객관적 진실보다는, 평가자의 특성을 더 많이 반영한다 할 수 있습니다. 피평가자가 아무리 업무를 꼼꼼히 처리했다고 생각하더라도 평가자에게 깊은 인상을 주지 못했다면 7점 만점에 7점을 받기 어려웠을 것입니다. 피평가자가 아무리 좋은 아이디어를 많이 내더라도 평가자가 생각할 때 별로 좋은 아이디어가 아니라고 생각하면 아닌 게 되는 것입니다. 평가자에 따라 결과에 차이가 나게 되는 겁니다.

그밖에도 좋은 학교를 나오고 외모가 출중한 피평가자의 경우 '우수함'을 증명할 근거만 눈에 들어오는 경우가 있을 수 있습니다. 인지 편향 중 빈번하게 언급되는 확증 편향(Confirmation Bias) 오류입니다. 자신이 확신을 가지고 있는, 보고 싶은 것, 듣고 싶은 것만 보고 들리는 편향입니다.

개의 꼬리가 몸통을 흔드는 왝더독(Wag the Dog) 현상도 있습니다. 누군가 높은 매출을 달성하거나 중요한 계약을 여러 개 따내면 그 사람이 가진 다른 역량도 실제보다 높게 평가되는 경향입니다. 역량은 성과와 따로 떼어 평가해야 하나 성과를 보고 역량을 평가하게 되는 것입니다.

소문의 힘도 무시할 수 없습니다. 구성원의 역량을 직접 관찰하여 최대한 정확한 평가를 내려야 하지만 해당 구성원 주변의 소문을 듣게 되면 평가에 영향을 받는 경우도 적지 않습니다.

다음은 성과평가에 대한 부분입니다. 어쩌면 성과평가는 핵심성과지표(KPI)라는 구체적인 숫자가 제시되기 때문에 정확한 평가가 가능하다고 생각할 수 있습니다. 하지만 막상 진행해 보면 핵심성과지만 숫자로 만들기 어려운 경우가 많다는 것을 알게 됩니다. 모든 업무들을 숫자로 측정하는 것은 불가능하기 때문입니다. 핵심 숫자를 목표로 수립했다 하더라도 더 근본적인 문제들이 있습니다. 과연 그 목표가 적절한 수준의 목표였느냐 하는 것입니다. 조직에서 한 해, 두 해 일을 해보면 개개인이 어느 정도 수준에서 목표를 수립해야 하는지 판단할 수 있게 됩니다. 너무 높이 잡아도 안 되고 너무 낮게 잡아도 안 되지만 확실한 것은 달성 가능할 만큼 최대한 보수적으로 잡으려 노력한다는 것입니다. 개개인 목표의 난이도를 표준화하는 것도 불가능합니다.

더군다나 기업 환경의 변화가 상당히 빠르고 불확실합니다. 연초에 세웠던 목표는 한두 달만 지나도 상황이 달라지는 경우가 많습니다. 계획이 바뀌기도 하고 조직구조가 달라지고 심지어 맡은 역할이 달라지기도 합니다. 기업의 성장 단계가 스타트업, 스케일업인 경우는 그 정도가 더욱 심합니다. 성과를 공정하게 평가한다는 것이 정말 가능한 일인지 생각해 볼 필요가 있습니다.

평가만큼 보상받을 수 있는가

대부분 인사평가에 의해 금년도 인센티브나 다음 연도 연봉이 결정됩니다. 평가결과가 좋으면 연봉 인상 폭도 클 것이라고 기대하는 게 일반적입니다. 여기서 문제는 '인상 폭'에 대한 기대치입니다. 연봉

3,000만 원을 받고 있는데 인사평가에서 S등급을 받았다면 어느 정도의 연봉 인상이 적당할 것 같은지 재직자들에게 물어봤습니다. 그랬더니 3,600만 원에서 4,000만 원 정도라는 대답들이 나왔습니다. 노력도 했고 성과도 좋으니 이 정도는 받아야 인정받았다는 느낌이 날 것 같다고 했습니다. 하지만 회사의 입장은 다릅니다. 이 정도 금액은 15%에서 30% 수준의 인상률인데, 이런 식으로 연봉이 올라가면 몇 년 뒤 연봉이 지금의 두 배가 될 것입니다. 복리 효과가 있으므로 S등급 다섯 번이면 1억 원이 넘게 됩니다. 거기다 연봉은 한번 올라가면 내리기 어려운 하방경직성이 있어서 회사로서는 큰 부담이 될 수 있습니다.

인사관리 체계를 가진 회사라면 연봉 테이블에 따라 다음 연도 연봉이 결정되도록 구조화해 놓았을 것입니다. 회사마다 차이가 있지만 낮은 연차의 경우 연간 3~4%, 연차가 높아질수록 2~3% 수준으로 기본 인상률을 적용합니다.[*] 여기에 평가등급을 반영하여 성과급을 책정하는 방식이 됩니다.

만약 현재 연봉이 3,000만 원이고 전년에는 평균 수준의 등급을 받아 인사평가에 의한 성과급이 없었던 구성원이 있다고 합시다. 올해 S등급을 받는다면 내년에는 기본 인상 4%와 성과급 300만 원을 받게 된다고 합니다. 금액의 크고 작고를 떠나 일단 성과급을 받으니 기분이 좋습니다. 성과급까지 연봉으로 합산하면 3,420만 원이 될 것입니

---

[*] 승진을 하게 되면 별도의 기준에 의해 기본 인상률보다 높은 수준에서 연봉 인상이 되도록 설계됩니다.

다. 14%의 인상률입니다. 내년에도 열심히 해서 다시 S등급을 받았습니다. 그러면 다시 기본 인상 4%와 300만 원의 성과급 또는 그것보다 약간 인상된 성과급을 받을 수 있을 것입니다. 하지만 이 경우 전체 연봉 인상률은 전년도에 받은 금액을 기준으로 기본 인상률 정도 오른게 됩니다. 매년 S등급을 받는다 하더라도 특별히 높은 수준의 연봉 인상은 어렵게 됩니다(빠른 승진이 되어 승진에 따른 연봉 인상은 가능). 오히려 평가등급이 내려가면 전체 연봉이 줄어드는 효과가 생길 수 있습니다.*

구성원들은 성과가 좋으면 매년 높은 수준의 연봉 인상을 기대하지만 현실은 그렇게 되지 않을 가능성이 높습니다. 그러다 보니 일부 구성원들은 현재 회사에서 몇 년간의 경력을 쌓은 뒤 다른 기업으로 전직을 시도하기도 합니다. 현재 회사에서는 기본적으로 정해진 연봉표에 의해 제한된 인상률이 적용되는데 회사를 전직하게 되면 새로운 수준에서 인상된 연봉과 근무조건이 결정되기 때문입니다.

등급화, 서열화의
주객전도

평가가 공정하다는 공감대가 충분하지 못한 상황에서 평가결과를 가지고 90점 이상은 '우수', 80점에서 89점은 '보통'으로 나누고 각 등

---

* 기업마다 상이한 연봉 책정 방식. 연봉 테이블을 운영하고 있기 때문에 여기서 언급한 내용은 하나의 사례로 이해하시기 바랍니다.

급의 비율을 만들어 줄을 세우는 등급화, 서열화와 연계된 보상은 또 다른 불만족을 낳게 됩니다.

등급화, 서열화는 구성원들의 모든 관심을 평가등급에 집중시킵니다. 개인의 성과가 평가등급으로 결정되기 때문입니다. 그 결과들은 '우수' 등급을 받은 사람은 계속해서 자신보다 앞서있는 사람들을 파악하고 추월해야 한다고 생각하게 됩니다. '보통' 등급을 받은 사람은 '내가 보통이라니!'라며 실망하거나 동료와의 경쟁에서 이겨 탁월 등급을 받으려는 계획을 세우게 됩니다. 고객을 만족시키거나 조직에 기여하는 것도 중요하지만 동료와 경쟁하는 것이 중요해집니다. '약간 부족' 혹은 '부족'이 나오는 경우 냉소적이 되거나 해고에 대한 불안을 갖게 됩니다. 그렇게 되면 구성원은 평가의 공정성 이슈를 제기하거나 그럴 수밖에 없었던 상황을 핑계로 자신을 합리화시키는 노력을 하게 됩니다. 모두가 자신이 처한 입장에서 평가결과를 해석하게 됩니다.

그리고 등급화, 서열화되어 보상과 연결되는 순간, 내부 경쟁에 더욱 신경 쓰게 됩니다. 또 성과관리를 위한 목표 수립도 자기 자신을 중심으로 최대한 보수적으로 설정하게 되고, 달성 가능한 나름대로의 방법을 강구해 놓고 목표를 수립하게 됩니다. 평가가 엄격하면 엄격할수록, 보상의 차이가 크면 클수록 평가가 성과보다 더 중요한 요소로 인식될 수 있습니다.

개인이 가지는
근자감

　개인이 가지는 근자감(근거 없는 자신감)도 인사평가의 딜레마를 만드는 요인이 됩니다. 자기객관화가 부족하거나 자신의 역량을 과대평가하는 사람일수록 갈등이 커집니다. 이런 현상을 더닝-크루거 효과(Dunning-kruger Effect)라고 합니다. 인지 편향의 하나인데 능력 없는 사람이 잘못된 판단을 내려 잘못된 결론에 도달하지만, 능력이 없기 때문에 자신의 실수를 알아차리지 못하는 현상을 말합니다. 자신을 과대평가하고 있기 때문에 평가결과에 대한 불만이 커지는 것입니다.

　더닝-크루거 효과는 코넬대학의 데이비드 더닝(David Dunning)과 저스틴 크루거(Justin Kruger)이 논리적 사고 시험, 유머 감각, 문법 실력, 자동차 운전 등 여러 가지 실험을 통해서 제안한 개념입니다. 더닝과 크루거는 45명의 코넬대 학생들에게 논리적 사고 시험을 치르게 했습니다. 모두 스무 개 문항으로 이루어졌는데, 이들은 학생들에게 두 가지 질문을 했습니다.

　"자신의 논리적 사고 역량이 어느 정도 수준이라고 생각합니까?"

　"당신의 점수는 다른 학생들과 비교하여 몇 등정도 될 것이라 생각합니까?"

　학생들이 자신의 실력을 어느 정도 객관적으로 평가했다면 학생 전체의 평균값은 상위 50% 내외가 나왔을 것입니다. 그러나 학생들의 답변 결과 평균을 보니 자신의 논리적 사고 역량은 상위 34%, 시험 점수는 39%에 해당할 것이라고 했습니다. 일반적으로 자신의 능력을 과대평가하는 경향을 보여주고 있습니다. 그런데 더 흥미로운 점은 자신의 능력을 과대평가하는 경향은 시험 점수가 높은 학생들보다 낮은 학생들(하위 25% 이하)에게서 훨씬 크게 나타났다는 것입니다. 하위권에 있을수록 자신의 역량과 평가결과도 실제보다 더 높다고 생각하는 겁니다.

그래도 시험의 경우 정답이 있기 때문에 하위권 학생들도 그 결과를 인정할 수밖에 없습니다. 자신을 객관화하지 못했을 뿐이지, 그 결과에 대해서는 받아들일 수밖에 없습니다. 그런데 객관적인 정답이 없는 인사평가의 경우 끝까지 받아들이려 하지 않습니다. 불만만 쌓이고 있을 뿐입니다.

그래도 유지되는 인사평가

2022년 잡코리아에서는 인사평가를 마친 직장인 351명을 대상으로 인사평가 결과에 대한 만족도를 조사[36]했습니다. 그 결과 "만족스러운 평가를 받았다."고 답한 직장인은 24.2%, 나머지 75.8%는 "평가 결과가 만족스럽지 않다."고 대답했습니다. 대부분의

| 인사평가 결과 만족도 |

이유는 평가절차와 시스템 등을 신뢰할 수 없기 때문인 것으로 나타났습니다. 49.2%의 응답자가 "평가 방법과 기준이 공정하지 못하기 때문"을 불만족 사유 1위로 꼽았습니다. 그런데 여기서 눈여겨볼 점은 평가결과에 불만족하는 직장인 2명 중 1명인 50.8%는 이직 및 퇴사를 계획하게 됐고, 28.6%는 업무 의욕이 떨어졌다고 했습니다. 더 열심히 하려는 동기부여가 됐다는 응답률은 7.9%에 불과했습니다.

이 결과대로라면 인사평가를 한 번 하고 나면 10명 중 4명 가까이가 이직 및 퇴사를 계획한다는 의미가 됩니다. 구성원들을 내보내려고 인사평가를 하는 게 아닌데 말이죠.

잡코리아에서는 직장인들에게 인사평가제도 자체에 대해서도 의견을 조사했었습니다. "귀사의 인사평가제도는 합리적인가요?"라고 물었는데, 응답자 중 60.3%가 "불합리하다."고 답했습니다.[37] 이들이 불합리하다고 느낀 이유는 복수응답으로 "인맥 위주의 주관적인 평가(50.0%)", "미흡한 인사평

상반기 인사평가, 직장인 5명 중 2명만 '만족'
※ 상반기 인사평가를 마친 직장인 390명 대상 조사 결과, 자료제공: 잡코리아

- 만족, 39.7%
- 불만족, 60.3%

JOBKOREA

| 인사평가 제도 만족도 |

가제도(48.0%)", "직군, 업무특성 등을 무시하고 평가해서(획일화된 평가기준)(28.7%)"였습니다. 요약하면, 공정하고 합리적이지 않다는 것입니다.

2017년 대한상공회의소가 국내 직장인 700명을 대상으로 진행한 조사에서도 10명 중 7명이 인사평가제도를 신뢰하지 않는다고 응답하기도 했습니다.[38] 대부분 신뢰하지 않는다는 수준입니다. 그 이유로

는 "사내 정치에 좌우(59%)", "개인 이미지 위주 평가(41%)", "연공서열(36%)", "온정주의 평가(28%)"를 꼽았습니다.

이 조사에서는 인사평가에 영향을 미치는 항목을 제시하고 어떤 것이 평가에 영향을 미친다고 생각하는지도 물었습니다. 그 결과 조직 공헌도(38%) 보다는 평가자에 대한 충성도(62%)가, 조직 전체 이익 기여(26%)보다는 부서 이익 기여(75%)가, 업무 과정(29%)보다는 결과와 실적(70%)이, 도전, 혁신적 태도(34%)보다는 안전, 보수적 태도(66%)가 더 많은 영향을 미친다고 응답했습니다.

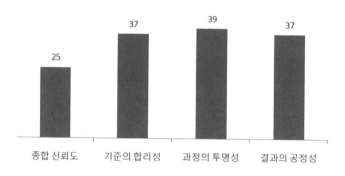

| 인사평가 관련 설문 결과(대한상공회의소 조사) |

인사평가가 개인과 회사의 성장에 도움이 되는가에 대한 질문에는 "모두 도움이 된다."가 17%, "모두 도움이 안 된다."가 44%로 3배가량 되었습니다. 동기부여 효과에 대해서도 "오히려 의욕을 꺾는다."가 43.5%, "아무 영향력이 없다."가 16.5%였습니다. 인사평가가 제대

로 진행되고 있는 것일까요?

　기업은 고객의 반응에 따라 계속해서 좋은 쪽으로 바꿔가며 진화해 갑니다. 기업은 고객의 60~70%가 불만족스럽다고 한다면 그 제품을 철수시키거나 무언가 혁신적인 변화를 마련하거나 했을 것입니다. 그런데 기업 구성원의 60~70%가 신뢰하지 않는다고 응답하는 인사평가제도는 왜 계속해서 진행되고 있을까요? 과거의 전형적인 방식으로는 안 될 것 같습니다. 보다 적극적인 변화가 필요할 것입니다.

2

인사평가의 추세와 시도

등급화, 서열화, 상대평가, 보상 연계 같은 전형적인 인사평가 체계에서 발생하는 여러 가지 딜레마를 해결하려는 시도가 진행되고 있습니다. 전반적인 흐름을 보면서 생각을 정리하고 우리 회사에는 무엇을 어떻게 적용할 것인지 살펴보겠습니다.

상대평가에서
절대평가로

"마이크로소프트는 직원에게 1에서 5까지 순위를 매기는 평가를 폐지한다. 순위평가는 직원들 사이에 불건전한 경쟁을 초래해 팀워크를 해치기 때문이다."

2013년 11월 월스트리트저널에 실린 당시 CEO 스티브 발머(Steve Balmer)의 인터뷰 내용입니다.[39] 좀 늦은 감이 있는 조치였긴 합니다. 스티브 발머는 2000년부터 2014년까지 CEO로 재직했고, 후반부로 갈수록 MS라는 거대공룡의 수명이 다된 게 아니냐는 평가를 받고 있었습니다. 시장은 PC에서 모바일로 넘어갔으나 MS는 모바일에서 자리를 잡지 못했습니다. 하드웨어는 애플에게, 소프트웨어는 구글에게 밀렸고, 태블릿도 애플과 삼성에 밀려난 상태였습니다. 2011년 비즈니스인사이더에는 주요 테크 기업들의 조직구조를 풍자한 그림이 실렸는데, 마이크로소프트의 이미지가 큰 화제였습니다.[40] 다른 기업들은 장단점이 있을 수 있는 조직구조를 보여주었는데, 마이크로소프트사의 조직구조는 딱 봐도 부정적으로 그려졌습니다. 비즈니스, 엔터테인먼트 및 장비, 플랫폼 제품 및 서비스의 세 개 사업 부문이 독립채산제로 운영되며 치열한 내부 경쟁 상황을 표현한 그림이었습니다. 부서 간에 총을 겨누고 있었습니다. 같은 회사 구성원끼리 말이죠.

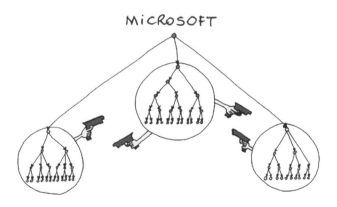

| 마이크로소프트의 조직도 풍자 카툰 |

이런 구조적 특징의 배경에는 스택 랭킹(Stack Ranking) 시스템이 자리 잡고 있었습니다. 스택 랭킹 시스템은 GE의 잭 웰치가 실행하여 유명해진 제도로 등급화, 서열화, 보상 연계의 전형이었습니다. 팀별로 구성원의 성과를 평가 후 점수에 따라 순서를 매깁니다. 정해진 비율에 따라 '탁월', '평균', '부족' 등의 등급을 나누고 고성과자에게는 포상을, 저성과자는 페널티를 주는 방식입니다.

마이크로소프트에 입사할 수준의 사람이라면 대부분 상당한 실력이 있는 사람들이라 할 수 있을 텐데, 이 안으로 들어가면 다시 1등부터 꼴등까지 순서가 정해지는 것입니다. 더군다나 팀 내에서도 상대평가가 진행되기 때문에 팀워크가 좋아도 결국 서로를 평가해야 하고 누군가는 최하위가 됩니다. 스티브 잡스(애플 창업가), 마크 저커버그(페이스북 창업가), 래리 페이지(구글 창업가), 제프 베조스(아마존 창업가)로 팀이 만들어졌다면 연말평가를 통해 한 명은 우수, 두 명은 보통, 나머지 한 명은 업무 미달자로 평가되는 겁니다. 그나마 이런 평가가 정확하고 공정한 방식으로라도 진행된다면 납득이 될 텐데, 서로 다른 목표, 서로 다른 강점, 서로 다른 업무, 서로 다른 스타일로 순서를 매긴다는 것은 확실히 불합리해 보입니다. 그러다 보니 구성원들은 상대평가에서 좋은 평가를 얻기 위해 업무 외적인 부분까지 신경 쓰게 됩니다. 평가자의 눈치를 본다든지, 사내 정치를 한다든지, 정보를 독점한다든지 하는 것처럼 말입니다.

이런 방식의 조직 관리체계가 활성화된 것은 GE의 영향이 컸을 것입니다. 잭 웰치 시절의 GE가 이런 방식으로 성장했고, 당시에는 이러한 성과주의 경영 방식이 크게 각광받았습니다. GE의 주가는 연일 상승했고 모든 미디어에서도 잭 웰치를 띄워주었으니까요. 하지만, 불확실성이 높고 개개인의 창의성과 팀워크가 중요해지는 상황에서는 어울리지 않았습니다. 그래서 늦은 감이 있었지만 스티브 발머의 CEO 재직 마지막 해에 스택 랭킹 시스템을 폐지하게 됩니다.

흥미로웠던 부분은 이 소식을 들은 GE의 전 CEO 잭 웰치의 반응이었습니다. 웰치는 이튿날 월스트리트저널과의 인터뷰에서 스티브 발머의 인터뷰 내용에 대해 이렇게 반박했습니다.[41]

"직원 간에 순위를 매기면 팀워크를 해친다고 생각하는 사람이 많다. 팀워크를 평가기준에 반영하고 보상을 줘라. 팀워크가 좋아질 것이다. 내가 보장한다."

일견 그럴듯한, 정말 신박한 표현입니다. 등급화, 서열화가 팀워크를 해친다는 것은 오해다, 팀워크를 평가기준에 넣고 계속 등급화, 서열화하면 문제가 해결된다는 겁니다. 하지만 GE도 2015년, 30년 넘게 유지해 온 '10%룰(인사평가 결과 하위 10%는 해고)'을 폐지하겠다고 선언합니다.[42] 1년에 1회 진행하던 인사평가를 상시 평가로 바꾸고 상대평가를 절대평가로 전환하기로 합니다. 한 발 더 나가 모바일 앱으로 업무 진도와 실적에 관해 의견을 받을 수 있는 시스템을 운영하기에 이릅니다.

2014년 마이크로소프트의 새 CEO를 맡게 된 사티아 나델라(Satya Narayana)는 본격적으로 조직문화 개선에 나서게 됩니다. 구성원들의 사기를 꺾고, 평가에 소요되는 시간이 너무 많고 비효율적이라 생각하여 상대평가를 폐지하고 개인의 성장과 팀워크에 초점을 맞추었습니다. 평가요소에는 동료와의 관계를 포함시켜 '동료의 업무에 어떤 기여를 했는지' 같은 질문에도 답하도록 했습니다. 이전에는 구성원들이 프로젝트를 진행할 때 자신보다 더 나아 보이는 동료와 함께 일하기를 꺼려했다고 합니다. 개인이 알고 있는 유용한 정보도 구성원들끼리 필요한 만큼만 소극적으로 공유하는 특성까지 생겼습니다. 능력 있는 동료에 의해 자신의 평가가 낮아지는 것을 염려한 것인데, 평가의 기준이 절대평가로 변경되고 동료와의 관계가 중요한 요소가 됨으로써 서로를 견제하는 기존의 조직문화에서 벗어나기 시작했습니다.

GE, 직원들이 등급을 원한다?![43]

2016년 등급제를 폐지하고 절대평가를 도입한 GE에서는 2021년 폐지했던 등급제가 다시 부활되었습니다. 이유는 직원들이 원해서라고 합니다.

"등급 부활은 직원들이 원한 부분입니다. 직원들 입장에서는 순위가 매겨지는 것은 싫지만 자신이 얼마나 잘하고 있는지는 확인받고 싶어 해요. 따라서 등급이 보상과 직결되지 않고 성장을 돕는 수단이 되도록 새롭게 디자인했습니다."

이미라 GE코리아 HR 총괄 전무의 언급입니다. 이때의 등급은 기존의 1~5까지의 순위가 아니라 직원 스스로 위치를 파악할 수 있는 메시지 형태라고 합니다. 등급제는 아닙니다. 하지만 위치를 파악하려면 평가가 필요하고 이를 통해 서열제를 시행한다는 것입니다. 자신이 얼마나 잘하고 있는지 알기 위해 동료들과 비교하는 방법밖에 없었을까요? 정말 구성원들이 원한 것이었을까요? 성과주의 경영의 대명사였던 GE로서는 절대평가와 상시 피드백 방식으로는 인사관리가 어렵다고 본 것일까요?

연간평가에서
상시 피드백으로

일반적인 인사평가는 연말에 세운 목표를 1년 단위로 평가하는 프로세스입니다. 경영 환경의 변화가 빠르지 않고 핵심 사업이 시장에서 자리를 잡아 1년 단위 사업 계획으로도 문제없던 시대, 조직구조가 커지고 위계적으로 구성되어 각자의 자리에서 맡은 바 역할을 다하면 되던 시대에는 연간 단위 인사평가가 적절한 방법이었을 것입니다. 하지만 지금은 그렇지 않습니다. 이제 연간 단위 평가로는 제대로 된 평가가 이루어지기 어려운 상황입니다. 몇 달 전 수립한 목표는 환경 변화에 따라 수정해야 할 수밖에 없고, 프로젝트나 팀이 달라져 아예 전혀 다른 목표를 세워야 하는 경우들이 발생합니다. 9월에 부서가 달라지면 지난 9개월을 이전 부서의 상사가 평가해야 할지 3개월 동안의 성과에 대해 현재 상사가 평가해야 할지도 애매합니다.

거기다 1년에 한 번씩 하다 보니 최신효과(Recency Effect; 가장 나중에 제시된 정보가 가장 잘 기억에 남는 현상을 일컬음)에 의해 연말에 뭔가 성과를 낸 사람, 연말에 눈에 띄는 사람이 더 좋은 평가를 받기도 합니다. 연초에 잘했던 것은 기억이 잘 나지 않기 때문에 말입니다.

그래서 기업들은 연간 1회 진행하던 평가를 1년에 두 번 혹은 1년에 분기별로 네 번 시행하기도 합니다. 최근에는 정보기술의 발전으로 인해 아예 상시평가, 상시 피드백이 가능해졌습니다. 여러 기업들이 스마트폰을 활용한 상시 피드백 제도를 운영하게 되었습니다.

그래픽 소프트웨어로 유명한 어도비(Adobe)사도 여느 기업과 마찬가지로 연말평가 시스템을 운영했습니다. 매년 관리자들은 구성원 평가에 수십 시간을 소모해야 했고, 계산해보니 매년 8만 시간이 평가를 위해 사용되고 있었습니다. 문제는 이 시간이 유용하면 좋은데 힘들고 불만스러웠다는 것입니다. 매년 2월이면 전년도 평가결과에 실망한 직원들의 대규모 이직도 관례가 되었습니다. '연말에 진행하는 평가는 기억에 의존해야 한다.', '매년 직원들끼리 경쟁시키는 것은 불공정한 처사다.', '연말평가 과정에는 효과에 비해 지나친 시간과 노력이 투입된다.' 같은 문제의식을 느낀 어도비사는 2012년 연말평가 제도를 폐지하고 체크-인(Check-in)이라는 새로운 체계를 도입합니다. 이 시스템에서는 관리자와 구성원이 공동으로 목표를 수립하고 이를 기반으로 분기별 정기 피드백과 수시 피드백이 이루어집니다. 이 과정을 통해 관리자들은 목표 달성을 위해 지속적인 조언과 지원을 제공합니다. 그리고 이 과정은 단지 업무에 관한 것뿐만 아니라 구성원의 성장에도 관심을 갖고 진행합니다. 관리자들에게는 체크-인 과정을 통해 별도의 평가나 순위를 매기는 작업 없이 차년도 연봉과 보너스를 결정할 수 있도록 책임과 권한을 위임했습니다. 어도비에서는 체크인 시스템의 핵심을 목표와 기대, 정기적 피드백, 경력 개발과 성장으로 삼고 여기에 집중하고 있다고 합니다.[44]

어도비는 체크-인 프로세스 툴킷에서 구성원들 간에 생산적인 대화를 나눌 수 있도록 '롤 모델링 체크인(Role Modeling Check-in)'[45]이라는 자료를 만들어 서로 이야기할 내용을 미리 제시해 주고 있습니다. 어도비는 이를 통해 연간평가를 없애고 주기적인 피드백을 통해 목표한 바를 이루기 위한 노력, 그리고 개인의 성장에 집중할 수 있게 했습니다. 평가가 중심이 아니라, 피드백을 중심으로 성과를 견인할 수 있도록 했습니다.

이런 방식의 시스템은 GE에서도 PD(Performance Development)라는 제도로 운영되고 있습니다. PD@GE라는 PC와 스마트폰용 앱을 만들어 각자의 업무에 대한 피드백을 매니저와 동료들에게 요청할 수 있게 되었습니다. 매니저와 동료는 해당 구성원의 행동이 'GE다움'을 따랐는지를 기준으로 그렇다고 생각하면 '계속(Continue)' 버튼을, 그렇지 않다고 생각하면 '재고(Consider)' 버튼을 누르고 피드백하도록 했습니다.

어도비의 체크인 프로그램 도입 전후 비교

	도입 전(연간평가)	도입 후(체크-인)
우선순위 결정	연초에 수립하고 이후 자주 확인하지 않음	정기적으로 매니저와 토론하고 수정함
피드백 프로세스	성과 자료 제출, 피드백 요청, 리뷰 작성에 오랜 과정 필요	형식적인 리뷰나 문서 작성 없이 피드백과 대화가 진행
보상 결정	임금 인상 및 지분 결정을 위한 각 직원의 등급과 비율을 정하는 부담스러운 과정	형식적인 등급이나 서열 없이, 매니저는 성과에 기반한 급여와 지분을 결정
미팅 분위기	피드백 세션은 지속적이지 않고 모니터 되지 않음. 평가가 논의되는 연말에 직원 생산성이 급상승 됨	피드백은 일상적으로 이루어지며, 피드백 대화는 분기별로 진행. 지속적인 토론과 피드백을 기반으로 직원 생산성이 연중 지속됨
인사팀 역할	인사팀은 인사관리 프로세스를 완료하기 위해 서류작업과 절차를 관리	인사팀은 직원과 매니저가 건설적인 대화를 나눌 수 있도록 지원
교육 및 자원	인사팀이 관리자 교육과 연간평가 필요 자원 제공	필요할 때마다 도움과 해답을 제공함

결과 중심에서
목적 중심으로

인사평가를 상대평가 방식으로 진행한다면 그 결과를 등급화, 서열화해야 합니다. 그러기 위해서는 점수화할 수 있도록 평가가 진행돼야 합니다. 그래야 정확한 결과가 나올 수 있습니다. 지난 수십 년간 이런 방식의 인사평가가 진행되었습니다.

인사평가나 성과평가의 목적은 조직이 목적한 바를 이룰 수 있도록 구성원들을 진단하고 성과를 향상시킬 수 있는 구조를 만드는 것입니다. 하지만 지금까지의 인사평가는 구성원들의 관심을 평가라는 결과에 주목하게 만들었습니다. 우리는 평가를 위해 일하는 것이 아닙니다. 우리는 조직의 목적을 위해 일하는 것입니다. 그 목적에 기여할 것이고, 그 과정을 통해 스스로도 성장하며 자신의 욕구를 실현하는 것입니다. 그것이 목적입니다.

평가를 통해 그 결과를 활용하려는 관점을 버리면 목적 중심의 평가 방식을 택할 수 있습니다. 최근에는 성과평가와 인사평가를 분리하고 각각의 목적에 부합시키려는 경향이 나타납니다. 성과평가는 성과 향상에 집중하고, 인사평가는 조금 더 넓게 개인과 조직의 발전 관점에서 살펴보는 것입니다.

에어비앤비의 인사평가는 실리콘밸리 IT 기업들에서 일반적으로 사용되는 수준의 인사평가 양식입니다.[46] 보통 1년에 2회 정도 진행되며 자기평가 후 360도 리뷰 평가가 진행됩니다.

에어비앤비(AirBnB)의 인사평가(자기평가 양식)

	자기평가
무엇을 하였습니까? What	1. 가장 자랑스러운 업적 두세 개는 무엇입니까? 2. 당신은 레벨에 비추어 지난 6개월을 어떻게 평가하겠습니까?(5단계 척도)* 3. 당신이 한 일이 팀의 성과에 어떻게 기여했나요?(5단계 척도)
어떻게 하였습니까? How	1. 우리 회사의 핵심가치관 중에 가장 잘 실천한 것은 무엇입니까? 2. 우리 회사의 핵심가치관 중 더 잘 실천해야 할 것은 무엇입니까?
어떻게 성장할 계획입니까? Growth	1. 당신은 어떤 강점을 가지고 있습니까? 2. 다음 6개월 동안에 반드시 이루거나 성장하고 싶은 영역을 한 가지만 고르면 어떤 것인가요?

이 평가 질문들은 크게 세 가지로 나눠집니다. 지난 기간 동안 무엇을 했는지, 어떻게 했는지, 그리고 향후 어떻게 성장할 것인지를 묻고 있습니다.

무엇을 하였는지는 조직에 기여한 바와 개인이 이룬 성과를 중심으로 기술하도록 합니다. 특히 개인의 업적뿐만 아니라, 조직성과를 위해 기여한 부분을 묻고 있습니다.

어떻게 하였는지는 회사의 가치체계에 부합하는 우리다움을 실행했는지 묻습니다. 회사가 지향하는 미션, 비전, 핵심가치 등에 맞게 행동하고 있는지 돌아보게 합니다.

---

* 5단계 척도: 기대에 못 미침(Does Not Meet Expectations), 일부 기대에 부응함(Meets Some Expectations), 모든 기대에 부응함(Meets All Expectations), 기대 이상의 성과를 보임(Exceeds Expectations), 기대를 매우 크게 초과달성함(Greatly Exceeds Expectations).

어떻게 성장할 계획인지는 개인의 성장에 관한 내용입니다. 무엇에 강점이 있는지에 따라 역할을 조정할 수 있습니다. 향후 이루거나 성장하고 싶은 분야를 공유함으로써 개인의 성장을 위해 함께 노력할 부분을 논의할 수 있게 합니다.

이 중 척도평가가 필요한 경우, '기대를 매우 크게 초과달성함', '기대 이상의 성과를 보임', '모든 기대에 부응함', '일부 기대에 부응함', '기대에 못 미침' 같은 5점 척도에서 상황을 선택하도록 합니다. 이런 방식으로 개인평가, 360도 다면평가, 그리고 상사평가가 진행된 후 피드백 미팅을 갖게 됩니다. 대부분 '모든 기대에 부응함'을 받게 되고, '일부 기대에 부응함'은 경고 정도, '기대에 못 미침'을 받으면 수행개선 계획을 세우게 됩니다. '기대 이상의 성과를 보임' 또는 '기대를 매우 크게 초과달성함'을 두 번 정도 받으면 다음 레벨로 승진하게 됩니다.

이 문항들을 보면 그 의도가 '평가하여 점수화하기 위한 것'이 아니겠구나 하는 것이 느껴질 것입니다. 평가결과를 통해 구성원을 관리하는 게 아니라, 개인과 조직의 성장이라는 목적에 보다 부합하려는 방식이라고 하겠습니다.

평가 중심에서
코칭 중심으로

대개 인사평가가 마무리되면 평가결과에 대한 피드백 미팅을 진행합니다. 전반적인 인사평가 결과를 공유하고 특이한 점이 없는지 확인합니다. 이때 구성원의 기대치보다 낮은 평가결과가 나온 항목이 있다면 그 이유를 물어볼 것입니다. 팀장과 팀원 관계였다면 팀장이 피드백을 제공할 것입니다. 팀장이 이런저런 이유로 인해 그런 결과가 나온 것 같다고 피드백을 제공합니다. 팀원은 조금 더 구체적으로 알려달라고 합니다. 그래서 판단의 근거가 되었던 해당 상황에 대해 조금 더 구체적인 이야기를 해줍니다. 그럼 팀원은 '그때 그건 어쩔 수 없는 상황'이었다고 방어합니다. 평가결과가 심각할수록 인정하지 않으려고 하고 불편한 관계에 직면하게 됩니다. 끝끝내 인정하기 어려운 상황인 경우 구성원은 냉소적이 되거나 적개심을 갖게 됩니다. 이런 상황은 피드백이 평가 점수에 연결되다 보니, 서로 민감해질 수밖에 없습니다.

피드백을 제공하는 팀장도 자신의 역할에 대해 어려움을 호소합니다. 본인이 재판관인지 변호사인지 헷갈린다는 것입니다. 평소에 팀장은 팀원과 같은 팀에서 함께 일하며 팀원의 업무 능력 향상을 위해 도와주고 지원하고 그랬습니다. 그런데 인사평가 시즌에는 평가결과를 통보하며 당신의 이런저런 점이 부족했다고 말하고 있는 자신을 발견하게 되면 곤혹스러워집니다.

최근의 인사평가는 부정적 피드백보다는 향후 방향에 대한 코칭 중심으로 진행됩니다. 전달해야 할 부정적 피드백은 이미 정기적으로 진행하고 있는 1:1 미팅을 통해서 전달할 것을 권장하고 있습니다. 구성원에게 부족한 부분이 있으면 연말에 모아서 하는 게 아니라 그때그때 피드백해야 한다는 것입니다. 2023년 8월 5일 신규 사업 제안 프레젠테이션을 하는데 주어진 시간에 비해 준비한 내용이 많아 말이 너무 빨라졌다면 어떻게 해야 할까요? 2023년 12월 20일 연말 미팅에서 알려주어야 할까요? 바로바로 알려주어야 할 겁니다. 최소한 격주에 한 번씩이라도 피드백, 코칭 미팅을 진행하며 공유해야 합니다. 연말까지 기다릴 필요가 없는 것입니다.

평가 미팅의 목적은 구성원들의 성과와 역량을 함께 리뷰하고 증진시킬 수 있도록 피드백과 코칭으로 바뀌고 있습니다. '평가'는 과거에 집중할 수밖에 없는데, '코칭'은 과거를 기반으로 미래를 설계하게 됩니다.

자율경영 기업으로 알려진 썬하이드롤릭스(Sun Hydraulics)*는 평가 미팅에서 구성원들이 조직에 어떤 기여를 했는지, 무엇을 기여하고 싶은지, 그것을 위해 무엇이 필요한지를 논의하자고 합니다. 밥 코스키(Bob Koski) 대표는 "동료들이 모두 완벽하고 개선의 여지가 없다는 것이 아니다. 하지만 그런 피드백은 그런 일이 생길 때 즉석에서 이루어져야 한다. 연말평가 시기까지 말을 하지 않거나 기다려서는 안 된다."고 주장합니다.

평가미팅을 위한 질문 가이드(썬하이드롤릭스)

질문
1. 종업원에게 그들의 감탄할 만한 특징들을 말하라.
2. 그들이 썬하이드롤릭스에 어떤 기여를 했는지 물어보라.
3. 그들이 썬하이드롤릭스에서 기여하고 싶은 것이 어떤 것인지 물어보라.
4. 썬하이드롤릭스가 그들을 어떻게 도울 수 있는지 물어보라.

---

* 　1970년에 설립된 유압 밸브 전문 기업. 자율경영 조직으로 많이 인용되는 회사.

전반적으로 평가보다 조직에 대한 기여와 구성원이 함께 성장할 수 있도록 하는 코칭 중심의 미팅이라 할 수 있습니다. 논의의 주제는 구성원이 조직에 대한 기여도를 높이는 방법과 이를 위해 조직에서 도와줄 일, 그리고 개인의 성장을 위해 무엇을 어떻게 할 것인지와 조직에서 도와줄 일을 핵심 주제로 합니다.

상사평가에서
다면평가로

인사평가라고 하면 주로 상사가 부하직원을 평가하는 것이 일반적이었습니다. 하지만 상사 혼자의 판단은 신뢰성에 대한 도전을 받게 됩니다. 또한 상사가 보지 못하는 부분이 있을 수도 있고, 평가자에게만 잘 보이면 된다고 생각하는 피평가자의 기회주의적인 면도 배제할 수 없게 됩니다. 그런 가운데 등장한 것이 다면평가입니다. 다면평가란 상사에 의해서만이 아니라 자기 자신, 동료, 상사, 부하, 내외부 고객 등 다양한 원천으로부터 진행하는 것을 의미합니다.

에어비앤비(AirBnB)의 경우, 1년에 두 번 인사평가를 진행합니다. 평가 시즌이 되면 어떤 일을 어떻게 했는지와 자신의 성장 내용을 기재하여 자기평가를 진행합니다. 자기평가가 끝나면 해당 내용은 회사 전체에 공개됩니다. 그리고 자신의 매니저를 포함 다섯 명 내외의 리뷰어(Reviewer)를 선정합니다. 대부분 같은 팀 구성원과 외부팀원을 일부 포함시킵니다. 주니어 레벨인 경우 같은 팀 구성원들로 구성되는 경우가 많고, 높은 레벨의 경우 다른 팀 구성원들의 비중을 높입니다. 다른 팀 구성원들로부터 좋은 평가를 받는다는 것은 자신의 기여도가 크다는 것을 보여주며 승진을 위해 필요한 과정이 됩니다. 이렇게 선택한 리뷰어들은 매니저의 승인을 거쳐서 진행합니다. 이때 리뷰어는 친한 사람들이나 유리한 사람들로만 선택하지 않아야 하고, 갈등이 있는 사람을 배제하지 않으며, 한 사람에게 몰리는 것을 조정하는 수준에서 결정됩니다. 동료들의 평가 양식도 자기평가 질문과 유사합니다.

에어비앤비(AirBnB)의 인사평가(동료평가 양식)

동료평가 [47]	
무엇을 하였습니까? What	1. 평가대상자와 밀접하게 일한 한두 개의 프로젝트는 무엇입니까? 2. 결과, 양 모든 측면에서 평가대상자는 프로젝트에 어떻게 기여했습니까?(5단계 척도) 3. 대상자가 한 일이 팀성과에 얼마만큼 기여했나요?(5단계 척도)
어떻게 하였습니까? How	1. 우리 회사의 핵심가치관 중에 가장 잘 실천한 것은 무엇입니까? 2. 우리 회사의 핵심가치관 중 더 잘 실천해야 할 것은 무엇입니까?
어떻게 성장할 계획입니까? Growth	1. 평가 대상자는 어떤 강점을 가지고 있습니까? 2. 다음 6개월 동안에 평가대상자가 더 큰 기여를 하기 위해 성장할 영역을 한 가지만 고르면 어떤 것인가요?

이러한 다면평가는 여러 가지 장점을 가지고 있습니다.

첫째, 평가의 신뢰성을 높일 수 있습니다. 아무래도 상사 혼자 평가하는 것보다 함께 일해온 이해관계자들이 함께 평가함으로써 신뢰도를 높일 수 있습니다. 평가자 1인이 갖게 되는 다양한 인지적 편향을 줄일 수 있는 방법이 됩니다. 둘째, 풍부한 피드백을 얻을 수 있습니다. 자기 자신을 돌아보는 데 큰 도움이 됩니다. 자신과 함께하는 사람들의 다양한 관점의 피드백은 자신을 성찰할 수 있는 좋은 기회가 됩니다. 셋째, 더닝-크루거 효과를 해결하기 위한 대안이 될 수 있습니다. 간혹 자기 자신의 역할에 대해서는 전혀 문제가 없고 오히려 상사나 평가제도의 문제라고 주장하는 사람이 있습니다. 그런 경우 여러 사람들의 피드백은 자기객관화가 되지 않는 구성원에게 평가자 공통의 의견을 제공함으로써 상사 혼자 감당해야 할 부담을 줄여줄 수 있습니다. 넷째, 회사가 가진 미션, 비전, 핵심가치에 대해 다시 한번 생각하고 집중할 수 있는 시간을 제공합니다. 다면평가 시에 많은 경우 기업의 미션, 비전, 핵심가치에 기반한 피드백을 제공하도록 되어있는 경우가 많습니다. 기업의 가치관에 대해 생각해 보고 다른 사람들의 태도나 행동을 연결지음으로써 이에 대해 깊이 있게 생각할 수 있도록 하고, 자기 스스로를 돌아볼 수 있는 기회가 만들어집니다.

이런 장점으로 인해 미국 테크 기업들은 대부분 다면평가를 인사평가의 일부분으로 활용하고 있습니다. 그런데 다면평가의 필요성에 대해서는 공감하지만 우리나라에서 쉽게 적용되지 못하고 있는 것 또한 현실입니다. 어떤 이유일까요?

첫째, 동료들을 평가하는 것에 대한 불편함입니다. 특히 부정적 피드백을 남겨야 하는 상황이라면 마치 고자질이라도 한 것 같은 마음이 듭니다. 거기다 이런 평가 내용이 혹시라도 노출되는 일이 생기지 않을까 하는 걱정도 있습니다.

둘째, 자신에 대한 동료들의 부정적 평가를 받아들이기 어려워합니다. 이것은 우리 정서에 있는 '체면'과 연관된 것 같습니다. 이코노

미스트의 한국 특파원이었던 다니엘 튜더는 "한국 사회에서 체면은 '내가 누구인가'가 아니라, '내가 누구여야 하는지'의 문제이기 때문에 체면 인플레이션이 심각하다."[48]고 했습니다. 그래서 남들이 나를 보는 눈에 많은 신경을 쓰고 있는데, 특히 부정적 평가 내용을 보게 되면 굉장히 당황하기 마련입니다. 예상치 못한 평가나 피드백을 받으면 이런 반응이 나옵니다. "이게 뭐야!", "어떤 ×이 이런 평가를 했어?", "그때는 그럴 수밖에 없었잖아. 이렇게 평가하면 안 되지.", "어떤 × 인지 찾아내고야 말겠어!, 이건 아니지."

셋째, 현실적으로 평가에 대한 시간 부담이 큽니다. 아무래도 다면 평가를 진행하면 한 사람이 여러 명을 평가해야 하기 때문에 시간이 많이 들고, 취합하여 정리하는 사람들도 복잡성과 관리의 부담이 커집니다. 그래서 최근의 다면평가는 시간적 부담을 줄일 수 있도록 문항 수를 최소화하거나, 소프트웨어를 활용해 효율을 높이는 방향으로 진행되고 있습니다. 그래도 시간 부담이 큰 것은 현실입니다. 이렇다 보니 이런 방식의 평가는 한두 번 시범적으로 진행되다 없애는 경우가 많습니다.

아마존(Amazon)에서 12년 동안 근무했던 박정준 님의 언급입니다. 12년 동안 매년 꾸준히 다면평가를 진행해 왔는데, 여전히 심리적 불편을 토로했습니다.[49]

시간만 많이 드는 것이 아니라 썩 마음에 들지 않는 일이기도 했다. 자라온 문화 탓인지 당사자 모르게 이런저런 말을 쓰는 것도 불편했고, 내 스스로에 대한 평가를 하는 것도 매우 어색했다. 장점을 마치고 단점을 쓰는 부분에서는 잠시 망설여졌다. 대부분의 사원들에게는 '기억나는 사례가 없음'으로 일관하고 있었는데, 그중 한 명과 있었던 부정적인 사례가 하나 생각난 것이다. 내가 쓰는 평가는 그의 상사에게 보내지고 당사자가 보게 되는 일은 없지만 왠지 마음이 불편했다. 결국 착한 아이 콤플렉스 환자마냥 그 칸은 채우지 못했다. 하지만 아마존의 대부분 사원들은 이런 갈등을 하지 않는 것도 알고 있었다. 근거가 있다면 신랄하게 비평하는 것을 자연스럽게, 아니 오히려 필요한 것으로 보는 이들이 많았기에 나에 대한 평가를 해줄 사람들을 고르는 것은 쉽지 않은 일이다. 이들 중 누가 앞에서는 웃지만 뒤에서는 칼을 꽂을지 모르기 때문이다.

다면평가에 대한 장점과 필요성은 충분히 공감할 수 있다고 보입니다. 많은 기업들이 시행하고 있기도 하고요. 장점을 살리고 부정적인 면을 최소화할 수 있는 방법이 없을까요?

첫째, 개념 자체를 바꿔야 합니다. 평가로서의 다면평가가 아니라, 더 나은 조직과 개인을 만들기 위한 피드백, 다면 피드백의 개념으로 인식되어야 합니다. 보다 근본적으로는 개념이 아니라 단어 자체를 바꿔야 할 것 같습니다. 우리는 '다면평가'라고 부르지만 영어로는 '360 Degree Feedback'이라고 부릅니다. 잘못된 점을 지적해서 점수를 매기는 평가가 아니라, 서로의 발전을 위한 피드백이라는 개념이어야 합니다.

둘째, 목적과 활용 방안을 명확히 공유해야 합니다. 다면평가 자체만 따로 떼어내서 생각할 수 없습니다. 조직의 문화적 관점이 뒷받침돼야 합니다. 등급화, 서열화, 상대평가를 지향하는 성과주의 조직에서는 다면평가가 성공하기 어렵습니다. 특히 평가결과가 보상에 직접적으로 연계된다면 다면평가는 마치 서로를 감시하는 느낌을 받게 됩니다. 누군가를 낮춰야 자신이 올라갈 수 있는 상황도 바람직하지 않습니다. 마이크로소프트사의 성과관리 체계를 풍자한 서로 총질하는 조직도를 생각하면 더욱 이해가 쉬울 것입니다. 최소한 조직이 지향하는 목적과 목표를 달성하기 위한 피드백의 하나로 자리 잡을 수 있도록 목적 공유와 질문지를 만들어야 할 것입니다.

셋째, IT 기술을 활용해서 평가에 대한 시간적, 심리적 부담을 줄입니다. 과거에는 이런 평가의 결과물이 종이로 되어있는 경우가 많았습니다. 하지만 최근에는 파일을 이용하거나 전용 소프트웨어를 활용하여 PC나 스마트폰으로 간결하게 진행하는 곳이 많습니다. 특히 1년에 한두 차례 정해진 시점에서만 몰아서 평가하는 게 아니라, 수시로 커뮤니케이션과 피드백할 수 있는 체계, 평가결과가 빠르게 취합되고 정리될 수 있는 체계로 운영되고 있습니다. 시간적, 심리적 부담을 줄여 목적에 집중할 수 있는 체계를 만들 필요가 있습니다.

평가자가
취할 행동을 묻다

이미 정기적인 피드백 미팅이 잘 진행되고 있다면 인사평가로써의 역할을 다하면서도 간결하게 진행할 수 있는 방식을 소개하겠습니다.

글로벌 컨설팅 기업 딜로이트는 일반적인 기업들과 마찬가지로 인사평가를 진행해 왔습니다. 자기평가, 다면평가, 상사평가를 거쳐 평가조정 회의가 열리는 방식으로 진행했고, 6만 5,000여 명의 구성원이 여기에 소요되는 시간만 해도 연간 200만 시간이 넘는다는 것을 발견했습니다. 연말이 되면 모두들 이 과정에 어려움을 토로했으나 딱히 다른 방법이 있는 게 아니었으므로 관행적으로라도 동일한 과정을 거치고 있었습니다. 딜로이트는 기존 평가 방식에서 몇 가지 문제에 주목했습니다.[50] [51]

첫째, 평가자 특성 효과(Idiosyncratic Rater Effect)에 따른 평가결과였습니다. 즉, 피평가자에 대한 평가가 피평가자의 특성을 반영하기보다 평가자의 특성을 더 많이 반영한다고 본 것입니다. 그렇다면 아예 평가자가 확실히 알 수 있는, 평가자 자신에 대한 문항을 만들기로 했습니다.

둘째, 평가 자체에 과도한 시간이 소요된다는 점이었습니다. 일반적으로 구성원들은 누가 일을 잘하는지 대충 다 알고 있는데 평가 자체를 위해 무언가를 쥐어짜서 작성해야 하는 것은 모두에게 스트레스가 아닐 수 없습니다. 그래서 핵심만 물어보기로 했습니다.

딜로이트에서는 한 사람의 구성원을 대상으로 네 가지 질문을 던졌습니다. 단지 네 가지 질문이었습니다. 해당 구성원의 성과를 파악하기 위해 대상 구성원의 성과를 검증할 필요 없이 그 사람에 대해 취할 행동을 물어봤습니다.

전체적인 질문 내용을 보면 피평가자를 평가하는 것이 아니라, 평가자의 생각과 행동을 물어보는 것입니다.

'뛰어난 결과를 원할 때 항상 ○○○에게 의지합니까'라는 첫 번째 질문은 ○○○이 3만큼 성과를 내는 사람인지, 4만큼 내는 사람인지 묻는 게 아닙니다. 이 질문은 ○○○이 가진 역량을 묻는 게 아닙니다. 우리는 이미 함께 일해오면서, 옆에서 봐오면서 뛰어난 결과를 원할 때 의지할 수 있는 사람인지 그냥 알고 있습니다. 질문에 대한 답을 통해 ○○○이 우리 조직에서 성과를 내는 사람인지 알 수 있습니다.

두 번째 질문도 비슷합니다. ○○○과 함께 일할 기회가 많았으면 좋겠는지는 ○○○이 같은 팀으로 함께할 만한 사람인지 묻는 질문입니다. 협력 역량, 커뮤니케이션 역량, 팀워크 역량이 몇 점인지 묻지 않습니다. 함께 일하고 싶은 사람인지 평가자의 생각을 묻습니다. 평가자는 머릿속에서 단 몇 초 만에 협력 역량, 커뮤니케이션 역량, 팀워크 역량 등 수십 개의 역량평가와 성격, 말투, 태도, 함께한 경험 등 수많은 데이터가 분석처리 되어 명확히 답할 수 있습니다. 그 결과 우리 조직에서 역량을 발휘할 수 있는 사람인지 알 수 있게 됩니다.

세 번째 질문은 성장 잠재력입니다. 인사관리 체계상 승진할 사람이 필요하기도 하고, 또 승진할 만큼 역량을 가지고 있는지도 중요한데, 오늘 즉시 승진시켜도 괜찮겠는지를 평가자에게 묻고 있습니다. ○○○이 오늘 즉시 승진시킬 만한 역량이 있는지를 평가하는 것은 어렵지만, 오늘 당장 승진시킬 만하다고 생각하는지에 대한 것은 평가자의 생각을 묻는 것이기 때문에 정확히 대답할 수 있습니다.

네 번째 질문은 업무 진행에 문제 발생 여지가 있는 부분이 있는지, 조직에서 살펴봐야 할 위험 요소를 가지고 있는지 묻고 있습니다. 이 질문 역시 ○○○을 평가하는 게 아니라, 평가자의 생각을 물어보는 것입니다. 따라서 네 가지 질문에 대해 단시간에 응답이 가능합니다.

팀 리더인 경우는 아래와 같이 질문을 변경했습니다.

팀 리더용

1) **성과를 고려할 때, 이 사람의 급여를 최고 수준으로 인상하고 보너스도 지급하겠다.**
   매우 그렇지 않다 – 그렇지 않다 – 보통이다 – 그렇다 – 매우 그렇다

2) **성과를 고려할 때, 나는 언제든지 이 사람을 팀원으로 받아들이고 싶다.**
   매우 그렇지 않다 – 그렇지 않다 – 보통이다 – 그렇다 – 매우 그렇다

3) **이 사람은 오늘 당장이라도 승진시킬 수 있다.**
매우 그렇지 않다 – 그렇지 않다 – 보통이다 – 그렇다 – 매우 그렇다

4) **이 사람은 미흡한 성과를 낼 위험성이 크다.**
Y/N

이 질문들은 우리가 평가를 통해 알고 싶었던 내용들을 가장 단순한 질문으로 명확하게 알 수 있도록 하는 방식이 아닐까 생각됩니다. 우리는 지금까지 상대방에게 어느 정도의 능력과 자질이 있는지 평가했습니다. 성과평가 S등급, 커뮤니케이션 역량 4.8, 협업 역량 4.5처럼 말입니다. 그러나 커뮤니케이션 역량 4.8, 협업 역량 4.5면 함께 일하기에 적합한 사람이라는 정확한 지표일까요? 만약 그렇지 않다면 단지 평가를 위해, 순위를 매기기 위해 측정한 것일까요? 함께 일하기에 적합한 사람이 되는 요소는 커뮤니케이션 역량, 협업 역량처럼 몇 가지에 국한된 것이 아닙니다. 성격, 습관, 스트레스 관리, 취미, 특기에 이르기까지 여러 가지 미묘한 것들이 모두 종합됩니다. 함께 일해 본 사람이라면 감각적으로 알 수 있습니다. 협업 역량이 몇 점인지 묻지 말고, 'ㅇㅇㅇ과 일할 기회가 가능한 한 많았으면 좋겠는지'를 물어보면 됩니다. 원래부터 이것을 알고 싶었던 것이 아니었던가요? 이에 대한 답변이 '협업 역량 4.5'보다 훨씬 더 실질적인 정보를 제공할 것입니다.

스케일업에서
적용하기

인사평가에서 상대평가, 연간평가, 결과 중심, 평가 중심, 상사평가 같은 키워드들은 주로 성과주의 조직에서 이루어지던 평가 방식이었습니다. X이론 기반의 명령과 통제를 가능하게 했던 접근법이었습니다. 그렇게 진행되던 인사평가 방식이 지식기반 사회로 전환되고 지식노동자들이 주류가 되는 과정에서 많은 문제점들을 노출시키고 있습니다. 그럼에도 불구하고 지금까지 활용되는 주류 방법론이고 다른 마땅한 방법이 있는 것도 아니어서 그냥 그렇게 진행되고 있었습니다. 따라서 본 장 서두에 설명한 어느 중견기업의 인사평가 업무 사례처럼 성과 달성도에 대한 평가와 역량 평가를 일정 비율로 합친 후 등급화, 서열화하는 것으로 인사평가를 진행할 수 있습니다. 많은 기업들이 활용하고 있는 잘 알려진 방식입니다.

그러나 지향하는 조직모델에 따라 선택할 수 있는 다른 방법이 있다는 것을 알았다면 기존 방식을 바꾸거나 처음 만들 때부터 더 나은 방법을 적용할 수 있을 것입니다. 가령 가치지향 조직을 만들려고 한다면 절대평가, 상시 피드백, 목적 중심, 코칭 중심, 다면 피드백 체계를 반영한 방법을 찾아야 할 것입니다. 자율경영 조직을 지향한다면 가치지향 조직의 방식들을 취사선택하되 점수를 위한 평가를 없애고, 동료 피드백을 중심으로 하고, 개인의 학습과 소명에 초점을 맞춘 방식으로 검토하게 될 것입니다.

스케일업 단계는 인사평가 체계를 만드는 과정입니다. 따라서 인사평가의 목적을 실현할 수 있으면서 너무 많은 자원이 들어가지 않는 간결한 방법을 찾아야 할 것입니다.

이를 위해 가장 먼저 인사평가의 목적을 명확히 해야 합니다. 이것은 구성원을 관리하고 통제하기 위해서가 아닙니다. 평가 자체를 목적으로 하는 것도 아닙니다. 구성원들이 각자의 능력을 최대로 발휘하여 좋은 성과를 만들 수 있게 하는 것입니다. 조직과 개인 모두의 성장으로 이어져야 합니다.

인사평가의 주요 항목은 성과와 역량입니다. 일단 성과 관련 부분은 5장 성과관리에서 다룬 것처럼 MBO나 OKRs 같은 프로세스를 가지고 있을 것입니다. 성과를 만드는 데 유용한 방식을 선택하면 됩니다. 이 과정에서 성과결과를 점수화하더라도 그것은 개선점을 찾기 위해서 또는 향후에 더 나은 성과를 만들기 위한 것입니다. 인사평가에서 성과평가는 개인이 이룬 성과와 조직에 대한 기여도 전반에 초점을 맞춥니다. 역량과 관련해서는 구성원들에게 필요한 역량이 무엇인지 역량 모델링을 해야 합니다. 직무별, 직급별로 해야 하는데, 여기에 소요되는 비용과 노력만큼의 효과가 있을 것 같지는 않습니다. 우리 조직이 지향하는 가치체계에 대한 실천 정도나 개인의 성장에 관한 항목을 리뷰하는 것이 현실적인 방법일 것입니다. 특별히 강조하고 싶은 행동이나 태도를 문항으로 만들어 리뷰하는 것도 좋습니다. 앞에서 소개한 에어비앤비의 인사평가 형식과 문항들이 이런 관점을 잘 반영한 것으로 보입니다.

이 과정에서 챙겨야 할 것 중 하나가 피드백입니다. 피드백은 과거의 일들을 모아서 1년에 한두 번 한꺼번에 피드백하는 게 아니라, 주기적인 1:1 미팅을 통해 상시 피드백하는 것입니다. 그것이 리더의 중요한 역할입니다. 구성원이 어떤 부분을 얼마나 기여했는지, 본인 스스로 어떤 발전을 이루었는지 확인하고, 조직이 혹은 리더가 도울 수 있는 방법에 대해 논의합니다. 이 과정에서 구성원은 본인에 대한 자기인식의 기회를, 리더는 구성원의 성장을 돕는 기회를 갖습니다.

다면 피드백의 경우는 여건에 따라 결정할 필요가 있습니다. 다면 피드백을 시행하면 손이 많이 갈 수밖에 없어 소규모 스케일업 단계라면 조금 더 성장한 다음에 진행해도 될 것 같습니다. 특히 다면 피드백은 구성원끼리의 신뢰가 중요하지만, 운영 방식에서도 신뢰성을 확보하지 않으면 서로에 대해 의미 있는 평가를 하기 힘든 면이 있기 때문입니다. 다만, 일정 규모가 되는 시점부터는 다면 피드백 체계가 필요해질 것입니다.

조직모델에 따른 인사평가 특징

성과주의 조직 (X이론 관점)	가치지향 조직	자율경영 조직 (Y이론 관점)
· 상대평가(등급화, 서열화) · 연간평가 · 결과 중심 · 상사평가 · 평가 중심 · 평가와 보상의 직접 연계	· 절대평가 · 상시 피드백 · 목적 중심 · 다면평가(다면 피드백) · 코칭 중심 · 평가와 보상의 직접 연계 지양	· 개인에 대해 점수화되는 평가 없음 · 동료 기반 피드백 · 개인의 학습 여정과 소명에 대한 논의 · 평가체계와 보상체계는 상이함

조직에서 이런 방식으로 인사평가를 적용할 수 있다면 절대평가, 목적 중심, 코칭 중심, 상시 피드백, 다면 피드백이라는 특성을 충분히 반영하게 될 것입니다.

하나 더 추가하자면 '인사평가'라는 용어 대신 '연간성과 리뷰', '연간 퍼포먼스 리뷰(Annual Performance Review)', '탤런트 리뷰(Talent Review)', '퍼포먼스 피드백(Performance Feedback)'처럼 '평가'가 포함되지 않은 단어를 만들어 쓸 것도 제안합니다. '평가' 자체가 목적이 아닌데, 점수를 매겨 서열화해야 할 것 같은 부정적 느낌을 주기 때문입니다.

여기까지 인사평가에 대한 방향을 설정해 놓고, 다음 장의 보상체계를 살펴보면 성과관리, 인사평가, 보상체계를 보다 체계적으로 만들 수 있을 것입니다.

6장

보상체계

2

보상체계에 대한 이해

    기업과 구성원의 관계는 노동과 임금이 교환되는 고용에 기반하고 있습니다. 제조업 중심 산업사회에서 구성원들의 역할은 분업화된 과업을 수행하는 육체노동이 중심이었습니다. 일반적으로 동일한 과업을 맡은 구성원들의 생산성은 비슷했습니다. 갑자기 시장 수요가 늘어나 생산량을 늘려야 하는 상황이 발생하면 근무시간을 늘려 생산량을 맞추기도 합니다. 늘어난 근무시간만큼 추가 임금이 지급됩니다. 보통 투입되는 시간에 비례해 생산량이 결정되며, 이런 관계를 기반으로 임금체계가 만들어졌습니다. 하지만 지식사회 기업 환경에서는 노동의 생산성이 달라졌습니다. 투입된 시간에 생산량이 비례하면 임금 계산이 수월할 텐데, 그렇지 않은 경우들이 생기면서 상황이 애매해졌습니다. 능력 있는 프로그래머는 다른 프로그래머보다 짧은 시간 일하면서도 목표한 기능을 구현해 냅니다. 이런 상황은 투입된 시간으로 생산성을 측정하기 어렵게 만들었습니다.

현대 기업의 과업 대부분은 이런 지식노동에 해당됩니다. 스타트업은 더욱 그러합니다. 지식노동은 노동량이 많다고 생산적이라 말하기 어렵습니다. 가치를 창출하는 무언가여야 하는데, 결국 개인이 가진 역량과 그 역량을 발현시킬 수 있는 시스템에 의해 생산성이 달라집니다. 그 시스템을 만드는 또 하나의 핵심은 임금체계, 조금 넓게 보면 보상(Compensation)체계가 될 것입니다.

보상 전략 설계

보상체계 역시 구성원을 어떤 관점으로 바라보는지(X이론, Y이론), 어떤 조직을 만들어 나갈 것인지(성과주의, 가치지향, 자율경영)에 따라 달라집니다. 예를 들어 성과주의 조직에서는 개인별 인사성과평가에 따른 차등화된 보상을 중요하게 생각하고, 자율경영 조직에서는 개인 스스로 자신의 연봉을 결정하기도 합니다. 이런 보상체계는 CEO가 어떤 조직을 만들려고 하는지 가장 잘 알 수 있는 부분 중 하나입니다.

보상체계를 설계할 때 고려해야 할 주요 요소들을 보겠습니다.

첫째, 내부 정렬입니다. 내부 정렬은 서로 다른 직무와 역량에 대한 보상 수준을 어떻게 결정할 것인지에 대한 것입니다. IT 기업이라면 프로그래머, 디자이너, 기획자, 마케터, 총무 등의 다양한 직무에 대한 급여 수준을, 같은 프로그래머라 하더라도 경력에 따른, 역량에 따른, 역할에 따른 급여 수준을 정해야 합니다.

둘째, 외부 경쟁력입니다. 고용시장에 기업이 우리밖에 없다면 내부 정렬만 고려하여 보상 수준을 정하면 되지만, 이미 수많은 경쟁사가 존재합니다. 따라서 경쟁사 대비 우리 조직의 총보상 수준을 결정해야 합니다. 일반적으로 기업들은 자신이 속한 업종 평균 수준에서 보상 정책을 마련하고 있습니다. 반면, 어떤 기업은 경쟁사 대비 보상 수준을 높임으로써 더 우수한 인재를 채용하려고 노력합니다. 고용시장에서 외부 경쟁력을 고려한 결과라고 할 수 있습니다. 스타트업의 경우 급여만으로는 우수 인재를 확보하기 어려워서 스톡옵션 같은 주식보상 제도를 통해 경쟁력을 확보하려는 경우도 많습니다.

셋째, 성과기여도입니다. 성과기여도는 조직 내 구성원들의 성과기여 정도를 어떻게 평가하여 보상할 것인지에 관한 사항입니다. 경영자가 가진 철학이 가장 많이 드러나는 부분이기도 합니다. 개인성과를 강조할 것인가, 집단성과를 강조할 것인가, 성과에 대한 보상을 어느 정도 적용할 것인가, 기업의 이익을 구성원들과 공유할 것인가, 공유한다면 어느 수준까지 어떤 방식으로 할 것인가 등 보상과 관련된 세부적인 내용 대부분이 여기에 속할 것입니다.

보상체계 주요 요소

항목	내용
내부 정렬	서로 다른 직무와 역량에 대한 보상 수준
외부 경쟁력	경쟁사 대비 우리 조직의 보상 수준
성과기여도	성과 기여에 대한 보상 수준

보상의 유형

　기업 보상(Compensation) 분야의 바이블이라고 불리는 조지 밀코비치(Geroge Milovich)의 『밀코비치의 보상』에서는 사람들이 일을 통해 얻는 다양한 보상을 정리해 놓았습니다.[52] 구성원이 일로부터 얻는 모든 것을 총수익(Total Return)으로 표시하고, 이를 총보상(Total Compensation)과 관계적 수익(Relational Returns)으로 구분했습니다. 총보상은 주로 현금이 소요되는 요소들이고, 관계적 수익은 인정과 지위, 고용안정, 도전적인 직무 같은 심리적 요소들입니다. 함께 일하는 동료들과의 경험, 기업이 가진 미션을 함께하는 데에서 오는 만족감 등이 모두 관계적 수익이 됩니다.

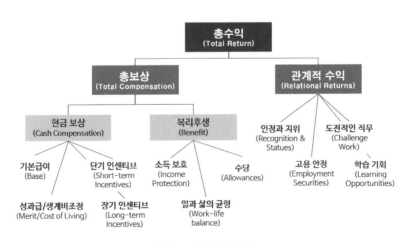

| 일로부터 얻는 총수익 |

총보상은 다시 현금 보상과 복리후생으로 나눠집니다. 현금 보상은 보통 매월 지급되는 급여가 대표적인데 그중 가장 기본이 되는 것이 기본 급여(Base)입니다. 기본 급여와 함께 성과에 따라 정기적으로 조정되는 성과급(Merit Pay)과 생계비 변동을 급여에 반영하는 생계비 조정(Cost of Living)항목이 있습니다. 소비자물가 상승률 같은 것을 반영하여 기본 급여를 조정하는 경우 생계비 조정 요소가 됩니다. 또, 현금 보상이지만 기본 급여에는 포함되지 않는 장·단기 인센티브가 있습니다. 인센티브는 개별 구성원, 팀, 사업 단위 또는 전체를 대상으로 비용 절감, 판매량 증가, 고객 만족, 매출성장 등 목표에 대한 달성 정도에 따라 정해집니다. 스톡옵션(Stock Option), 스톡그랜트(Stock Grant)*도 인센티브의 하나입니다.

복리후생으로는 소득보호, 수당, 일과 삶의 균형으로 구분해 볼 수 있습니다. 소득보호는 노동자가 일터에서 다치거나 실업자로 편입되는 경우 대체 소득을 지급하기 위해 내는 산재보험, 건강보험, 고용보험, 재해보험 같은 것이 포함됩니다. 수당에는 교통수당, 주택수당 같은 것들이 있는데 역시 복리후생적 성격을 띱니다. 일과 삶의 균형이라고 이름 붙여진 항목은 휴가, 유연근무제, 재택근무 등이 포함됩니다.**

보상체계의 핵심은 구성원들이 가진 역량을 충분히 발휘할 수 있

---

*   '주식을 부여한다.'는 의미인 이 용어는 유능한 인재를 영입하기 위해 스톡옵션(Stock Option: 주식매입선택권) 대신 회사 주식을 직접 무상으로 주는 인센티브 방식(출처: 두산백과 두피디아, 두산백과).

**   팬데믹 이후 시대에 유연근무제, 재택근무 등이 복리후생에 속하느냐는 이견이 있을 수 있겠습니다.

도록 하는 것입니다. 보상체계를 잘못 설정하면 보상을 하면서도 구성원의 사기를 떨어트리거나 불신을 초래할 수 있습니다. 보상체계가 합리적이지 않거나 형평성에 어긋난다는 생각을 구성원이 갖게 되는 경우에 그렇습니다.

2021년 5월 카카오에서는 특별포상의 일환으로 본사 직원 70여 명에게 서울 시내 호텔 2박 숙박권을 지급했었습니다. 회사에서는 긴급 프로젝트나 태스크포스 등에 참가한 구성원들이 휴식을 취할 수 있도록 특별포상한 것이라고 했습니다. 하지만 노조와 직원들부터 '성과 책정 근거가 모호하고 위화감을 조성한다.'며 비판받았습니다. 조직장이 추천하는 한두 명에게만 지급했기 때문입니다. 이에 대해 당시 공동대표는 내부 공지를 통해 '이해를 바란다.'며 양해를 구했고, 이런 방식의 포상은 없애기로 했습니다.[53] 보상을 하고도 좋은 소리를 듣지 못하는 경우가 되었습니다.

스케일업 CEO의 경우 그동안 비즈니스 모델 검증에 힘을 쏟느라 보상체계에 대해서 깊이 생각해 보지 못했을 것입니다. 소셜커머스 서비스로 유명했던 티몬[54]은 구성원이 100명을 넘는 시점이 되어서야 급여체계를 만들었습니다. 인사책임자가 입사하고 나서 보니 100여 명의 직원 중 4대 보험 가입자가 16명, 자신의 급여가 얼마인지 정확히 모르는 직원을 비롯해 급여가 잘못 입금되는 경우도 있었다고 합니다.[55] 제대로 스케일업하기 위해서는 체계를 만들어야 합니다. 보상체계에 대한 기본 개념을 알아보고, 우리 조직에서 활용할 수 있는 보상 방식을 찾아보도록 하겠습니다.

임금의
결정체계

임금이란 근로자가 노동의 대가로 사용자에게 지급 받는 돈입니다. 노동법상 용어이며, 앞에서 살펴본 총보상(Total Compensation)의 세부 항목들에 해당합니다. 기본급, 성과급, 인센티브, 각종 수당 등이 구성요소이며, 임금이라는 이름으로 지급됩니다.[*]

그럼, 임금은 어떤 기준으로 지급되고 있을까요? 별로 생각해 보지 않았던 질문일 것입니다. 그냥 적절한 수준의 연봉제를 시행하고 있다고 생각했는데 특별한 기준이 있었던 것일까요? 조금 지루할 수 있지만 일단 알고 가겠습니다.

임금의 결정체계에는 연공급, 직무급, 직능급, 역할급 등이 있습니다. 우리가 흔히 알고 있는 전통적인 임금 결정체계는 연공급[**]이라 불리는 방식입니다. 연공급은 2010년 6월 우리나라 100인 이상 고용 사업체의 76.2% 수준에서 꾸준히 줄어 2021년 6월 기준으로는 55%가 활용 중입니다.[***] 하지만 1,000인 이상 고용 기업의 70% 이상은 현재도 연공급을 기본으로 사용하고 있습니다. 가장 많이 활용되는 대표적인 임금 결정체계라고 할 수 있습니다. 보통 고용기간을 명시하지

---

[*]   월급을 의미하는 용어로 노동법에서는 '임금'으로, 회계나 세법상에서는 '급여'로 표현되는데 실질적으로는 모두 동일한 의미를 가지고 있다고 볼 수 있습니다.

[**] '호봉급'이라고도 합니다.

[***] 임금직무정보시스템(http://www.wage.go.kr/). 호봉제 활용의 추세가 줄어들고 있긴 하지만 최근에는 순수 호봉제가 아닌 직무급, 직능급, 역할급 등이 혼합된 형태로 사용하는 경우가 많아 정확한 구분이 애매할 수 있습니다.

않고 암묵적으로 정년까지 고용상태를 유지한다는 것을 전제로 생애근로기간에 걸쳐 누적된 임금과 생산이 교환되는 방식입니다. 시간이 지나면 숙련도가 증가한다는 전제에 따라 꾸준히 상승하는 것이 특징입니다. 그런데 이 연공급을 실제 생산

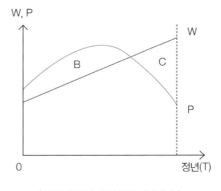

| 연령과 급여, 생산성의 상관관계 |
(W: 급여, P: 생산성)

성 곡선과 함께 그려보면 연령과 급여, 생산성의 상관관계처럼 생산성과 임금이 일치하지 않다는 것을 보게 됩니다. 생산성은 어느 시점에 정점을 찍고 내려가는 역U자형 곡선이 됩니다. 이런 곡선은 정년보장이라는 암묵적 전제하에 생애근로기간 동안 임금과 생산성이 교환되도록 설계된 체계입니다. 노동자들에게 장기근속을 유도하고 그에 따라 숙련인력을 계속해서 유지할 수 있는 방식입니다. 그러나 근속연수에 따라 생산성이 비례하여 증가하지 않을 경우 임금 수준과 생산성의 괴리가 커져 기업 입장에서는 고비용을 초래하게 됩니다.[*] 노동자들 역시 생산성보다 적게 받았던 B 영역의 임금을 C 영역에서 보상받을 수 있을 것인지에 대해 의구심을 갖고 있습니다. 정년퇴직 때까지 한 기업에서 근무한다는 개념이 상당히 약화된 젊은 구성원들은 더욱

---

[*] 특히 생산직의 경우 이와 관련된 불합리성이 자주 논의됩니다. 경력 10년 차나 경력 15년 차나 생산성에는 큰 차이가 없는 것처럼 보이기 때문입니다.

그러한 생각을 갖게 되었습니다. 기업 차원에서도 이런 구조에 대한 해결책을 고민하게 됩니다. 기업은 해결 방법의 하나로 고연령자의 기본급 일부를 삭감하는 임금 피크제(Salary Peak)를 도입하기도 합니다. 이 제도에 대해 대기업 노조에서는 폐지를 주장하는 경우가 많습니다. 반면 2030 세대 직원들은 이런 주장에 불만의 목소리를 내기도 합니다.[56] 기업 입장에서는 더 이상 연공급 체계만으로는 지속하기 어렵다고 봐서 직무급, 직능급 같은 여러 대안들을 고려하고 있습니다.

직무급과 직능급은 조직 내 업무의 종류와 난이도가 모두 다른데 근속연수에 의해서만 임금이 올라가는 게 비합리적이라는 생각에서 나왔습니다. 직무 내용, 직무의 숙련 정도가 임금 결정 요소에 반영될 필요가 있다는 것입니다. 연공급에 대한 대안 혹은 보완적 방식입니다.

직무급은 직무의 난이도, 업무 강도, 책임의 정도, 요구되는 기술 등의 특성에 따라 결정됩니다. 직무에 따라 임금이 결정되기 때문에 원칙적으로 같은 직무를 수행하면 동일한 임금을 받게 됩니다. 직무의 변화가 없으면 임금 조정도 없습니다. 가치가 더 높은 직무로 이동돼야 임금 인상이 이루어집니다.

직능급이란 근로자의 직무 능력 또는 숙련 정도에 따라 임금이 결정되는 체계입니다. 보통 숙련도는 근속연수에 비례하는 경향이 있으므로 어느 정도 연공급과 비슷할 수 있지만, 연공급은 근속연수에 따라 자동으로 임금이 인상되는 데 반해 직능급은 숙련도가 향상되어야 임금이 인상된다는 것이 차이입니다. 근로자가 직업훈련에 참여하거나 직무 관련 자격을 취득하는 경우 등이 숙련도 향상에 해당됩니다.

한편, 같은 직무, 같은 직능을 가지고 있더라도 역할에 따라 기여도가 다를 수 있습니다. 역할급이란 각 개인이 조직으로부터 부여받은 역할의 크기나 중요도에 기초해 임금이 결정되는 방식입니다. 개인이 보유한 학력이나 능력 같은 것이 아니라 담당한 일에서 기대되는 역할의 크기와 중요성에 따라 결정됩니다. 이는 일본 기업들이 직능급의 한계를 벗어나기 위한 대안으로 이용했습니다. 왜냐하면 직능급이 일에 대한 숙련도에 따라 임금을 결정한다고 했지만 현실적으로 평가가 어렵고, 근속기간이 충족되면 승격되는 관대화 현상이 나타나면서 다시 연공급제처럼 운영되었기 때문입니다. 반면 역할급은 시간이 지나도 자동으로 임금이 올라가는 구조가 아닙니다. 이 부분은 직무급과 비슷합니다. 하지만 직무급은 직무 내용을 모두 정의하고 등급화해야 해서 복잡도가 높습니다. 역할급은 그에 비해 훨씬 간결합니다. 기업들이 오랫동안 운영해오던 직급제도와 유사하기 때문입니다. 예를 들어 기존 사원, 주임을 어시스턴트(Assistant) 역할로, 대리를 주니어(Junior) 역할로, 과장, 차장을 시니어(Senior) 역할로 나누어 역할 등급을 만들고, 역할 등급에 따라 임금 범위를 두어 임금이 결정될 수 있도록 하는 것입니다.

임금체계 유형별 임금 결정 방식

유형	임금 결정 방식
연공급	임금의 주된 부분이 근속연수에 의해 결정. 장기근속을 유도, 숙련된 인재 유지
직무급	임금의 주된 부분이 직무의 특성 (난이도, 업무 강도, 책임의 정도, 요구되는 기술 등)에 따라 임금이 결정
직능급	노동자의 직무 능력 수준 (숙련도, 경력, 훈련, 자격, 역량 등)에 의해 임금이 결정
역할급	수행하는 직무에 요구되는 역할의 가치 (역할의 크기, 성과 등)에 따라 임금이 결정

현실에서 기업들은 여러 가지 임금 결정 방식 중 어느 한 가지만 선택하는 것이 아니라, 상황에 따라 혼합해서 사용하고 있습니다.

스타트업의 경우 체계적인 임금 지급체계를 가지고 있지 않을 가능성이 높습니다. 연공급제, 직무급제, 직능급제 같은 용어도 낯설 가능성이 크고 이런 부분까지 신경 쓸 겨를이 없었을 것입니다. 실제 2021년 6월 기준 고용노동부의 조사에 의하면 임금체계 유형이 없다고 대답한 기업이 4인 이하의 경우 74.6%, 100인 미만의 경우 61.9%에 달했습니다. 반면 100인 이상 기업은 단지 3.7%만이 없다고 답했습니다.

한편, 이 과정에서 '우리 회사는 '연봉제'를 시행하는데 왜 '연봉제'에 대한 언급이 없는지' 의문을 가질 수 있습니다. 결론부터 말해서 연봉제는 임금 결정체계의 종류가 아니라, 임금 지급 형태의 한 종류이기 때문입니다. 보통 시급제라 하면 시간당 임금을 기준으로 급여를 산정하고 보너스 같은 경우 별도 규정으로 지급 여부를 결정합니다. 월급제는 월 기본급을 중심으로 각종 수당이나 보너스를 추가 지급합니다. 연봉제는 개인의 임금 전부 또는 일부분(기본급, 상여금, 성과급 등)을 연 단위로 결정하는 지급체계의 하나입니다. 따라서 연봉은 연공제, 직무급제, 직능급제 등으로 정해진 임금이 연 단위로 정해져 지급되는 것이라 생각하면 됩니다.

그러면 여기서 또 하나의 의문이 생깁니다. 주급제는 주마다, 월급제는 월마다 지급하는데, 그럼 연봉제는 왜 1년에 한 번씩 지급하지 않느냐는 것입니다. 그 이유는 근로기준법 제43조 제2항에 의해 매월 1회 이상 지급하라는 원칙이 있기 때문에 연간 총액을 12등분 하여 매월 지급하게 되는 것입니다. 물론 법률로 정하지 않았다 하더라도 1년에 한 번 지급하는 것이 적절하다는 생각이 들지는 않습니다.

연봉
산정 방식

우리나라 기업들은 보통 연 단위로 임금 총액을 정하여 월 단위로 지급하는 연봉제를 채택하고, 연공급을 기반으로 직무급, 직능급, 역할급 등을 가미한 방식을 주로 활용합니다. 최근에는 동일한 직무에 동일한 임금이 지급되는 직무급 도입이 늘고 있는데, 대부분 큰 회사들의 시도입니다. 직무급 방식으로 진행하려면 조직 내 모든 직무를 분석해야 하고, 직무마다 중요도를 파악하여 해당 직무에 대한 가치를 매겨야 합니다. 모든 직무를 분석하고 중요도를 설계하는 것이 쉽지 않기 때문에 규모가 작은 회사에서는 엄두를 내기 어렵습니다. 따라서 스케일업 단계에서 많이 활용하는 방식은 연공급을 기반으로 성과를 반영하여 차등하는 연봉제입니다.

이때 기준 연봉과 인상률이 반영된 연봉 테이블이 만들어져 있으면 편리합니다. 이러한 연봉제 운영 방식을 반영하여 참고할 만한 어느 스타트업의 연봉 테이블 사례를 넣었습니다.[*] 이 테이블을 보면 B(평균) 항목의 연봉이 사실상 기본급에 해당하며 연차가 올라갈수록 연봉도 올라가게 되어있습니다. 그리고 인사평가 등급(S, A, B, C, D)에 따라 B등급을 기준으로 연봉 금액에 가감이 있는데, 이는 성과급이라 부를 수 있습니다. 또한 연차에 따른 기본급 인상률을 보면 낮은 연차에서는(상대적으로) 높고, 높은 연차로 올라갈수록 낮게 되어있습니다. 기준 금액이 커지면 동일한 인상률 적용 시 차이가 과다해진다는 점을 보완한 것입니다. 일단 이 정도 수준의 연봉 테이블을 만들어 놓고 이후 기업 상황에 맞게 개선, 보완해 나가면 좋을 것입니다.[**]

---

[*] 가인지 캠퍼스(http://www.gainge.com)에서 만든 급여 테이블을 수정하여 사용하고 있었습니다.

[**] 직무에 따라 시장 연봉에 차이가 큰 경우 복수 개의 연봉 테이블을 만들 수 있습니다. '팀장' 같은 특정한 역할을 맡는 경우 별도의 수당을 산정할 수도 있습니다.

연봉 테이블

직급	연차	평가등급별 연봉					인상율	기준연봉 차이	비고
		S(탁월)	A(우수)	B(평균)	C(기본)	D(미흡)			
임원		별도							
부장	10년	6,617	6,567	**6,517**	6,452	6,389	2.0%	128	
	9년	6,489	6,439	**6,389**	6,325	6,264	2.0%	125	
	8년	6,364	6,314	**6,264**	6,201	6,141	2.0%	123	
	7년	6,241	6,191	**6,141**	6,080	6,021	2.0%	120	
	6년	6,121	6,071	**6,021**	5,960	5,903	2.0%	118	
	5년	6,003	5,953	**5,903**	5,844	5,787	2.0%	116	
	4년	5,887	5,837	**5,787**	5,729	5,673	2.0%	113	
	3년	5,773	5,723	**5,673**	5,617	5,535	2.5%	138	
	2년	5,635	5,585	**5,535**	5,480	5,400	2.5%	135	
	1년	5,500	5,450	**5,400**	5,346	5,188	임의	212	
차장	5년	5,288	5,238	**5,188**	5,136	5,061	2.5%	127	
	4년	5,161	5,111	**5,061**	5,011	4,938	2.5%	123	
	3년	5,038	4,988	**4,938**	4,889	4,818	2.5%	120	
	2년	4,918	4,868	**4,818**	4,769	4,700	2.5%	118	
	1년	4,800	4,750	**4,700**	4,653	4,502	임의	198	
과장	5년	4,602	4,552	**4,502**	4,457	4,371	3.0%	131	
	4년	4,471	4,421	**4,371**	4,327	4,244	3.0%	127	
	3년	4,344	4,294	**4,244**	4,201	4,120	3.0%	124	
	2년	4,220	4,170	**4,120**	4,079	4,000	3.0%	120	
	1년	4,100	4,050	**4,000**	3,960	3,786	임의	214	
대리	3년	3,886	3,836	**3,786**	3,748	3,640	4.0%	146	
	2년	3,740	3,690	**3,640**	3,604	3,500	4.0%	140	
	1년	3,600	3,550	**3,500**	3,465	3,224	임의	276	
주임	2년	3,324	3,274	**3,224**	3,192	3,100	4.0%	124	
	1년	3,200	3,150	**3,100**	3,069	2,912	임의	188	
사원	2년	3,012	2,962	**2,912**	2,883	2,800	4.0%	112	
	1년			**2,800**			임의		
평가등급간 기준연봉 차이		100	50			99%	전년 B기준		

| 연봉 테이블 사례 |

인센티브에 대한
이해

인센티브(Incentive)의 사전적 의미는 '어떤 행동을 장려하기 위한 장려책, 우대책'입니다. 조직에서 인센티브는 조직성과를 독려하기 위한 장려책이라 할 수 있고 금전적, 비금전적으로 나눌 수 있습니다. 금전적 인센티브는 다시 단기와 장기로 나눌 수 있습니다.

단기 인센티브에는 일회성 보너스, 포상, 사전 약속된 보상 등이 있습니다. 일회성 보너스나 포상은 특별한 성과를 장려하는 일회성 인센티브입니다. 사전에 정해놓은 어떤 성과수준에 대해 보상해 주는 것도 단기 인센티브라 할 수 있습니다.

좀 더 오랜 기간에 걸쳐 보상 수준이 결정될 수 있는 장기 인센티브도 있습니다. 구성원들이 회사의 지분을 보유할 수 있도록 해 자본이익을 공유할 수 있는 종업원지주제도, 회사 주식을 정해진 가격에 매수할 수 있는 스톡옵션 제도, 정해진 기간이 경과하면 구성원에게 주식을 제공하는 스톡그랜트(Stock Grant) 제도가 이에 해당됩니다.

미국 유명 액셀러레이터 기관인 와이-콤비네이터(Y-Combinator)에서는 자사가 투자한 기업들을 분석한 결과, 가장 성공적인 회사들과 투자자들이 가장 많은 수익을 거둔 곳은 많은 주식을 매년 직원들에게 나눠주는 곳이었다고 합니다. 당시 와이-콤비네이터를 이끌던 샘 앨트만(Sam Altman)은 한 강의에서 이렇게 말했습니다.

"향후 10년간 매해 회사 주식의 3~5%를 나눠줄 각오를 해야 합니다. 회사가 계속 성장하면 개인의 지분율은 줄어들겠지만 지분 가치는 계속 커지기 때문입니다."[57]

　물론 이러한 방식은 주식 현금화 사례와 그 가능성이 높은 실리콘밸리 기업의 특성이 반영된 것이라 할 수 있습니다. 우리나라의 경우 예전에는 주식시장에 상장하기 전까지는 주식을 현금화하기 어려웠고, 가치도 매기기 쉽지 않아 주식 부여의 인센티브 효과가 거의 없다시피 했었습니다. 하지만 최근에는 자금 조달 단계별로 기업 가치가 결정*되고 경우에 따라 매도 기회가 생기기도 합니다. 또 과거에 비해 M&A도 활발한 편이고, 주식시장에 상장하는 스타트업들도 나오고 있어 예전보다는 인센티브로써의 인식이 높아진 편입니다.

　스톡옵션의 경우 행사가격과 수량이 결정된 상태로 부여할 수도 있고, 성과에 연동해 스톡옵션의 수량을 결정할 수도 있습니다. 주식보상의 경우 약속한 주식을 한 번에 지급하는 경우보다 몇 년간에 걸쳐 지급하여 구성원들의 장기 근무를 유인하는 방식으로도 활용됩니다.

---

*　기업 가치는 '발행주식 총수×1주당 가격'입니다. 따라서 기업 가치가 산정되면 1주당 가격이 매겨지는 것이고, 기업 가치가 커짐에 따라 보유한 주식이 얼마의 가치가 있는지 인식할 수 있게 됩니다.

어느 중소기업의 연봉 협상 현장

중소기업 정승네트워크에서 벌어지는 리얼리즘 웹드라마 '좋좋소(좋소 좋소 중소기업)'에서 나온 연봉 협상 장면입니다. 직원 서너 명의 무역회사이며 임금과 관련된 체계적인 시스템은 가지고 있지 않습니다. 상황에 따라 개별 협상으로 연봉을 정하고 있었습니다.

우선 무역 실무를 담당하고 있는 이 대리와의 미팅입니다.

| 사장과 이 대리와의 연봉 협상 미팅(출처: '좋좋소' 에피소드13에서) |

사장: 이 대리, 이 대리가 작년에 우리 회사에 기여한 기여도가 얼마 정도라고 생각해?

이 대리: 많죠.

사장: 아니, 뭐. 많다는 게 구체적으로 뭐가 어떻게 많다는 거야?

이 대리: 운송회사, 거래처 포워딩 다 제가 커뮤니케이션하고요. 영어 전화도 다 제가 받잖아요.

사장: 그렇긴 하지. 근데 지금 얼마 받지?

이 대리: 3,000이요.

사장: 3,000….

이 대리: 저 3,400으로 올려주시면 안 될까요?

사장: 3,400? 그런데 이 대리, 난 그렇게 생각한다. 이 대리가 하는 일이 많아. 많은데. 그게 원래 이 대리가 해야 할 일이잖아? 해야 할 일을 당연히 하고 있는 건데, 갑자기 급작스럽게 이렇게 연봉을 올려야 될 이유가 있나?

이 대리: 원래 하던 일을 빵구 없이 잘 처리했으니까요.

사장: 빵구 없이 잘 처리했으니까요….

이후 사장은 이 대리가 실수한 것들을 거론하며 성과를 평가절하하려는 노력을 합니다만 원하는 대로 되지 않자 적당한 선에서 회사 사정을 핑계로 타협점을 찾으려고 시도합니다.

다음은 관리 업무 전반을 맡고 있는 소심한 이 과장과의 미팅입니다.

사장: 이 과장, 이 과장은 지금 얼마 받지?

이 과장: 저는…. 지금 3,200 정도 받고 있는데요.

사장: 3,200?

이 과장: 네.

사장: 이 과장이…. 뭐야, 그…. 작년 성과가 뭐야?

이 과장: 성과요? 일 들어온 것 다 쳐내고, 충범 씨 일 알려주고….

사장: 좀 약하다.

이 과장: 사장님, 저 진짜 큰 욕심 안 내고 지금 한 3,300까지만 사장님…. 좀…. 해주시면 진짜 열심히 하겠습니다. 애들도 있고 돈 들어갈 데도 많아지고….

사장: 3,300…. 누군 애 없어? 아니. 그런데 뚜렷한 성과라는 게 있어야 올려주든가 하지.

이 과장: 그러니까…. 그게…. 뚜렷한 성과가…. 왜 없을까요….

사장은 이 과장의 희망 인상 폭이 크지 않고 이야기만 잘되면 동결도 가능하겠다는 판단을 합니다. 이 과장의 지난 잘못을 들춰내며 결국 동결을 이끌어 냅니다.

결국 이 대리는 약간의 연봉 인상이 있었고, 이 과장은 동결되었습니다. 사장은 기여도가 그다지 높지 않았다고 주장하며 연봉 인상을 최소화하려고 노력했습니다. 구성원은 자신의 기여도를 얼마나 명확히 제시하고, 요구사항을 피력하느냐에 따라 협상력을 가졌습니다. 약간의 논의가 진행되지만, 결국 사장은 회사 사정을 고려해 달라며 적절한 선에서 타협안을 제시합니다. 회사 상황을 이해하려는 구성원일수록 사장의 제안을 받아들이게 됩니다.

그런데 이런 방식의 미팅을 통해 연봉 재계약이 이루어지고 나면 어떤 기분이 들까요? 연봉을 올려주지 않기 위해 기여도마저 폄하하는 사장과 열심히 일하고 싶은 마음이 들까요? 성과에 대한 이야기는 개인의 발전을 위한 피드백도 아니었습니다. 사장은 사장대로 고민이었을 겁니다. 그 상황에서 기여도를 크게 칭찬했다가는 연봉도 그에 상응하게 책정해야 하기 때문입니다.

이런 방식의 연봉 협상 미팅은 누구에게도 도움이 되지 않습니다. 서로 기분만 찜찜하게 할 뿐입니다. 관련된 이야기는 뒤에서 하기로 하고 우선 큰 틀에서 개선 방향만 나열해 봅니다.

첫째, 성과 피드백과 연봉 재계약 협의는 분리해서 진행돼야 합니다. 성과 피드백은 성과에 대해서만 연봉은 연봉에 대해서만 논의합니다.

둘째, 연봉은 성과에 대한 직접적인 보상 개념이 아니라는 점을 이해해야 합니다.

셋째, 경영자는 무조건 적게 주는 게 최선이 아닙니다. 구성원이 가진 역량을 충분히 발휘할 수 있도록 하는 데 목표를 두어야 합니다.

2

가치지향 조직 관점의 보상체계

앞에서 소개한 연봉 테이블을 활용한 보상체계를 정리하면 이렇습니다. 우선 최초의 연봉을 결정합니다. 내년도 연봉을 정하기 위해 올한 해 인사평가를 시행하고 그 결과에 따라 성과급이 가감되어 최종 연봉이 결정됩니다. 일반적인 보상체계라고 할 수 있습니다.

주로 성과주의 조직의 보상체계인데, 좀 더 나은 방식의 보상체계가 있는지 가치지향 조직 관점에서 탐색해 보겠습니다.

연봉에 대한
인식 재고

연말이 되면 기업마다 성과평가에 따른 연봉 협상이 진행됩니다.

인사팀이 있는 경우 해당 팀에서 구성원 연봉에 대한 사항들을 기획부터 재계약까지 마무리 지을 수 있지만 스케일업 단계에서는 CEO도 상당 부분 진행에 관여될 것입니다. 이때 연봉 테이블이 공유되어 있으면 기준점이 있어 협의가 신속하게 진행될 수 있습니다. 연봉 테이블 없이 개별적으로 논의하게 되면 협의 과정에서 서로의 입장 차가 크다는 것만 확인하거나, 협의가 끝나고 난 다음에도 서로 불편한 마음이 생기기 쉽습니다. 경우에 따라 구성원이 회사를 그만두기도 합니다. 실적이 좋으면 좋은 대로 문제입니다. 구성원이 좋은 성과를 냈다고 해서 연봉을 20~30%씩 올려주기는 어렵기 때문입니다. 탁월한 실적을 낸 구성원은 파격적인 상승을 기대하겠지만, 이런 식으로 연봉이 올라가기 시작하면 몇 년 뒤에는 감당하기 어려운 상황이 될 수 있습니다.

구성원 입장에서도 고민스러운 부분이 있습니다. 성과인정과 보상 수준의 인식 갭입니다. 인사평가에서 S등급을 받으면 어느 정도 상승해야 만족스러울까요? 5%? 10%? 올해 정말 열심히 했으니 20% 이상 돼야 하지 않을까 싶습니다. 그런데 이런 인상률이 매년 가능할까요? 대부분 기대에 미치지 못할 것입니다. 그러다 보니 인사평가 등급에 의해 정해지는 연봉은 여전히 불만족스럽고 연봉 협상 기간에는 늘 무거운 분위기가 형성되는 경우가 많습니다. 반면 열심히 했다고 생각하지만 기대에 미치지 못한 평가등급을 받아 연봉 인상이 적거나 되지 않는다면 그것대로 일할 의욕이 떨어질 것입니다. 그래서 구성원들에게 연봉 협상 기간은 이직을 생각하게 하는 시간이 되기도 합니다.

이렇든 저렇든 양쪽 모두의 기대에 부합하기가 쉽지 않아 보입니다. 무언가 돌파구를 찾을 필요가 있습니다. 연봉에 대한 인식을 조금 바꿔보는 것은 어떨까요?

첫째, 연봉은 구성원들의 성과에 따라 보상해 주는 시스템이 아니라는 것입니다. 기업의 성과는 개인의 성과도 중요하지만 그것만이 성과를 결정짓지는 않습니다. 소수 개인의 성과가 좋아도 기업 실적은 부진할 수 있고, 구성원들은 이전처럼 일했을 뿐인데 소비 트렌드의 변화로 기업 실적이 크게 향상될 수도 있습니다. 더군다나 개인성과를 객관적이고 합리적으로 측정 가능한지에 대한 의문도 여전합니다. 또 좋은 성과로 인해 한 번 올라간 연봉은 성과가 미비하다고 해서 내리기가 쉽지 않습니다. 따라서 연봉은 성과에 따른 보상이라는 개념보다는 개개인의 시장 가치에 따른 보상이라는 개념이 현실적입니다. 매년 진행하는 재계약 연봉의 기준을 시장 가치 수준으로 조정한다는 의미입니다. 예를 들어 앱 기획 5년 차라면 잡(Job)시장에서 일반적인 수준의 연봉 범위가 있을 것입니다. 그 범위가 시장 가치 수준이 됩니다. 그 범위 안에서 연봉이 제시됩니다. 이것이 기본적인 시장 가치에 따른 보상 개념입니다. 하지만 회사는 더욱 우수한 인재를 확보하기 위해 시장 범위보다 더 높은 수준이 가능하도록 노력하게 됩니다. 토스증권에서 경력직 채용을 할 때 전 직장 연봉 대비 1.5배를 제공하겠다는 것은 시장 가치에 따른 보상 사례라고 볼 수 있습니다.[58]

둘째, 성과에 따른 보상 개념이 아니기 때문에 인사평가 등급과 연봉 금액이 직접적으로 연계되지 않는다는 점을 공유합니다. 물론 성과평가, 인사평가와 전혀 동떨어진 연봉 인상률이 결정될 수는 없지만 평가와 보상이 직접적으로 연결되어 있지 않다는 인식을 공유해야 합니다. 또 성과평가는 순수하게 조직의 성과향상, 개인의 역량 강화를 위해 진행한다는 점, 연봉은 시장 가치에 따른 보상이라는 점이 자리 잡을 수 있도록 만듭니다. 따라서 성과평가 결과와 연봉 재계약 미팅을 같은 날 혹은 연결해서 진행하지 말아야 합니다. 두 가지는 목적이 다른데, 이것을 같은 날에 진행하면 하나의 목적도 제대로 달성하기 어렵게 됩니다.

셋째, 개인성과보다는 조직 전체의 성과에 초점을 맞추고 조직성과에 따라 열매를 공유하는 체계를 만듭니다. 물론 순서상으로 보면 조직의 재무성과를 안정적으로 올려놓으면서 경쟁사 대비 높은 수준의 연봉체계를 만들어 보상체계의 외부 경쟁력을 확보하는 게 먼저입니다. 연봉 테이블 전반의 숫자를 올리는 것입니다. 그다음은 개별성과에 따른 보상을 연봉 인상에 반영하는 게 아니라, 조직 전체의 성과를 구성원 전체의 장단기 인센티브에 연계하는 방안을 생각해 봅니다. 조직성과에 따라 목표 달성 인센티브, 목표 초과 인센티브, 주식보상 인센티브로 공유하는 것입니다. 이렇게 되면 전체 연봉에 관한 예산을 예측 가능한 수준에서 관리할 수 있고, 조직성과에 따른 인센티브는 성과에 따른 변동비 성격을 가지기 때문에 재무적 부담감을 낮추면서도 성과에 대한 보상 구조를 만들 수 있습니다. 가치지향 조직에서는 개별성과에 따른 개별 보상을 실행하면서 집단 인센티브를 시행하는 경우가 많고, 자율경영 조직에서는 개인 인센티브 없이 조직 전체 인센티브를 시행하는 경우가 많았습니다.

넷째, 연봉 협상이라는 용어보다는 연봉 재계약이라는 용어가 적절할 것입니다. 단어의 차이이긴 하지만 연봉 협상이라고 하면 그야말로 한 해 성과와 기대 성과를 바탕으로 뭔가 협상을 진행해야 할 것 같은 느낌을 줍니다. 회사에서 연봉 테이블을 들이밀거나 어떠한 기준을 제공하면 구성원은 '연봉 협상이라고 해놓고 협상이 아니라, 통보네.' 같은 냉소적 감정을 가질 수 있습니다. 따라서 차년도 연봉 결정에 대한 미팅 주제는 '연봉 재계약'입니다.

끝으로, 시장 가치에 따른 보상 개념에는 회사가 부담해야 할 부분도 있다는 것을 잊지 말아야 합니다. 회사의 지급 여력이 부족하거나 실적이 좋지 않은 경우라 하더라도 성과에 대한 보상 개념이 아니기 때문에 그와 상관없이 시장 가치에 따른 연봉을 지급할 수 있어야 합니다. 기업 실적이 좋지 않을 때 그것을 이유로 연봉 수준을 전년 수준에서 동결하는 경우가 있습니다. 실적이 좋지 않아 현금이 부족한 경우 어쩔 도리가 없지만, 이런 일은 최대한 지양해야 합니다. 이것은 '인재 유지비용'이라는 생각을 해서라도 시장 수준에 맞춰야 합니다. 그렇게 하지 않은 채 이렇게 한두 해가 지나면 능력 있는 구성원들부터 더 좋은 조건의 기업으로 이동할 것입니다. 거기다 그 자리를 메꾸기 위해 새로운 사람을 채용하는 경우 다시 시장 가치 수준에서 찾게 될 수밖에 없으므로 기존 구성원의 연봉보다 더 높은 연봉을 주거나 같은 연봉에 좀 더 낮은 수준의 사람을 구하는 결과를 얻게 될 것입니다. 당연히 이런 방식은 비효율적입니다. 구성원의 퇴사로 발생하는 업무 진행의 불연속성, 새로운 사람을 찾는 데 들어가는 시간, 새로운 사람이 조직문화를 익히고 적응하는 시간들을 고려하면 결국 더 많은 비용이 들어가게 됩니다. 무엇보다 연봉이 성과에 따른 것이 아니라고 했는데, 성과가 좋지 못해서 인상률을 제한한다는 것은 일관되지 않습니다. 따라서 이 경우 실제 지급 능력이 되지 못해 연봉 인상을 동결하더라도 이러한 인내의 결과를 다음 해에 어떻게 반영할 것인지, 그에 상응하는 장단기 인센티브를 제시하든지 하는 메시지 전달이 필요합니다.

시장 가치
가늠하기

시장 가치에 따른 보상에서 시장 가치를 가늠할 수 있는 방법이 있을까요? 단 하나의 마법 같은 공식은 없습니다. 직무 내용, 경력, 실력, 기업 규모, 조직 환경, 복리후생 수준, 함께 일하는 동료들 등 많은 조건들을 수치화하여 평균을 구해야 하는데 사실상 불가능하기 때문입니다. 하지만 찾으려는 노력을 조금 해보면 어느 정도 범위인지는 구해볼 수 있을 것입니다.

그런 방법으로 첫째, 통계자료를 활용합니다. 고용노동부에서 운영하는 임금직무정보시스템[59]에서는 우리나라 기업들의 전반적인 임금 정보를 제공하고 있습니다. 2022년 6월 기준 사업체 특성별 임금 분포 현황을 보면 정보서비스업을 영위하는 30~99명 규모의 1년 미만 근속연수 노동자의 연간임금은 평균 39,194천 원, 하위 25%는 26,548천 원, 중위값은 34,272천 원, 상위 25%는 42,477천 원으로 조사되었습니다.[*] 이외에도 고용노동통계, 국가통계포털(KOSIS), e-나

---

[*] 2021년 6월 기준은 평균 34,497천 원이었는데, 1년 만에 10% 이상 상승

[*] 2021년 6월 기준은 평균 34,497천 원이었는데, 1년 만에 10% 이상 상승

* 2021년 6월 기준은 평균 34,497천 원이었는데, 1년 만에 10% 이상 상승

* 2021년 6월 기준은 평균 34,497천 원이었는데, 1년 만에 10% 이상 상승

[^*]: 2021년 6월 기준은 평균 34,497천 원이었는데, 1년 만에 10% 이상 상승

* 2021년 6월 기준은 평균 34,497천 원이었는데, 1년 만에 10% 이상 상승

라지표 등*을 통해서도 다양한 임금 통계 현황을 확인할 수 있습니다. 생각보다 상세한 자료들이 제공되고 있다는 것을 알게 됩니다.

둘째, 취업 관련 사이트들에서 제공하는 기업 연봉 정보를 참고할 수 있습니다. 잡코리아 기업 정보, 사람인의 기업 연봉 정보, 인크루트의 오픈샐러리, 원티드랩의 크레딧잡, 블라인드, 잡플래닛 등**을 통해 기업별 수준을 파악해 볼 수 있습니다. 동종업계의 실제 현황을 인지할 수 있습니다.

셋째, 유관 기업들의 구인 공고를 통해 확인할 수 있습니다. 우리 회사와 유사한 업종이나 비슷한 성장 단계에 있는 기업들의 구인 공고에 나온 연봉 수준을 통해 기업이 제안하는 연봉 수준을 알 수 있습니다. 가장 최신의 정보가 될 것입니다.

평가와 보상을
분리하려는 노력

연봉이 성과에 따른 보상 개념이 아니기 때문에 인사평가 등급과 연봉 금액을 직접적으로 연계시키지 않는다면 어떤 방법으로 처리할

---

* 고용노동통계(http://laborstat.moel.go.kr/), 국가통계포털(https://kosis.kr/index/), e−나라지표(http://www.index.go.kr/).

** 잡코리아(http://www.jobkorea.co.kr/), 사람인 기업 연봉 정보(https://www.saramin.co.kr/zf_user/salaries/total−salary/list), 인크루트 오픈샐러리(http://www.opensalary.com/), 원티드랩 크레딧잡(http://www.kreditjob.com/), 블라인드(https://www.teamblind.com/kr/), 잡플래닛(https://www.jobplanet.co.kr/).

수 있을지 생각해 봐야 합니다. 최근의 트렌드는 성과평가, 인사평가는 실제 성과향상 본연의 목적으로 진행하고, 연봉 인상에 관한 것은 시장 가치 수준에 맞추되, 고성과자와 저성과자 관리에 집중하는 쪽으로 변화되고 있습니다.

평가와 보상을 분리하는 방법은 생각보다 단순합니다. 인사평가는 구성원들의 조직 기여도, 개인 성장, 향후 경력 목표, 기타사항(예: 상사와 공유하고 싶은 중요사항)에 집중합니다. 개인과 조직이 성장할 수 있는 더 나은 방향을 찾는 것에만 신경 쓰는 것입니다. 보상은 별개입니다. 구체적인 예를 들면 차년도 연봉 재계약 과정에서 팀 리더는 구성원 모두 '우수' 등급을 받은 것으로 가정해 다음 연도 연봉 총액을 정합니다. 그러고 나서 특별한 이슈가 있는 구성원에 대해서만 재검토하는 것입니다. 성과나 태도에 현저한 문제가 있는 구성원의 경우 연봉을 동결하거나 하향시킵니다. 동료들 간의 급여 불평등 이슈 시정을 위해 인상 폭을 상향해야 하는 구성원이 있는 경우 세부 조정을 합니다. 이렇게 팀마다 정리가 되면 인사 관련팀에서 종합 정리하는 것입니다.

2000년대 들어 마이크로소프트(Microsoft), 어도비(Adobe), 후지제록스(Fuji Xerox) 등도 상대평가를 절대평가 체계로 바꾸고 코칭 또는 피드백 중심으로 성과관리 체계를 바꾸었습니다. 그리고 관리자에게 보상 재원을 할당하고 배분에 대한 재량권을 주어 운영하고 있습니다.[60] 유사한 방법입니다.

2

자율경영 조직 관점의 보상체계

동료 피드백과
자기주도적 결정

자율경영 조직에서 보상 수준을 정하는 원칙은 동료 피드백과 자기결정이라고 할 수 있습니다. 자율경영 조직은 기본적으로 위계가 없거나 있더라도 최소한으로 존재합니다. 따라서 보상 수준이 위에서 결정되어 내려오는 경우는 거의 없다고 봐야 합니다.

세계 최대 토마토 가공회사인 모닝스타(Morning Star)의 구성원들은 매년 동료들과 업무에 대한 동의서(CLOU; Colleague Letter of Understanding)를 맺습니다. 연말이 되면 동료들로부터 여러 가지 피드백을 받게 됩니다. 구성원들은 이 피드백과 자신의 성과를 바탕으로 자신이 생각하는 급여 인상 내역과 이유를 작성해서 급여위원회로 보냅니다. 급여위원회는 구성원들 사이에서 선출된 사람들이 모여 만든 조직입니다. 위원회는 접수된 내용들을 검토하여 요청한 급여 수준에 대해 피드백을 제공합니다. '좀 더 높은 인상률을 생각해 보라.'든지, '제시된 인상률이 너무 높다.'든지 하는 의견을 제시합니다. 하지만 이런 피드백은 단지 피드백일 뿐입니다. 최종 결정은 본인 스스로 합니다.[61]

고어-텍스(Gore-tex)로 유명한 W.L.고어도 자율경영 조직을 운영합니다. 이곳에는 직위, 직책이 없습니다. 보스나 관리자가 없다는 말입니다.* 구성원들은 프로젝트를 기반으로 그때그때 팀을 꾸리며 공장 하나의 구성원도 200명이 넘지 않도록 조절합니다. CEO도 구성원들의 투표로 선출합니다. 고어의 급여 지급 방식은 대외 경쟁력과 내부 공정성을 지향합니다. 대외 경쟁력을 위해 고어의 급여와 동종업계의 유사한 일자리 급여를 비교하여 경쟁력 있는 수준으로 유지합니다. 여기까지는 여느 회사들과 비슷합니다. 가장 큰 차이는 조직에 대한 기여도를 동료 피드백으로 정한다는 점입니다. 고어는 1년에 한 번, 구성원들의 조직 기여도에 대한 피드백과 자료를 만듭니다. 일반적으로 20명의 동료들로부터 자료를 수집합니다. 구성원 각자는 종합적인 공헌도에 따라 사업부서의 다른 구성원과 비교해 등급이 결정됩니다. 명단은 공개하지 않지만 어떤 분류에 들어있는지에 관해서는 이야기를 듣게 됩니다. 이러한 순서에 의해 보수가 정해집니다. 업무에 대한

---

* 직위나 직책은 없으나 '리더'라는 호칭은 존재합니다. 리더는 회사에서 임명하는 게 아니라, 동료들이 그럴만하다고 판단할 때 리더를 선출하거나 요청합니다. 명함에 '리더'라고 적힌 사람들의 비율은 약 10% 정도라고 합니다(게리하멜, 『경영의 미래』, 세종서적, 2009).

압력은 상사로부터 나오는 것이 아니라 동료들로부터 나오게 됩니다. 또한 W.L.고어에서는 1년을 근무하면 연봉의 일정 부분을 주식 형태로 지급합니다. 오래 근무할수록 더 많은 주식이 지급되고 회사를 떠날 때 이를 현금으로 바꿀 수 있게 합니다. 고어 주식의 배당금은 대부분의 구성원들에게 최대의 자산이 되고 노후를 보장하는 방법이 됩니다. 단기적으로도 성장의 결과를 나눌 수 있는 연간 이익 분배 프로그램을 운영합니다. 보상의 기본 구조와 장단기 보상체계 모두를 고려하여 성과를 내는 데 집중할 수 있도록 구조를 설계했습니다. 2021년 3월 기준 11,500여 명의 구성원과 38억 달러의 매출을 올리는 기업이 가지고 있는 보상체계인 것입니다.

컨설팅 기업 홀라크라시원(HolacracyOne)도 기본적으로 고어의 방식을 따르고 있습니다. 1년에 한 번 구성원 모두에게 두 가지 질문을 통해 급여를 정합니다. '이 사람은 저보다 더 많이 기여합니다(−3점에서 +3점까지).', '이 사람은 저를 평가할 정당한 근거를 가지고 있습니다(1점에서 5점까지).'. 이 두 가지 질문에 대한 답을 통해 계산식을 만들어 구성원들의 기여도를 구분합니다. 사전에 급여 총액에 대한 급여 구간을 만들어 놓고 결과에 따라 급여를 결정합니다. 기여도를 고려한 효과적인 방법이 될 것 같습니다. [62]

아버지로부터 연 매출 4백만 달러, 90여 명의 직원이었던 셈코(SEMCO)를 물려받은 리카르도 세믈러는 20년 동안 2억 달러가 넘는 매출과 5,000여 명의 구성원이 함께하는 기업을 만들었습니다. 셈코의 초기 사업은 선박용 펌프를 만드는 것이었는데 현재는 환경 컨설팅, HR 아웃소싱, ATM 관리, 벤처캐피탈, 우주 항공 등 다양한 분야의 사업을 진행하고 있습니다. 리카르도 세믈러는 30여 년 전 급여 문제로 구성원들과 씨름하는 것에 신물이 나자 모든 사람들이 자신의 급여를 스스로 정하도록 결정했습니다. 그렇게 하기 위해 구성원들에게 세 가지를 알려주었습니다. 회사에서 구성원들이 얼마나 버는지, 다른 유사업종에서 사람들이 얼마나 버는지, 그리고 우리가 그것을 감당할 수 있으려면 얼마를 벌어야 하는지입니다. 이를 알려주기 위해 식당에 컴퓨터를 두어 검색할 수 있게 했습니다. 이렇게 보상과 관련된 모든 정보를 공개하고 자신의 급여를 스스로 정하도록 했습니다.[63] 셈코에는 동료 자문이나 보상위원회도 없었습니다. 그냥 모든 정보를 공개했을 뿐입니다. 그 결과 다른 사람들이 과도하다고 생각하는 수준까지 급여를 올린 사람들은 거의 없었다고 합니다. 자신을 과대평가한 사람들은 동료들로부터 곤란한 질문에 부딪힐 수 있기 때문입니다. 여기에 한 가지 특이한 점은 경제 위기에서 조직을 보호하기 위해 위험급여 프로그램을 도입했습니다. 회사의 성과가 좋지 않을 때는 급여의 75%를 받고 성과가 좋을 때는 125%의 급여를 받는 방식입니다. 경기 불황 시에 회사를 보호할 수 있는 방안을 만들어 놓은 것입니다. 현실은 성과가 좋은 해가 나쁜 해보다 많아 구성원들은 해당 프로그램을 적극적으로 선택하고 있다고 합니다.[64]

　자율경영 조직, 수평 조직이라고 해서 기계적인 평등을 추구하지 않았습니다. 오히려 동료들 간의 신뢰를 바탕으로 적극적인 피드백과 평가가 이루어지고 있었습니다. 그리고 그 안에서 결정의 핵심은 자신이었습니다. 그것이 자율경영 체계에서 조직이 유지, 발전되는 원동력입니다.

인센티브는
모두가 공유

　인센티브에 대한 생각도 추구하는 조직모델에 따라 달라집니다.
　성과주의 조직 이전의 조직모델이라면 위계질서가 명확한 군대,
정부기관 등이라 할 수 있는데, 이런 조직에서의 인센티브는 주로 서
열에 따라 금액이 결정될 것입니다. 성과주의 조직에서는 개인의 성과
에 비례해서 인센티브 수준이 정해지는 것이 합리적이라고 생각합니
다. 그래야 사람들이 열심히 일할 것이라고 생각합니다. 가치지향 조
직에서는 개인성과에 따른 인센티브 방식에 문제가 있다고 판단하여
개인성과 보상 범위를 줄이고, 집단 인센티브를 지향합니다.
　자율경영 조직의 경우 보상 불평등을 축소하는 데 우선순위를 둡
니다. 특히 급여가 낮은 사람들의 급여부터 올려 전반적인 급여 격차
를 줄이려고 노력합니다. 급여가 가장 낮은 구성원도 자신들의 기본
욕구를 충당할 정도의 급여를 받아야 조직에 대한 자부심, 일을 통한
자아실현 수준에 올라설 수 있기 때문입니다. 그다음 조직의 초과성과
에 대한 인센티브는 조직 전체가 공유합니다.

조직모델에 따른
보상 전략의 차이

　성과주의 조직과 자율경영 조직의 보상체계 차이 특징을 정리해

보겠습니다.

우선 성과주의 조직은 보상체계가 성과를 견인하는 중요한 역할을 한다고 생각합니다. 당근과 채찍이 있어야 구성원들이 더 열심히 일한다는 관점이 깔린 것입니다. 내부적으로는 직무 등급별, 계층별 보상 차이가 명확하고 큰 편이며 구성원 간 급여는 사적인 영역이므로 비공개를 원칙으로 합니다. 따라서 구성원 간 연봉은 비밀주의가 기본입니다. 대외적으로 '우리 회사는 열심히 한 만큼 보상한다.'는 성과에 따른 보상 가능성을 강조하여 매력 있는 기업으로 보일 수 있게 합니다. 따라서 성과에 대한 기여도가 보상의 차이가 됩니다.

가치지향 조직은 성과주의 조직 특성을 근간으로 자율경영 조직 특성으로 이동 중이라고 볼 수 있습니다.

자율경영 조직은 보상체계가 성과를 견인한다기보다 성과를 낼 수 있는 환경을 만들어 준다고 생각합니다. 내부적으로 직무 등급, 계층 간 보상 차이보다는 함께 일하는 동료들의 피드백을 통해 자신의 기여도를 인식하고 이에 따라 자기주도의 보상을 결정하게 됩니다. 이런 부분을 제대로 운영하기 위해 구성원 전체의 연봉을 오픈하여 공유하기도 합니다. 그래야 전체 현황과 각자의 상황을 객관적으로 이해할 수 있기 때문입니다. 구성원들의 생계 안정성을 유지할 수 있을 정도의 급여 지급체계를 만들고, 점차 경쟁사 대비 상대적으로 높은 수준을 만들 수 있도록 노력합니다.

조직 내 성과는 개인이 아닌 구성원 전체가 만드는 것이기 때문에 개인성과 보상은 극히 제한적으로 실시하고, 가급적 조직 전체를 대상으로 성과보상 체계를 만들어 가려고 합니다.

조직모델 간 보상체계 차이(성과주의 조직 vs 자율경영 조직)

항목	성과주의 조직	자율경영 조직
기본 철학	· 보상체계가 성과를 견인하는 중요한 역할을 한다고 생각함	· 보상체계는 성과를 만드는 환경을 만들어 준다고 생각함
내부 정렬	· 직무 등급, 계층 간 보상 차이가 명확하고 큰 편 · 구성원간 급여는 사적인 영역으로 비공개가 원칙	· 직무 등급, 계층 간 보상 차이보다는 실제 기여에 따른 자기주도 보상체계 · 전체 급여를 오픈하는 곳도 많음
외부 경쟁력	· 성과에 따른 보상 가능성 강조	· 경쟁사 대비 높은 수준을 유지하려는 노력
성과기여도	· 보상의 차이가 성과에 대한 기여를 의미 · 보상의 차이가 큼	· 극히 제한적 개인성과 보상 · 조직 전체를 대상으로 평등하게 함

2

스케일업에서 적용하기

지금까지 언급했던 보상체계와 관련된 내용들을 가치지향 조직 수준에서 제안해 보려고 합니다.

우선 초기 급여 결정 이슈입니다. 창업 초기와 스케일업 시기 모두 채용 후보자에게 지급할 초기 급여의 재원이 충분하지 않은 것이 현실입니다. 투자 유치를 통해 자금을 조달했다 하더라도 매출을 통해 얻어낸 이익이 아니기 때문에 소중히 아껴서 사용하려는 마음을 갖게 됩니다. 따라서 이 시기의 급여는 보통 시장 가치 대비 낮은 수준에서 제안하게 되고 대신 회사가 가진 미션과 비전으로 함께할 구성원을 찾게 됩니다. 시장 대비 급여 차이가 많이 나는 중요 포지션의 후보자라면 스톡옵션, 스톡그랜트 같은 주식보상을 적극적으로 제시하게 됩니

다.[*] 물론 주식보상이 의미 있으려면 회사의 미션, 비전에 대한 공감
대가 형성돼야 하고, 투자자에게 투자 피칭을 하듯 회사의 성장 가능
성을 보여야 할 것입니다. 보통 스케일업 진입 단계는 보유 자금이 충
분치 않고 제대로 된 매출 숫자가 나오기 전인 경우가 많아 시장 가
치, 미션·비전, 주식보상을 상황에 맞게 조합하게 됩니다.

초기 정해진 보상 수준을 바탕으로 시간이 지나면 다시 연봉 재계
약 시기가 다가옵니다. 이때 어떤 방식으로 급여가 조정되는지가 중요
한 의사결정이라 할 수 있습니다. 창업 초기에는 별다른 형식이 없었
을 것이고, 체계가 갖추어졌다면 보통 성과평가와 역량평가를 합해 나
온 평가등급에 따라 연봉을 정하는 방식이었을 것입니다. 이 방식은
성과주의 조직의 특징을 반영한 일반적인 형태인데 초기에는 이렇게
진행해도 될 것입니다. 만약 성과와 보상을 직접적으로 연결하지 않겠
다는 판단이 서면 연봉 결정 방식에 변화를 주면 됩니다. 기존에 연봉
테이블이 있거나 없다면 새로 만듭니다. 인사평가 결과에 따라 B 등
급을 기준으로 위로 A, S등급, 아래로 C, D등급의 연봉 테이블이 일
반적일 것입니다. 연봉 테이블은 기준점으로만 활용합니다. 이를 위해
모든 구성원들이 연봉 테이블에서 B등급을 받았다고 가정하고 내년도
지급할 연봉 총액을 계산합니다(연봉 테이블 등급을 S-A-B-C-D가 아니라,
SS-S-A-B-C나 S-A-B로 바꾼 후, A 등급을 기준으로 해도 좋음).

이렇게 조직 전체의 차년도 연봉 총액을 설정해 놓고, 팀 리더가

<hr>

[*]　최근 자금 조달이 충분히 된 스케일업 기업은 더 빠른 성장을 위해 시장 가치보다 높
은 수준으로 우수 인재 확보를 시도하는 경우도 있습니다.

미세 조정할 수 있게 합니다. 팀 구성원 중 실적이나 태도에 심각한 문제가 있었다면 평균 이하의 연봉 인상을 진행하고, 특별히 노력을 치하해야 할 필요가 있는 구성원에게는 추가적인 인상을 해줄 수 있게 됩니다. 이때 경력직으로 입사한 구성원의 경우에는 별도의 기준을 적용합니다. 최초 연봉 금액이 내부 형평성에 비추어 부합되는 것인지, 기대치 대비 어떠했는지를 검토하여 등급 기준과 상관없이 연봉 재계약 과정(즉, 첫 번째 재계약에서)에서 형평성에 맞게 조율할 수 있습니다. 예를 들어 경력직 입사 시 후보자는 높은 수준의 연봉을 요청했고, 회사가 생각할 때는 그보다 낮은 연봉이 적합할 것이라 생각해서(또는 회사의 여력이 부족해서) 낮은 수준의 연봉을 제안했고, 결과적으로 회사가 제시한 수준으로 낮게 연봉 계약을 하고 입사한 경우가 있습니다. 그런데 다음 연봉 재계약 시즌이 되니 회사가 기대했던 것보다, 기존 구성원들과 형평성을 고려해 봤을 때에도 큰 폭의 연봉 조정이 공정하다는 판단이 생길 수 있습니다. 이렇게 입사 1년 차의 경우에는 기존 연봉 재계약 룰에 가두지 말고 새로운 기준치를 고려할 수 있을 것입니다. 최초의 기준 연봉은 서로를 잘 모르는 상황에서 협의된 것이니만큼 첫 1년을 통해 그런 내용들을 반영하는 것입니다.

향후 전체 급여 수준의 목표는 동종 기업 대비 시장 평균 이상의 수준을 유지하여 우수 인재 확보의 대외 경쟁력을 갖추는 것으로 합니다.

인센티브의 기준은 개인이 아닌 조직성과에 초점을 맞추고 구성원 모두가 이룬 것이니만큼 팀 단위 또는 조직 전체에 일정하게 지급하는 방향으로 합니다. 이런 방식은 고정비적 성격을 가진 임금 자체를 올리는 게 아니기 때문에 향후 실적이 부진한 때라도 회사에 부담을 지우지는 않을 것입니다. 아울러 인센티브 같은 외적동기와 함께 일 자체에서 즐거움을 느낄 수 있는 내적동기를 높일 수 있도록 노력합니다 (다음 장에서 다룸).

주식보상은 사업 초기 인재 확보를 위한 보상 수준의 하나로 사용되는 경우와 재직 구성원들의 인센티브로써 사용할 수 있습니다. 전자는 채용 시 초기 급여의 관점에서 고려합니다. 후자의 경우 기업 성장의 열매를 구성원들이 함께 공유한다는 개념입니다. 가급적 많은 구성원들과 공유할 수 있다면 좋을 것입니다.

그밖에도 가치지향, 자율경영 조직모델에서 적용할 만한 방식을 검토해 봅니다. 경영자의 관점과 조직 상황에 따라 최선의 방법을 찾아나가면 됩니다.

스케일업 기업의 보상체계 제안

	일반적(보통 성과주의 조직)	스케일업(가치지향, 자율경영)
초기 급여	· 직급에 상응하는 급여로 결정 · 회사 내부 기준에 의함	· 시장 가치가 기준 · 시장 가치 대비 내부 수준 결정 · 시장 가치 대비 부족한 부분에 대해서는 비전과 주식보상 고려
급여 조정	· 인사평가 '등급'에 결정 · 평가등급에 따른 급여 테이블 적용	· 동료 피드백이 주요한 역할(자율경영 조직) · 전체 급여 총액 기준. 팀별 총액 범위 내에서 관리자가 제한적 조율(가치지향 조직) · 구성원 스스로 결정할 수 있는 체계(자율경영 조직)
급여 인식	· 성과에 대한 보상	· 노동에 대한 시장 가치

급여 수준 방향성	· 개별성과에 따라 개인별 보상 수준의 차이가 큼	· 동종 기업 대비 평균 이상의 수준
인센티브 인식	· 중요한 동기부여 수단	· 인센티브 같은 외적동기보다 내적동기를 높이는 방향으로 노력 · 인센티브를 위해 일하는 것 아님
인센티브 대상	· 개별 인센티브로 개인성과 독려	· 조직성과 중요 · 팀 단위 혹은 조직 전체에 지급(구성원 모두가 함께 이룬 것)
주식보상	· 일부에만 지급	· 기업 가치에 대한 구성원 공유 · 가급적 많은 구성원들과 공유

연봉, 조직 내 오픈해도 되는가

기업에서는 매년 연봉 계약을 시행하며 개인 연봉에 대해 구성원들 간 공개하지 말 것을 요구하고 있습니다. 그래서 이와 관련된 내용이 근로 계약서에 반영되는 경우가 많습니다.

"'구성원'은 '회사'와 계약을 체결한 전후를 불문하고 '회사'와의 사이에서 합의된 연봉 및 근로조건 일체를 누구에게든지 어떤 명목으로든지 공개하여서는 안 된다.' 같은 문구가 그렇습니다. 그런데 이게 좀 묘합니다. '연봉 및 근로조건 일체를 공개하면 안 된다.'인데, 공개하면 어떻게 된다는 말은 없습니다.

때에 따라 '상기 연봉 계약 내용은 본인 이외에는 절대 비밀을 유지해야 하며, 이를 위반하면 회사로부터 징계 등 어떠한 제재도 감수할 것임을 확약한다.' 같은 연봉 비밀 유지 의무를 강조한 문구가 있기도 합니다. 하지만 구성원 간 서로 연봉을 공개했다고 해서 회사가 실제 처벌하는 것은 쉽지 않습니다. 이게 가능하려면 특별히 악의적 목적이 있거나 사회 통념에 비춰 징계할 만한 이유가 있거나 연봉 공개로 인해 회사가 입은 손해를 입증할 수 있어야 하기 때문입니다. 무엇보다 연봉 계약 내용이 비밀로 지켜져야 한다는 법률적인 근거도 없습니다.

한편, 구성원들 간 연봉이 오픈되어 공개적으로 논의하는 것이 좋다는 주장도 있습니다. 구성원들 간 서로의 연봉을 알지 못함으로써 회사와 개인 간 정보 비대칭성이 나타납니다. 그렇게 되면 회사가 우월한 지위에서 연봉 협상을 할 수 있게 됩니다. 특히 연봉 테이블이 체계적으로 만들어져 있고, 구성원들에게 오픈되어 있는 조직이 아닌 이상, 연봉 협상 과정에서 회사의 사정을 이해하고 가급적 그런 상황을 받아들이려는 구성원은 강력한 자기주장이나 논리를 통해 원하는 바를 관철시키려는 구성원에 비해 손해를 보는 상황이 생기기도 합니다. 또 동료평가를 할 때 잘하고 못하고의 기준으로 현재 받고 있는 연봉 수준 대비라는 전제가 필요할 수 있는데, 그것을 모르는 상황에서 기대 수준 대비 평가한다는 게 애매하다는 생각이 듭니다. 연봉 3,000만 원을 받는 사람과 6,000만 원 받는 사람에서 기대하는 업무 수준이 다를 테니 말입니다(이러한 상황을 감안하여 직무 단계 레벨을 만들어 이것을 기준으로 동료평가가 진행되기도 함). 이 내용들은 구성원들을 위해 연봉이 오픈돼야 한다는 주장의 근거입니다.

그런데 막상 연봉이 오픈되면 판도라의 상자를 여는 것 같은 혼돈의 카오스가 될 수 있습니다. 2021년 초 인터넷에 올라온 한 게시글이 상황을 짐작하게 합니다. "지인네 회사 난리 남. 인사팀 막내가 실수로 전 직원에게 전 직원 연봉 엑셀 파일을 메일 송부함. 급여가 높은 직원 왕따, 급여 차이가 있는 팀장 간 트러블, 정규/계약직 다 드러나고 몇십 명이 퇴직 의사를 밝혀 아비규환 후 사내 초토화. 지인도 퇴직"이라는 글입니다. 부연 설명이 없어도 어떤 상황일지 그려질 것입니다.

이런 이야기 말고도 동료의 연봉을 알게 되면서 생기는 에피소드가 많습니다. 동료가 많이 받으면 많이 받는 대로, 적게 받으면 적게 받는 대로, 불공정함, 불평등함, 불합리함과 함께 소외감, 상실감, 열 받음, 속았다는 기분까지 들며 동료와도 사이가 틀어집니다. 이렇게 예상되는 결과로 인해 암묵적으로 묻지도, 알려 하지도 않습니다.

CEO는 어떤 관점을 가지고 있어야 할까요? 일반적으로는 연봉 정보가 구성원 모두에게 오픈되지 않는 것이 적절할 것입니다. 여기서 일반적이라면 성과주의 조직, 가치지향 조직 수준에 해당됩니다. 오픈되어서 좋을 게 없기 때문입니다. 하지만 언제든지 오픈될 수 있다는 생각을 가져야 합니다. 오픈되더라도 연봉체계의 공정함에 대해 자신 있게 설명할 수 있어야 합니다. 그렇게 하기 위해서라도 연봉 정보 비대칭성을 이용해서 구성원을 부당하게 대우해서는 안 됩니다. 체계가 완전히 잡히기 전까지는 덜 챙겨주거나 더 챙겨준 구성원이 있을 수 있습니다. 여건이 되는 대로 기여도에 따른 보상 수준을 맞춰야 합니다.

한편, 본문에서 소개한 대로 자율경영 조직의 경우 연봉 정보를 모두 공유하기도 합니다. 굳이 비밀로 할 필요가 없기 때문입니다.

2

7장

동기부여

2

구성원을 움직이는 원리

'조금만 더 부지런히 하면 늦지 않았을 텐데….'

'조금만 더 신경 썼으면 이런 실수는 없었을 텐데….'

'조금만 더 집중해서 하면 좋을 텐데….'

구성원들을 보며 이런 생각을 해본 적이 있을 겁니다. 조금만 더 하면 좋을 텐데.

지식기반 일이 가진 특성 중 하나는 '열심히 하려고 들면 매일 밤을 새워서라도 해야 할 일이 넘치고, 하지 않으려 들면 얼마든지 하지 않을 수 있다.'입니다. 웹 디자이너의 예를 들어보겠습니다. 웹 디자이너가 오늘 서브 페이지(Sub Page) 세 쪽을 디자인할 계획을 가지고 있습니다. 전체 맥락을 살펴보며 몇 개의 프로토타입을 만들어 봅니다. 아이콘 하나마다 사용자 인터페이스와 확장성까지 생각하며 작업할 예정입니다. 좀 더 꼼꼼히 할 수도 있겠지만 그렇게 하면 하루에 완료할 수 없습니다. 그래도 목표한 수준만큼 되도록 늦게까지라도 해볼 예정입니다. 물론 어떤 날은 일이 계획보다 빨리 끝나기도 합니다. 어제가 바로 그런 날이었습니다. 아침에 커피 두 잔을 연거푸 마셔서 그런지 목표치를 오전에 끝냈습니다. 오후에는 남는 시간도 있고 해서 웹 사이트를 둘러보았습니다. 그동안 웹 사이트의 '신청하기' 버튼이 배경색과 비슷해서 눈에 잘 띄지 않던 게 마음에 걸렸었는데, 그 부분을 수정해야겠다는 생각이 들었습니다. 이미지를 잘 보이는 색으로 교체하면 누르고 싶은 마음이 더 많이 생길 것 같았습니다. 해당 부분의 사용자 인터페이스도 개선할 부분이 보였습니다. 그것도 진행했습니다. 그렇게 하고 나니 확실히 편의성이 좋아지고 클릭률도 올라갔습니다. 기분도 좋아졌습니다. 이 외에도 사용자 경험을 개선할 부분들이 여전히 많습니다. 계속 생각하고 살펴봐야 합니다. 볼 때마다 개선 방향과 새로운 아이디어가 떠오릅니다. 하려고 들면 끝없이 할 일이 있습니다.

반면, 하지 않으려 들면 얼마든지 그럴 수 있습니다. 세 쪽의 웹 페이지를 만드는데 걸리는 시간, 노력, 품질을 스스로 조절할 수 있습니다. 서비스 기획자가 요구한 내용대로 메뉴 배치하고, 인터넷에 있는 이미지 파일을 몇 개 구해서 삽입하면 금방 마칠 수 있습니다. 부지런히 하면 두 시간도 안 걸릴 겁니다. 하지만 두 시간 만에 끝낼 수는 없고, 하루 치 계획이었으니 책상 앞에 앉아는 있어야 할 것 같습니다. 그래서 중간중간 아이디어 확보를 핑계로 웹 서핑도 하고 인터넷 쇼핑도 하며 시간을 보냅니다. 조금 극단적으로 보일 수 있지만 일을 하지 않으려 들면 충분히 이런 식으로 할 수 있습니다.

CEO라면 구성원이 자기 일에 자부심을 가지고 최선을 다해주기

바랄 것입니다. 하지만 얼마나 제대로 일하는지 알기 어렵습니다. 우리는 숱하게 '조금만 더 부지런히⋯.', '조금만 더 신경 썼으면⋯.', '조금만 더 집중하면⋯.' 같은 바람을 갖습니다. 이런 바람을 이루려면 어떻게 해야 할까요? 더 많은 급여를 지급하면 될까요? 목표치에 도달할 때마다 인센티브를 줘야 할까요? 과업에 대해 엄밀한 평가를 하고 성과에 따라 연봉을 책정해야 할까요? 일정을 지킬 때마다 칭찬을 해야 할까요? 쫓아다니면서 잔소리를 해야 할까요?

그런데 근본적으로 '조금 더'로 시작하는 이 고민은 영원히 해결될 것 같지 않습니다. 어느 누구와 일해도, 상대가 아무리 최선을 다해도 아쉬운 점이 남기 마련입니다. 현재 하고 있는 일에 대해 가장 잘 알고, 많이 생각했고, 잘하고 있는 사람이 CEO일 테니 더더욱 그럴 것입니다. 결코 해결되기 어려운 고민입니다. 방향을 조금 바꿔보면 어떨까요? '조금 더⋯. ~해지면 좋겠다.'는 생각이 아니라, '어떻게 하면 조금 더 부지런해질 수 있을까?', '어떻게 하면 조금 더 신경 쓰게 할 수 있을까?', '어떻게 하면 조금 더 집중하게 할 수 있을까?'처럼 '어떻게 하면⋯.'으로 바꿔보는 겁니다.

구성원을 X이론 관점에서 본다면 당근과 채찍 전략이 필요할 것입니다. 하지만 지식노동자를 당근과 채찍으로 관리하는 게 힘들다는 것도 알고 있습니다. 좋든 싫든 구성원을 Y이론 관점에서 봐야겠다고 생각할 것입니다. 하지만 억지(?)로 일하고 있는, 혹은 그렇게 보이는 누군가(후자의 디자이너 같은)의 모습을 보게 되면 머릿속이 복잡해집니다. X이론이든, Y이론이든 그냥 이론일 뿐이라는 생각이 듭니다. 위선자처럼 굴고 싶지도 않습니다. 결국 제대로 된 평가 시스템이 없기 때문이라는 데 생각이 모이고 더 정밀한 업무 평가체계가 필요하다는 생각이 듭니다. 평가를 제대로 해서 잘하는 구성원에게 보상하고 그렇지 못한 구성원에게 페널티를 주고 싶어집니다. 다시 당근과 채찍으로 돌아갈 생각을 하게 되는 겁니다. 그런데 이렇게 해놓으면 구성원들이 의도대로 움직일까요?

Y이론 가설이 무엇입니까? 사람들은 어떠한 조건에서나 노동에 심신의 노력을 기울인다는 가설이라고 했나요? 아닙니다. 통제 조건에 따라 달라진다고 한 부분이 기억날 겁니다. 경영자는 그 통제 조건이란 것이 무엇인지, 어떻게 바꿔야 할 것인지에 집중해야 합니다. 조건을 만드는 노력은 하지 않으면서 '조금 더'만 바라는 것은 요행입니다. 조건은 X이론처럼 만들어 놓고 Y이론처럼 일할 것을 기대하는 것은 콩을 심어놓고 팥이 나길 기다리는 것과 같습니다.

일에서 목적이
분리되다

놀이동산에서 일하고 있는 운행요원에게 무슨 일을 하고 있는지 물어봤습니다.

"저는 손님들이 놀이기구에 잘 앉았는지, 안전벨트를 제대로 착용했는지, 나갈 때 놓고 내리는 물건이 없는지 살펴보는 일을 하고 있습니다."

고 했습니다. 다른 운행요원에게도 똑같은 질문을 했습니다. 그러자 이렇게 대답합니다.

"저는 손님들이 즐겁고 안전하게 놀이기구를 즐길 수 있도록 도와드리는 일을 하고 있습니다."

사실 두 사람 모두 똑같은 일을 하고 있습니다. 하지만 대답은 달랐습니다. 전자의 경우 자신이 하는 행동을 중심으로 말했습니다. 어떤 일을 하는지 그 자체를 구체적으로 설명했습니다. 후자는 자신이 하는 일의 목적을 중심으로 대답했습니다.

일이란 원래 그 자체가 목적이 아니라, 어떤 목적을 달성하기 위한 행동이라 할 수 있습니다. 손님의 안전벨트 착용을 도와주는 것은 손님의 안전을 위해서입니다. 안전벨트 착용을 도운 후 아무 이유 없이 갑자기 팔굽혀펴기를 하거나 윗몸 일으키기를 한다면 그것은 목적에 부합하지 않는 행동이라 할 수 있습니다.

그런데 일에서 목적을 분리시키면 어떻게 될까요? 테일러의 과학적 관리법은 일에서 목적을 떼어내는 방식으로 효율을 높였던 방법론입니다. 관리자는 지시를 하고 노동자는 실행하도록 했습니다. 관리자는 목적을 담당하고, 노동자는 행동을 담당한 것입니다. 최초의 실험 대상자 슈미트에게 제시한 조건이 바로 그러했습니다.

"모든 작업에 대해 관리자의 지시를 따르고 반문하지 않는다. 그렇게 하면 일당을 기존 1.15달러에서 1.85달러로 올려 지급하겠다."

관리자는 머리고, 노동자는 몸이었습니다. 노동자는 목적에 대해 생각할 필요가 없었습니다. 생각하지 말라고 했습니다. 그것은 관리자의 몫이기 때문입니다. 과학적 관리법은 노동자가 일을 진행하는 과정에서 선택할 수 있는 것들을 체계적으로 제거했습니다. 대신 작업량에 따라 돈을 더 주었습니다. 게으른 노동자들을 열심히 일하게 만드는 방법이었습니다. 그 당시 사람들에게 일이란 단지 먹고살기 위한 것이었습니다. 먹고살기 위해 일한 것도 일의 목적이라 할 수 있지만 그것은 일 자체의 목적이 아니라, 일을 하는 사람의 목적이라 할 수 있을 것입니다.

기업의 중앙집중적인 위계 조직도 이러한 개념에 기반해 발전했습니다. 주요한 의사결정은 최상위 경영진들이 하고 아래에서는 결정에 따라 행동하는 조직을 만든 것입니다. 또 이 구조가 잘 돌아갈 수 있도록 상세하고 엄격한 규정과 절차를 만들어 놨습니다. 반복성, 효율성, 품질향상에 중점을 둔 프로세스 관리가 중요했습니다. 그런데 현재 시점에서도 '일에서 목적이 분리되는 것'이 유효할까요?

성과주의 조직이
구성원을 움직이는 원리

테일러리즘, 포디즘으로 촉발된 프로세스 중심 관리는 생산성 향상으로 이어졌습니다. 생산성 향상은 공급을 증가시켰고, 공급의 증가는 기업 간 경쟁을 심화시켰으며 기업들은 저마다 차별적 경쟁우위를 만들기 위해 혁신을 추구하게 됩니다. 이를 위해 기술, 연구, 제품 관리, 마케팅, 판매 같은 부서들이 생겨났습니다. 경쟁력을 확보한 기업들은 규모가 커지고 조직 구성원의 수가 늘어나며 사업과 관리의 복잡성이 높아졌습니다. 특히 사무직에 종사하는 화이트칼라 노동자들을 기존 프로세스 중심으로 관리하기에는 한계가 있었습니다. 이런 상황에서 피터 드러커(Peter Drucker)는 통제와 지시에 의한 경영이 아닌 목표에 의한 경영(MBO)의 필요성을 주장했고, 기업들은 속속 목표 관리 경영을 도입하기 시작했습니다. 목표에 의한 경영은 크고 복잡한 조직을 관리하기 위한 최선의 방법이었습니다. 회사가 세운 전사 목표를 시작으로 하위 계층까지 정렬된 목표를 수립함으로 효율적인 운영과 구체적인 성과를 기대할 수 있었습니다. 그런데 이렇게 목표를 세웠다고 저절로 달성되는 것은 아닙니다. 구성원들이 목표 달성에 집중해야 하는데, 이것을 독려하기 위한 방법이 필요해졌습니다. 가장 쉽게 생각할 수 있는 것은 성과에 따른 인센티브입니다. 그렇게 하기 위해서는 수립한 목표에 대해 어느 정도 성과를 올렸는지 평가가 필요합니다. 평가에 따라 성과급, 보너스, 스톡옵션 같은 것들이 제공될 것입니다. 금전적 보상뿐 아니라, 승진도 보상으로 제공했습니다. 누구나 능력만 보인다면 피라미드 상층부로 올라갈 수 있는 방법이 생긴 것입니다. 승진을 하게 되면 금전보상도 올라가고 개인 사무 공간, 전용 차량, 전용 주차공간, 주식보상 같은 특전도 따라옵니다. 피라미드 위로 올라갈수록 권력도 생깁니다. 능력만 보인다면 누구라도 이런 것들을 얻을 수 있게 되었습니다. 성과를 내는 만큼 보상해 주겠다는 성과주의 조직의 전형적인 특징이라 하겠습니다. 물론 성과를 내지 못하면 페널티(Penalty)가 있다는 것도 잊지 말아야 합니다. 저성과자는 임금 삭감, 재교육, 인사이동 등을 받아들여야 합니다.

결과적으로 성과주의 조직이 구성원들을 움직이는 핵심 원리는 목표와 평가를 통한 보상(報償, Rewards)입니다.

목적 중심으로
일하다

미국 노드스트롬(Nordstrom) 백화점에서 있었다고 알려진 유명한 이야기가 있습니다. 노드스트롬이 1970년대 알래스카에 있는 백화점을 인수한 후 다시 문을 열었을 때입니다. 한 고객이 타이어를 들고 와서 환불을 요구했습니다. 그러나 구매 영수증이 없었습니다. 우리가 예상할 수 있는 백화점 직원의 반응은 이럴 것입니다.

"고객님, 죄송하지만 영수증이 없으면 교환이나 환불이 되지 않습니다."

그래도 고객이 계속해서 타이어를 환불해 달라고 하면,

"고객님, 정말 죄송합니다. 규정상 어쩔 수가 없습니다. 죄송합니다."

라고 대응했을 것입니다. 규정상 어쩔 수 없는 것이 사실이니 말입니다. 하지만 우리는 이 상황이 어떻게 흘러갔는지 알고 있습니다. 백화점 직원은 아무 조건 없이 기꺼이 환불해 주었습니다. 나중에 알려졌지만 노드스트롬에서는 타이어를 판매한 적도 없다고 합니다. 이후이 일은 노드스트롬 하면 최고의 고객 만족 서비스 기업이라는 것을 각인시켜주는 유명한 일화가 됩니다.

우리는 이 이야기를 듣고 노드스트롬 백화점의 고객 만족 서비스 수준에 대해 감탄합니다. 국내 기업 교육 현장에서도 '우리도 이렇게 열심히 해서 고객 감동 서비스를 제공하자.'며 이 사례를 인용하는 경우가 많았습니다. 구성원 개개인이 좀 더 고객지향적으로 생각하고 실행해 보자고 독려합니다. 하지만 '우리도 잘해보자.'는 말로는 별반 달라질 것 같지 않습니다. '영수증 확인 후 교환 또는 환불해 준다.'는 내부 규정을 어기면 문제가 될 가능성이 높습니다. 노드스트롬 서비스에 대해서는 감동하지만 우리도 이렇게 할 수 있을지에 대해서는 의문이 생깁니다. 구성원들에게 이 사례처럼 '조금 더' 잘하자고 강조할 게 아니라, 먼저 이런 일이 '어떻게' 가능했는지 그 구조를 확인해 보고, 우리도 그런 구조를 만들 수 있는지 살펴봐야 할 것입니다.

그런데 오히려 이런 의문이 들지는 않습니까? '팔지도 않은 타이어를 교환해 주는 게 정말 올바른 일일까?', '고객 만족을 위해서라면 고객이 원하는 모든 것을 해주라는 말인가?', '우리 회사 구성원들에게도 이런 사례처럼 하라고 말하는 것이 적절한가?', '백화점 직원은 왜 굳이 이런 결정을 했을까? 그냥 규정대로 하면 편했을 텐데.', '어떻게 고객 응대 직원이 이런 결정을 내릴 수 있었을까? 어떻게 책임지려고.

나중에 관리자에게 혼날 수도 있었을 텐데.'. 궁금증이 끊이지 않습니다. 과연 우리 회사에서 이런 비슷한 일이 생겼다면 어떻게 해석되었을까요?

목적을 달성하는 힘, 자율성

노드스트롬 백화점 고객 응대 담당자의 일은 무엇입니까? '고객을 만나고, 고객이 가져온 구매 상품에 대해 환불 여부를 결정하고, 상품을 받고 환불해 주는 일'이라고 대답한다면 행동중심적 관점입니다. 일에 대한 생각을 행동중심적 관점으로 가지고 있다면 규정대로 일처리를 했을 것입니다. 그게 자신의 일이기 때문입니다. 자신의 일을 목적 중심으로 생각한다면 '고객을 만족시키는 것'이라고 생각했을 것입니다. 따라서 고객을 만족시킬 수 있는 일 전반이 자신의 일이라 생각하고 그런 관점에서 판단하여 일처리를 했을 것입니다.

일을 목적 중심으로 생각하면 두 가지 특징이 생깁니다.

첫째, 목적 중심적 과업은 해야 할 일이 유동적입니다. 목적 중심적 과업의 대부분은 고객을 중심에 둔 생각과 행동인 경우가 많습니다. 고객 응대 공간에 놓여있는 테이블을 깨끗하게 유지하는 것은 백화점 개장 전에 해야 할 청소 담당자의 역할입니다. 하지만 청소 담당자가 없는 상황, 환불을 위해 고객이 방문한 시점에도 테이블 아래 쓰레기가 떨어져 있다면 고객 응대 담당자는 자신의 일이라고 생각하고 주울 것입니다. 그것이 고객을 만족시키는 일이기 때문입니다.

둘째, 목적 중심적 과업은 불확실성이 높습니다. 환불을 받기 위해서 찾아온 고객이 그날따라 기분이 나쁘거나 구매한 상품이 불량품이거나 고객 센터에서 오래 기다려야 하는 상황이 되는 경우 담당자 혼자 열심히 한다고 고객을 만족시키기 어려울 것입니다. 고객 만족에 영향을 미치는 요인들이 다양합니다. 그래서 불확실성이 높고 사전에 모든 경우의 수를 프로세스로 준비하는 것이 불가능합니다.

두 가지 특징, 해야 할 일의 범위가 유동적이고, 발생 가능한 일의 불확실성이 높은 상황에서 목적 중심으로 일하려면 구성원에게 무엇이 필요할까요? 구성원이 상황에 맞추어 의사결정 하고 움직일 수 있도록 해줘야 합니다. 바로 자율성(또는 선택권이나 재량권)이 필요합니다. 자율성! 행동과업을 매뉴얼로 만들어 놓고 이대로 지키라고 하면 그 범위를 벗어날 수 없습니다. 조직은 중앙집중적 위계 조직이고 고객 접점에 있는 구성원에게 규정 내에서 일하라고 하면서, 노드스트롬같이 하라는 것은 앞뒤가 맞지 않습니다.

노드스트롬의 대표는 고객 만족에 관한 모든 권한이 직원에게 있다고 말합니다.

"노드스트롬을 대표하는 것은 직원 개개인이지, 사무실에 앉아있는 사람(경영진)이 아닙니다."[65]

곤란한 상황이 발생하면 항상 고객에게 이익이 되는 결정을 내리는 것이 원칙이라고 합니다. 이것이 회사가 가진 가치체계입니다. 그냥 멋있어 보이라고 홈페이지에 올려놓은 것이 아니라, 실제 이렇게 행동할 수 있도록 구조를 만들었습니다. 구성원의 목적의식이 기업의 가치체계와 정렬되고 기업은 그에 부합한 행동을 할 수 있는 자율성을 구성원에게 주었기 때문에 그렇게 할 수 있었던 것입니다. 우리 현실에서는 회사가 팔지도 않은 타이어를 환불해 줬다고 하면 그 담당자는 본인 과실로 간주되어 사비로 손실을 메꿔야 했을 수 있습니다. 하지만 노드스트롬은 고객 만족에 관한 모든 자율권이 직원에게 있다는 가치체계를 강조하고 실행했습니다. 향후 보다 나은 행동을 위해 서로 피드백을 통해 기준을 맞춰 나가겠지만 지금 당장의 판단은 구성원 개개인이 내릴 수 있게 한 것입니다. 결과적으로 회사에 손해가 되는 결정을 내렸다 하더라도—사실상 그런 경우는 거의 생기지 않지만—그게 우려돼서 일에 대한 목적지향을 포기할 수 없다고 본 것입니다. 대부분의 구성원들은 자기 재량하에 조치를 취했고 그런 행동들이 모여 노드스트롬이라는 브랜드를 만들게 된 것입니다. 이렇게 기업의 가치체계와 개인의 목적의식이 정렬된 상황이라면 앞에서 제기한 몇 가지 의문점들이 해결될 것입니다.

'팔지도 않은 타이어를 교환해 주는 게 정말 올바른 일일까?' 경영자가 고민할 필요가 없습니다. 구성원이 상황적 맥락까지 고려하여 판단할 것입니다. 팔지도 않은 타이어를 교환해 주는 게 올바른 일인지는 구성원이 판단할 것입니다. 그리고 난 다음에 서로 피드백을 받아보면 다음번에는 더 나은 선택을 할 수 있게 될 것입니다.

'고객 만족을 위해서라면 고객이 원하는 모든 것을 해주라는 말인가?' 이 기준도 경영자가 일일이 정할 수도 없고 정할 필요도 없습니다. 구성원들에게 재량을 주면 됩니다. 그리고 그 결과에 대해 논의해 봅니다.

'우리 회사 구성원들에게도 이런 사례처럼 하라고 말하는 것이 적절한가?' 그렇게 말하는 것은 자유인데 말한다고 그렇게 되는 게 아닙니다. 어떻게 이런 환경이 만들어졌는지 근본적인 부분부터 살펴봐야 합니다.

'백화점 직원은 왜 굳이 이런 결정을 했을까? 그냥 규정대로 하면 편했을 텐데.'. 그것이 자신이 하는 일이라고 생각했기 때문입니다. 자신의 일은 고객의 요구를 만족스럽게 해결해 주는 것이라 생각했기 때문입니다. 그리고 그렇게 했을 때 일을 잘했다는 생각이 들고 스스로 뿌듯한 마음이 생기기 때문입니다. 누구나 의미 있는 일을 하면, 목표에 부합되는 일을 하면 기분이 좋아집니다.

'어떻게 고객 응대 직원이 이런 결정을 내릴 수 있었을까? 어떻게 책임지려고. 나중에 관리자에게 혼날 수도 있었을 텐데.' 조직에서 그렇게 할 수 있는 환경을 만들었기 때문입니다. 고객 만족에 관한 모든 재량권을 직원들에게 주었다는 것이 그냥 빈말이 아니었습니다. 이런 비슷한 대응으로 관리자에게 혼난 적이 있었다면 고객 응대 직원은 결코 환불 결정을 하지 못했을 것입니다.

이런 방향을 추구하는 것이 가치지향 조직의 특성입니다. 기업이 가진 미션, 비전, 공유가치 등의 가치체계를 구성원들과 공유하고, 구성원들은 그 목적에 기반하여 일을 진행합니다. 가치지향 조직에서 구성원들이 움직이는 핵심 원리입니다.

2

가장 확실한 동기부여는
인센티브인가

지식노동의 특징 중 하나를 '열심히 하려고 들면 매일 밤을 새우더라도 해야 할 일이 넘치고, 하지 않으려 들면 얼마든지 하지 않을 수 있다.'고 표현했었습니다. 구성원이 어떻게 마음먹느냐에 따라 일하는 정도가 달라진다는 의미입니다. 그런데 이 '마음'은 눈에 보이지 않습니다. 눈에 보이지 않으니 관리도 어렵습니다.

구성원들이 열심히 하고 싶은 마음이 들 수 있도록 하는 가장 직접적인 방법은 목표에 대한 인센티브일 것입니다. 구성원 입장에서도 이런 방식이 동기부여가 될 것이라 생각합니다.

"이번 웹 서비스 프로젝트가 일정에 맞추어 론칭되어야 합니다. 여러 가지 어려움이 예상되지만 계획한 수준으로 성공적인 오픈이 이루어지면 그 성과에 따라 현금 인센티브도 준비했습니다. 마지막까지 최선을 다해주세요."

프로젝트 진행을 독려하기 위해 인센티브가 예고되었습니다.

적절한 조치라고 생각할 수 있습니다. 적은 인원과 빠듯한 시간으로 인해 일정을 맞추기 어려운 여건이지만, 구성원들을 독려하기 위해 그리고 감사함을 표시하기 위해 인센티브를 제시했습니다. 현금은 동기부여의 강력한 도구입니다. 돈 싫어하는 사람이 어디 있겠습니까? 회사에서 일하는 것도 결국 돈을 벌기 위해서 아니겠습니까? 다른 회사들도 대부분 다 이렇게 하는 것으로 압니다.

반면 부정적 견해도 있습니다. 이런 제도가 단기적으로는 효과가 있겠지만 결국 역효과를 일으킬 것이라는 주장입니다. 한두 번은 현금 인센티브로 동기부여 할 수 있겠지만, 다음부터는 이런 유사한 상황이 생길 때마다 구성원들이 인센티브를 기대하게 될 것입니다. 그때는 아마 이전 수준 혹은 그 이상의 인센티브를 기대할 것입니다. 이전보다 수준이 낮다면 실망할 것입니다. 인센티브로써의 효과가 약해질 수 있습니다. 무엇보다 이런 인센티브에 길들여지면 구성원들은 수동적으로 변하게 됩니다. 조금 어려운 일을 할 때마다 인센티브를 기대하게 될 것입니다. 인센티브가 있으면 열심히, 그렇지 않으면 열심히 해야 할 이유를 찾지 못할 수도 있습니다.

외적보상이
성취동기를 높인다

경영학 분야에서는 보상이 성과를 높인다는 연구가 많습니다. 성과에 따라 지급하는 보상의 형태, 기준, 시점, 크기, 방식이 다양하기 때문에 각 조건들이 성과에 미치는 영향의 차이가 있을 수는 있지만 대체적으로 보상이 성과를 높인다는 데는 큰 이견이 없습니다. 직관적으로 생각해도 너무 당연하다 생각됩니다. 그러니 지금까지도 다양한 보상 제도가 존재하는 것입니다.

보상이 성과를 높일 수 있는 이유는 성과보상이 동기를 자극하기 때문입니다. 어린 시절 부모님이 심부름을 시키셨을 때 하기 싫거나 귀찮았던 적이 있었을 겁니다. 그때 심부름값을 주신다고 하면 어떻게 합니까? 벌떡 일어나서 '감사합니다.' 하고 얼른 다녀오게 됩니다. 심부름비라는 외적보상이 동기부여가 된 것입니다. 확실히 사람의 행동을 촉진시키는 데 효과가 있습니다.

마침 20세기 초 심리학 분야에서는 외적보상을 활용해서 사람의 능력을 효과적으로 다룰 수 있다는 과학적 근거를 제공했습니다. 스키너의 쥐 실험에 대해 들어보았을 것입니다. 행동주의 심리학자 벌허스 스키너(Burrhus F. Skinner)는 자신이 직접 만든 '스키너 상자'를 이용해 실험을 했습니다. 상자 내부의 지렛대를 누르면 먹이가 나오도록 만든 다음, 배고픈 쥐를 집어넣고 그 행동을 관찰한 것입니다. 상자 안으로 들어간 쥐는 그 안에서 왔다 갔다 하다가 우연히 지렛대를 누르게 됩니다. 그러자 상자 안으로 먹이가 들어옵니다. 배가 고팠던 쥐는 먹이를 먹어치웁니다. 그리고 다시 상자 안에서 움직이다가 다시 한번 지렛대를 누르게 됩니다. 그러자 또다시 먹이가 상자 안으로 들어옵니다. 이런 일이 한두 번 더 반복되자 쥐는 '지렛대를 누르면 먹이가 나온다.'는 사실을 학습하게 되었습니다. 이제부터는 배가 고플

때 의도적으로 지렛대를 눌렀습니다. 스키너는 이러한 현상을 바탕으로 먹이를 주지 않거나 먹이의 양을 조절하거나 하는 등 다양한 추가 실험을 통해 보편적인 행동 법칙을 발견했습니다. 이것을 '강화 이론(Reinforcement Theory)' 혹은 '조작적 강화 이론(Operant Reinforcement Theory)'이라고 부릅니다. 스키너는 이러한 방식을 활용해서 비둘기에게 탁구를 칠 수 있도록 만들었고,[*] 사람에게도 이 방식을 활용하면 기대하는 행동을 만들 수 있다고 생각했습니다. 이렇게 단순하고 명쾌한 변화 이론은 미국인들로부터 열렬한 지지를 받았습니다. 학교나 기업들이 사람들을 성장시킬 수 있는 다양한 제도 수립의 기반이 되기도 했습니다.

기업들은 스키너의 이론을 활용하여 매출 목표에 인센티브를 걸어 구성원들이 더 열심히 노력할 수 있게 하거나, 생산 과정에서 불량률이 올라가면 페널티를 주어 불량률을 줄일 수 있는 강화 방식을 설계할 수 있었습니다. 그렇게 하면 구성원들을 기대하는 방향으로 움직일 수 있습니다. 구성원들도 계속 그렇게 하다 보면 자신도 모르는 사이 그렇게 행동하게 되고, 그 결과 인센티브도 얻고 자기 역량도 올릴 수 있게 됩니다. 비둘기가 탁구를 칠 수 있도록 한 것처럼 사람도 새로운 능력을 개발할 수 있다고 생각했습니다.[**]

---

[*] 사람처럼 탁구 라켓을 들고 치는 방식이 아니라 비둘기 두 마리가 마주 본 상태에서 부리로 테이블 위에 있는 공을 밀어서 주고받을 수 있도록 훈련시켰습니다.

[**] 물론 사람도 스키너의 이론처럼 움직인다는 전제하에 말입니다. 하지만 사람은 동물과 다른 인지 능력을 가지고 있어 동물 실험 결과를 그대로 적용할 수 없다는 것이 주류 심리학 이론이 됩니다.

외적보상,
장기적으로도 유용할까

외적보상이 성과향상을 위한 동기를 높이고 실제 성과를 만들어 내기도 하지만, 장기적으로 보면 역효과가 날 것이기 때문에 유용하지 않다는 주장도 많습니다.

이 주장을 대변하는 잘 알려진 이야기가 있습니다. 교육학자 알피 콘(Alfie Kohn)이 1999년 쓴 『보상을 통한 처벌(Punished by Rewards)』에 나오는 이야기입니다.[66]

어느 마을에 한 노인이 살고 있었습니다. 어느 날부터인지 학교에서 집으로 돌아가던 열 살짜리 아이들이 노인의 집을 지날 때마다 노인에게 "멍청하다.", "못생겼다.", "대머리다."라며 욕설에 가까운 소리를 질러대며 지나갔습니다. 그 나잇대 아이들의 놀이 같은 것이 되어버렸습니다. 그러던 어느 월요일, 노인은 자신의 집 앞에서 소리치던 아이들을 만나 이렇게 말합니다.

"너희가 내일도 와서 이렇게 무례한 말을 하면 1달러씩 받게 될 거다."

그 이야기를 듣자 아이들은 화요일에 더 일찍 나타나서 온갖 야유를 보냈습니다. 그러자 노인은 약속대로 모두에게 1달러씩 줬습니다. 그리고 말했습니다.

"내일도 똑같이 해라. 그러면 수고비로 25센트씩 주겠다."

아이들은 그것도 여전히 꽤 좋다고 생각했고, 수요일에 다시 나타나 노인을 조롱하기 시작했습니다. 잠시 후 노인이 다시 나타나 아이들에게 25센트씩을 주었습니다. 그리고 다시 말했습니다.

"잘 들어라. 이제부터 이렇게 하면 1센트밖에 줄 수 없어."

그러자 아이들은 믿을 수 없다는 듯 서로를 쳐다보았습니다.

"1센트라고?"

무척 기분 나쁜 표정들이었습니다. 그리고 그들은 다시 돌아오지 않았습니다. 한 번쯤 들어봤음 직한 이야기입니다. 아이들의 자발적 행위를 돈으로 보상함으로써 행동 자체에서 느낄 수 있는 즐거움인 내적동기를 사라지게 하고, 그것을 돈에 의한 외적동기로 대체시켰습니다. 그렇게 한 다음 외적보상인 수고비를 없애버리니 아이들 마음에는 그렇게 해야 할 동기가 없어진 것입니다. 외적보상이 도입된 후 내적동기가 밀려난 것입니다.

심리학 분야에서는 비슷한 연구가 많이 있습니다. 미국 사회심리학자 에드워드 데시(Edward Deci)의 블록퍼즐 게임 실험도 유명합니다.[67] 1969년 진행된 오래전 실험이긴 한데 당시 대학생들에게는 소마(Soma)라는 블록퍼즐 게임이 유행이었습니다. 연구팀은 대학생들을 대상으로 블록을 사용해 종이에 그려진 서너 가지 모양의 형태를 만들어 보라는 과제를 제시합니다. 하나를 만드는 데 10분의 시간을 주었습니다. A그룹에게는 과제대로 완성하면 돈을 주었고 B그룹에게는 별도의 보상을 하지 않았습니다. 실험이 종료되고 연구진은 설문지를 가지러 다녀오겠다고 말한 후 학생을 혼자 남겨두었습니다. 학생 주위에는 무료함을 달래줄『뉴요커』,『타임』,『플레이보이』등 여러 종류의 잡지들이 놓여있었습니다. 그리고 그들의 행동을 지켜봤습니다. 잠시 쉬는 시간. 완성할 때마다 보상을 받은 그룹은 잡지를 들춰봤습니다. 더 이상 블록을 해봐야 돈을 받는 것도 아니니 블록을 만질 필요가 없었습니다. 반면 아무 보상이 없었던 B그룹의 학생들은 여전히 블록을 만지고 있었습니다. 여기서 데시는 '보상에 길들여지면 보상이 없는 상황에서 그 일을 하지 않는다. 외부에서 주어지는 보상은 내적동기를 끌어내는 데 역부족이며 사람들을 수동적으로 행동하게 만든다.'라고 했습니다.

1993년 알피 콘은 하버드 비즈니스 리뷰에 「인센티브 계획이 작동되지 않는 이유」라는 논문을 제시했습니다. 이 역시 상당히 많이 인용되는 논문입니다. 여기서 그는 모두 여섯 가지 이유를 제시했습니다.

첫째, 금전보상은 동기부여가 아닙니다. 직원들이 일터에서 가장 중요하게 생각하는 것이 급여일 것 같지만 직접 물어보면 그렇지만은 않다는 것을 알게 될 것이라고 합니다. 일반적으로 대여섯 번째 정도에 급여를 꼽는다고 합니다. 물론 급여가 너무 적으면 재정적 문제에 신경 써야 하고 사기가 떨어질 수 있겠지만, 더 많은 급여를 지불한다고 해서 그들이 더 열심히 일하게 되고, 장기적으로 더 많은 일을 하게 될 것이라고 확신할 만한 근거는 없다고 주장합니다.

둘째, 보상은 처벌입니다. 인센티브를 지급한다는 것은 결국 '이것을 하시오. 그러면 저것을 얻게 될 것입니다.'를 의미합니다. 이것은 직원을 조종하고 통제하는 징벌적 성격이 있다는 것이고, 역으로 이것을 하지 않으면 저것을 얻지 못할 것이기 때문에 사실상 처벌에 해당한다는 것입니다.

셋째, 보상은 구성원 간 관계를 깨뜨립니다. 보상을 하기 위해서는 성과를 평가해야 하고, 그렇게 되면 서로 경쟁을 강요받게 됩니다. 성과평가가 완벽할 수도 없고 좋은 평가를 받으려는 정치가 생겨날 수도 있습니다. 또 관리자가 보상 권한을 가지고 있다면 구성원은 관리자의 비위를 맞추려고 하게 되어 정상적인 협력 관계를 깨뜨릴 수 있습니다.

넷째, 보상은 원인을 무시합니다. 일을 하다 보면 여러 가지 문제들이 많이 발생합니다. 사람과 관련된 문제들만 봐도 '저 팀은 왜 고객 응대를 제대로 하고 있지 못할까?', '저 사람은 왜 저렇게 위계를 강요하는 것일까?', '우리 조직이 너무 경직되어 있는 것은 아닐까?'같이 정말 많습니다. 이런 문제를 해결하려면 이런 상황이 생긴 원인을 파악하고 해결책을 찾아야 합니다. 그런데 이렇게 하지 않고도 고객 만족도에 대한 인센티브 제도, 수평적 조직문화 노력에 대한 인센티브 제도 같은 것을 시행하면 문제가 개선되는 것처럼 보일 수 있습니다. 이런 방식은 문제의 원인을 무시하게 되고, 관리자들의 능력도 손상시킬 것입니다.

다섯째, 보상은 위험감수(Risk-taking)를 막습니다. 사람들은 원래 무언가 창의적으로 생각하고 새로운 것을 해보고 이런 것을 좋아하는데, 보상은 실패위험이 있는 것들을 피하게 만드는 역할을 합니다. 어려운 것을 할 필요 없이 인센티브에 최적화된 예측 가능한 실행을 하게 된다는 것입니다.

끝으로 보상은 흥미를 약화시킵니다. 물론 사람이 가지고 있는 목표가 명확하고 탁월하다면 어떠한 인위적인 인센티브도 내적동기를 약화시킬 수 없을 것입니다. 하지만 일반적으로 보상은 어떤 메시지를 전달합니다. 이것을 하면 저것을 주겠다는 것은 이것에 집중하라는 것입니다. 행동을 통제하려는 것입니다. 이런 식이 되면 애초에 가졌던 일에 대한 흥미는 인센티브에 자리를 내주고, 어느 순간부터 흥미가 아닌 인센티브 때문에 일을 하게 됩니다.

기존 찬반 연구에 대한
추가 논의

인센티브와 같은 외적보상이 단기 성과를 내는 데 효과가 있다는 데 대해서는 의견이 모아집니다. 문제는 알파 콘이나 에드워드 데시의 연구처럼 부작용이 따를 수 있다는 점입니다. 그렇다면 이런 부작용을 최소화하는 외적보상 방법은 없을까요?

일반적으로 동기이론은 심리학, 사회학, 교육학 분야에서 많은 연구가 이루어졌습니다. 20세기 중반 행동심리학은 파블로프의 개 실험*이나 스키너의 쥐 실험 등을 통해 알 수 있듯 잘 설계된 외적보상이 사람의 행동을 변화시킬 수 있다고 주장했습니다. 외적보상과 처벌을 통해 행동을 통제할 수 있다는 주장입니다. 테일러리즘, 포디즘을 이론적으로 지지해 주는 역할도 했습니다. 하지만 인간은 개나 쥐가 아닙니다. 사람은 동물과 다른 복잡다단한 사고를 가지고 있기 때문에 단순히 조건반사적으로 행동이 강화되지 않습니다. 인간은 스스로 학

---

* 이반 파블로프(1849~1936)의 개 실험: 개에게 먹이를 주지 않고 종소리를 울려본 결과 개는 아무 반응이 없었습니다. 이후 개에게 먹이를 줄 때마다 작은 종을 울려서 소리를 냈습니다. 그러다 어느 날에는 먹이를 주지 않고 종만 울려봤는데 개는 먹이를 주는 줄 알고 침을 질질 흘렸습니다. 조건반사를 발견한 것이고 학자들은 고전적 조건형성(Classical Conditioning)이라 불렀습니다. 훗날 스키너에 의해 '조작적 조건형성(Operant Conditioning)'이 주장되면서 한 단계 더 발전하게 됩니다.

습하고 판단하며 행동할 수 있는 인지(Cognitive) 능력이 있고 이에 기반하여 판단합니다. 돈만으로 움직이는 것이 아니라는 것입니다. 사람들은 공정하지 못한 보상이 주어지거나 자신을 존중해 주지 않는 조직이라면 언제든지 떠날 준비를 하게 됩니다.

기존 심리학 연구들은 주로 학생들을 대상으로 통제된 실험실에서 진행했습니다. 이런 방식은 환경을 통제해 가설 검증이 수월하지만 직장과 직장인의 상황을 그대로 담아낼 수 없습니다. 직장인의 일은 현실 문제입니다. 노인이 세 번째 날 1센트를 준다고 해도 먹고살려면 나와야 합니다. 더군다나 그게 기존 급여 위에 더 주는 인센티브라면 얼마가 되었든 당연히 출근할 것입니다. 에드워드 데시의 블록퍼즐 실험도 대표적인 실험실 실험입니다. 외적보상이 내적동기를 방해한다는 것이 그 결과인데, 현실에서는 그렇게만 해석하기가 어렵습니다. 휴식 시간에 일을 하는 것은 개인의 자유지만, 그것이 일에서 얻는 재미라는 내적동기 때문인지, 인센티브를 받으려는 외적동기 때문인지는 확실치 않습니다. 마찬가지로 휴식 시간에 쉬고 있다고 해서 내적동기가 방해받았다고 할 수도 없습니다. 아무리 일이 재미있어도 힘이 드는 것은 사실입니다. 따라서 휴식 시간에는 휴식을 해야 이후에 일을 잘할 수 있습니다. 실험실과 일터는 상황이 달라 그대로 적용하기 어려운 경우가 많습니다.

알피 콘의 「인센티브 계획이 작동되지 않는 이유」는 하버드비즈니스리뷰에 실리자마자 많은 논쟁을 불러일으켰습니다. 이 논문이 1993년 9-10월호에 실렸었는데 독자들의 반응이 뜨거워 다음 호인 11-12월호에는 「보상을 다시 생각하자(Rethink Reward)」라는 제목으로 기업 임원, 경제연구소 연구원, 경영대 교수, 경영 컨설턴트 등의 반론이 실렸습니다.

그들의 주장을 요약하면 이렇습니다. 첫째, 알피 콘은 보상이 동기부여가 아니라고 했습니다. 그러면서 보상의 종류로 인센티브가 아니라 급여를 언급했습니다. 급여같이 정기적인 외적보상은 인상 초기를 제외하고 이후부터는 당연한 것으로 인식되어 동기부여 효과가 떨어진다는 것은 이미 알려진 사실입니다. 둘째, 인센티브를 못 받는다는 것은 목표를 달성하지 못했기 때문이고, 그것은 결국 처벌에 해당된다는 것입니다. 하지만 이런 식이라면 개별적인 급여 인상 수준도 모두 동일해야 된다는 논리인가요? 셋째, 인센티브를 받기 위해 내부 구성원들끼리 경쟁해야 하는 게 문제라면 집단 인센티브 제도를 검토하거나 내부 경쟁이 아닌 제도를 생각해 볼 수 있습니다. 개별 구성원과 인센티브 결정권자와의 왜곡된 관계가 문제라면 결정권자의 입김이 가능하지 않은 명확한 인센티브 기준을 만들 수 있습니다. 넷째, 인센티브가 근본적인 문제 해결의 인식 없이 지급 기준에 부합하는 결과에만 집중하게 되어있다면 이런 방식의 인센티브는 지양해야 할 것입니다. 설계가 잘못된 것이라고 할 수 있습니다. 다섯째, 인센티브로 인해 구성원들이 위험을 회피하고 안전한 쪽을 택하게 된다고 했습니다. 인센티브가 창의력을 낮춘다는 주장의 근거이기도 합니다. 그와 상관없이 목표를 높게 잡으면 일반적인 방법으로는 도달할 수 없기 때문에 창의적이고 도전적인 방법을 찾으려 노력할 것입니다. 또는 인센티브의 액수를 적게 하면 그것 때문에 굳이 위험을 회피하고 안전한 쪽을 택할 동기를 없앨 수 있습니다. 즉, 인센티브 금액보다 목적에 집중할 수 있도록 방안을 만듭니다. 여섯 번째 인센티브가 흥미를 약화시킨다고 했습니다. 그 이유는 내적동기를 인센티브가 대체하게 되기 때문입니다. 물론 그럴 수도 있지만, 직장인은 학생이 아닙니다. 흥미가 있든지 없든지 어차피 해야 할 일입니다. 인센티브라는 외적동기가 흥미를 줄인다 하더라도 외적동기가 더해져서 전체 동기 수준을 더 크게 할 수도 있습니다.

콘의 주장과 여러 반론들을 고려하여 인센티브를 설계할 수 있을까요? 급여가 아닌 별도의 인센티브, 내부 경쟁 지양, 명확한 기준 제시, 인센티브의 결과가 목적에 부합되는지 확인, 도전이나 창의력을 유발할 수 있는 과업, 인센티브 금액보다 목적에 집중할 수 있는 방법들을 찾아봐야겠습니다.

내적동기를 높이는 외적보상 설계

외적보상이 내적동기를 향상시켜 성과향상에 도움이 된다는 연구도 있습니다. 2010년 임직원 1만 명이 넘는 아시아의 한 대형 IT 서비스 기업에서 13개월 동안 진행된 실험입니다.[68] 구성원들이 인트라넷을 통해 프로세스 및 제품 개선에 대한 아이디어를 제출할 수 있도록 메뉴를 만들었습니다. 구성원들이 아이디어를 제출하면 관리자의 검토를 거쳐 간부 회의에서 고객에게 소개할 아이디어를 추려냈습니다. 여기서 고객이 받아들인 아이디어는 실행에 옮겨지고 그 결과 추이도 계속 살펴보도록 했습니다. 이를 위해 사내 열아홉 개 팀을 무작위로 실험 집단과 통제 집단으로 구분했습니다. 실험 집단의 구성원들은 아이디어를 내서 채택될 경우 점수를 받았습니다. 고객이 그 아이디어를 높이 평가하면 추가 점수를 받았습니다. 점수는 온라인 쇼핑몰에서 현금처럼 사용할 수 있었습니다. 반면 통제 집단의 구성원들은 아이디어를 제출해도 아무런 보상이 없었습니다. 이 실험의 결과를 보면 시간이 갈수록 보상을 받게 된 팀에서는 한 사람당 제출하는 평균 아이디어 건수는 줄어들었지만 아이디어를 내는 직원 수는 늘고, 품질은 높아졌습니다. 연구진은 개인별 아이디어 수가 줄어든 이유에 대해 제도화된 인센티브가 더 좋은 아이디어에 집중할 수 있게 만든 것이라고 설명했습니다. 이런 보상이 구성원들을 제품 개선과 프로세스에 대해 생각하도록 유도하는 적절한 도구였다는 것입니다. 이 실험의 연구자인 마이클 기브스(Michael Gibbs)는 "잘못된 결과나 행동에 대해 보상할 경우 인센티브는 동기부여나 창의력을 떨어트릴 수 있게 됩니다. 하지만 적절한 보상은 분명 창의력 향상에 도움이 됩니다."라고 언급했습니다.

또 하나 여기서 흥미로운 것은 실험이 끝나 더 이상 아이디어 채택에 대한 보상을 해주지 않았는데도 실험 집단의 구성원들이 계속해서 더 괜찮은 아이디어를 제안했다는 점입니다. 이렇게 외적보상이 내적동기에 긍정적 영향을 미치는 경우들도 있습니다.

스케일업의
선택

　외적보상 관련, 스케일업 단계에서 생각해 볼 부분들을 살펴보겠습니다.

　첫째, 급여와 급여체계의 경우 대외적으로는 경쟁력을, 내부적으로는 공정성을 가진 체계를 만드는 데 집중합니다. 앞 장 보상체계에서도 언급했던 내용입니다. 급여 같은 외적보상은 평소에는 동기부여에 별다른 영향을 미치지 않습니다. 급여가 오르면 며칠 동안은 기쁘고 의욕이 넘치지만 일주일만 지나면 인상된 급여가 그렇게 중요한 동기부여 요소가 되지 않습니다. 시간이 갈수록 당연한 것으로 받아들이게 됩니다. 일상에서는 일에서 얻는 성취감, 보람, 실력향상, 사람 간의 관계가 동기에 많은 영향을 미칩니다. 하지만 급여가 중요한 동기요소가 되는 특정한 순간이 있습니다. 현재 급여 수준으로 더 이상 생활이 어려운 경우, 다른 회사에서 현저히 높은 수준의 급여로 전직 제안을 받았을 때, 다른 사람의 급여를 알게 되었는데 그것이 불공정하다는 기분을 가질 때 등입니다. 이런 경우 퇴사로 이어질 정도의 파급력을 가지고 있습니다. 따라서 급여 관련 체계는 대외 경쟁력과 내부 공정성을 가질 수 있도록 부지런히 만들어 놓아야 합니다.

　둘째, 콘의 주장과 여러 반론들을 고려한 인센티브 방법을 생각해 볼 수 있습니다. 그중 조직의 초과성과에 대해 구성원 모두를 대상으로 동일한 금액의 인센티브를 지급하는 경우 여기에 부합되는 예가 되지 않을까요? 이 경우 급여가 아닌 별도의 인센티브입니다. 개인평가와 상관없이 지급되므로 내부 경쟁도 지양합니다. 초과성과니까 애초에 목표 수준이 제시되었을 것이고, 구성원이 함께 만든 열매를 나눈다는 점에서 인센티브 목적에 부합할 것입니다. 이런 제도가 안착된다면 구성원들은 지속적으로 도전이나 창의력을 발휘하게 될 것입니다. 개별성과에 따라 인센티브 가능한 금액이 정해지는 것이 아니기 때문에 조직이 하고자 하는 근본적인 과업에 집중하게 될 것입니다.

셋째, 적절한 인센티브 설계를 통해 내적동기를 강화할 수 있는 방법을 생각해 볼 수 있습니다. 앞에서 소개한 프로세스 및 제품 개선 아이디어에 대한 보상 사례를 다시 살펴봅시다. 아이디어가 채택되면 쇼핑몰에서 사용할 수 있는 소정의 점수를 제공했습니다. 큰 금액은 아닙니다. 큰 금액이 아닌 게 중요합니다. 금액이 커지면 '이것 하면 저것(큰 금액)을 주겠다.'에서 '이것'에 집중하는 게 아니라, '저것'에 관심을 갖게 되고, 그러면 목적이 달라지기 때문입니다. 이 사례의 인센티브는 소소한 재미 수준이었습니다. 제안한 아이디어는 관리자 검토를 거쳐 고객에게 선택받아야 채택됩니다. 고객이 아이디어를 높게 평가하면 추가 점수도 있습니다. 아이디어가 채택된다는 것은 고객에게 더 나은 가치를 제공할 수 있다는 것이고, 조직에도 기여하는 일이며, 제안자 스스로도 보람을 느낄 수 있습니다. 여기서 중요한 것은 아이디어 채택이라는 성과가 고객에 의해 정확하고 공정하게 도출된다는 것, 동료들과 제로섬 경쟁을 하는 것이 아니라는 것, 보상은 흥미를 촉진시키는 요인이고 더 큰 효용은 스스로 성취감을 느낀다는 것이 되겠습니다.

구글에서 운영하는 지땡스(gThanks)와 동료 보너스 제도도 참고할 만합니다. 고마움을 표시할 동료가 있다면 칭찬 사이트에 감사의 메시지를 올립니다. 공개적으로 감사를 받으면 기분이 좋아집니다. 여기에 그치지 않고 해당 메시지를 본 구성원은 175달러의 동료 보너스를 보낼 수 있습니다. 동료 보너스는 구성원 모두에게 배정이 되고 그것을 누구에게 보낼지도 구성원이 정하며 돈은 회사에서 부담합니다. 공개 칭찬을 받는 것도 좋은데 현금까지 받다니 두 배로 기분 좋은 하루입니다. 외적보상이면서도 내적동기가 더 높아집니다. 이런 인센티브 프로그램들의 공통점을 보면 인센티브 금액이 크지 않아 외적보상 자체에 목적을 두지 않게 됩니다. 적절한 외적보상이 내적동기를 강화하는 방법이 됩니다.

넷째, 외적보상의 설계는 결국 만들고자 하는 조직의 특성을 반영하게 될 것입니다. 성과주의 조직을 지향한다면 외적보상을 많이 활용하게 될 것입니다. 외적보상이 내적동기를 줄이는 경향이 있다고 하더라도 외적동기가 올라가면 전체 동기가 높아지기 때문에 성과를 내는 데 도움이 될 수 있습니다. 일부 부작용이 있더라도 지금까지 이 방식이 성과를 내는 방식이었습니다. 가치지향 조직, 자율경영 조직을 지향한다면 대외 경쟁력을 가진 급여체계를 확보하는 데 주력하고, 내적보상에 집중하는 방향으로 만들어 갈 것입니다.

2

일에서 열정 찾기

구성원들이 열정(Passion)을 가지고 일할 수 있는 곳. 아마 모든 경영자들이 만들고 싶은 일터일 것입니다. 열정의 사전적 의미는 '어떤 일에 열렬한 애정을 가지고 열중하는 마음'입니다. 어떻게 하면 일에 대한 열정이 생길까요? 일을 통해 얻을 수 있는 게 많을수록 열정이 생길 것입니다. 그것을 보상이라고 할 수 있습니다. 금전, 승진, 명예 같은 외적보상이 열정을 불러일으킬 수 있습니다. 이것은 일의 외부에서 오는 보상입니다. 반면 의미 있는 일을 하고 있다는 감정, 자신의 역량이 향상되고 있다는 인식, 목표한 일을 잘해내고 있다는 성취감 등 일 자체에서 생기는 보상도 있습니다. 주로 심리적으로 얻을 수 있는 내적보상이 열정을 만듭니다. 외적보상에 대해서는 앞에서 다루었고, 여기서는 일에서 오는 내적보상에 대해 알아볼 것입니다.

무엇이
열정을 만드는가

저는 오늘 7장 동기부여 부분의 원고를 작성했습니다. 하루 종일 꼼짝하지 않고 글을 쓰고 있습니다. 정확히는 썼다 지웠다 하고 있습니다. 열렬한 애정을 가지고 열중하고 있습니다. 그렇다고 매 순간이 아주 재미있는 것은 아닙니다. 조금 전에 페이스북에 접속했더니 누군가 티빙(TVing)에 드라마 '슈퍼 펌프드: 우버 전쟁'이 올라왔는데 볼만하다고 하는 글이 보였습니다. 재미로 따지면 그 드라마를 보는 게 나을 것 같습니다. 하지만 여전히 PC 앞에 앉아있습니다. 부족한 글솜씨에다 쓰고 나서 다시 읽어보면 논리적 연결이 부족하고 근거가 약해서 쓰고 지우기를 반복하고 있습니다. 그럼에도 불구하고 이런 열정을 갖게 된 동기는 무엇일까요?

첫째, 할만한 가치가 있다고 생각하기 때문입니다. 이 글이 완성되면 창업가와 기업에 도움이 될 것입니다. 비즈니스 모델을 검증하며 스타트업 단계를 넘어선 창업가들이 검증된 비즈니스 모델을 반복하여 확장시킬 수 있는 시스템을 만드는 데 유용한 정보가 될 것입니다. 특히 제가 좋아하고 아끼고 존경하는 몇몇 후배 창업가들과 꼭 공유하고 싶은 내용들이기도 합니다. 무엇보다 저 스스로도 다시 한번 경영의 기회가 생긴다면 어떻게 해나갈지 의사결정의 기준을 세워보고 싶었습니다.

둘째, 제가 선택한 일이기 때문입니다. 누가 하라고 시킨 사람이 없습니다. 누가 시켜서 하는 것도 아니고, 사전에 출판사와 계약이 되어있는 것도 아닙니다. 출간을 어떻게 할 것인지에 대해서는 초고가 끝난 다음에 생각해 보려고 합니다. 스케일업 경영자들에게 도움이 될 수 있는 효과적인 방법을 볼 것입니다.

셋째, 원고를 작성하는 과정에서 제 역량이 향상되고 있다고 느낍니다. 그냥 알고 있는 것과 글로 적는 것은 제가 제대로 알고 있는 것인지 명확하게 구분시켜 줍니다. 잘 알고 있었다고 생각한 부분인데 글로 쓰다 보면 논리적으로 완전하지 않다는 것을 종종 발견합니다. 이건 제가 완전히 알고 있지 못하다는 것을 의미합니다. 그 부분을 메꾸기 위해 다시 한번 생각을 정리하고 공부하게 됩니다. 이 과정에서 모호했던 것을 확실히 알게 되고, 또 새로운 것도 알게 됩니다. 제가 점점 더 많이 알게 되는 것 같습니다.

넷째, 목적을 달성해 가고 있습니다. 어느덧 7장입니다. 이 작업이 언제 끝나나 싶었는데 이제 두 개의 장만 더 하면 됩니다. 처음 계획보다는 많이 늦어졌고, 아직도 시간이 더 걸리겠지만 조금 더 집중해 보려고 합니다. 물론 원고의 진도를 나가는 것 자체가 목적을 이루는 과정이긴 하지만, 출간 이후 스케일업 경영자들에게 실질적인 도움이 된다면 더욱 보람될 것입니다. 그래서 원고가 완료된 만큼 중간중간 창업가들에게 피드백도 받아 반영하고 있습니다.

이런 것들이 제가 '열정을 쏟고 있는' 이유입니다.

자기경영과
내적보상

　『열정과 몰입의 방법(Intrinsic Motivation at Work)』의 저자 케네스 토마스(Kenneth Thomas) 교수는 사람이 과업을 수행할 때 그 일을 대하는 순서를 '자기경영 프로세스(The Self-management Process)'라는 이름으로 정리했습니다. 이 순서의 각 항목은 심리적 의사결정 또는 심리에 영향을 미치는 행동으로 구성되어 있습니다.[69]

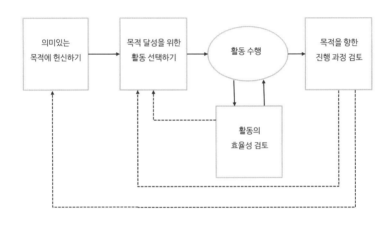

| 자기경영 프로세스(케네스 토마스) |

　일의 시작은 목적에서 출발합니다. 목적을 달성하기 위해 일합니다. 최초의 자기경영 활동은 그 목적에 얼마나 헌신할지 결정하는 것입니다. 목적이 자신에게 어떤 의미를 주는지가 중요합니다. 누구도 의미 없는 일을 하고 싶어 하지 않을 겁니다.

목적에 헌신하기로 결정했다면 그다음은 어떻게 달성할 것인지 과업을 선택해야 합니다. 목적을 달성할 수 있는 여러 가지 선택지가 있을 것입니다. 이때 스스로 선택하고 결정하는 것이 중요합니다. 일을 하려고 하다가도 남이 시키면 하기 싫어집니다. 학창 시절, 공부 좀 해볼까 하고 책상 앞에 앉았는데, 앉자마자 부모님께서 '공부 좀 해라.'라는 말을 들어본 적이 있으십니까? 갑자기 하기 싫어지지요? 자신이 주도적으로 선택해야 하고 싶은 마음이 커집니다.

과업을 선택하고 나면 이제 실행합니다. 실행 과정에서 자신이 효율적으로 하고 있는지 생각하게 됩니다. 생각에서 그치는 것이 아니라 효율적인 방법들을 강구하게 됩니다. 숙련도를 높여 효율을 높이거나 기존 방식을 바꿔보기도 합니다. 더 좋은 방안을 찾아 공부도 하게 됩니다. 이 과정을 통해 자신의 역량이 향상되고 있다는 것을 느끼게 될 것입니다. 그런 느낌이 일에 대한 몰입감을 높입니다.

마지막으로 실행 중인 과업이 목적에 부합되도록 진행되고 있는지 살펴봅니다. 부합되지 않는다면 더 나은 방향을 찾아야 할 것입니다. 이것은 성과를 확인하는 과정이며 이 과정을 통해 자신이 일을 통제하고 있다는 느낌을 갖게 될 것입니다. 목적한 바에 다가갈수록 자신이 투자한 시간과 노력이 가치 있는 일이었다는 생각을 하게 됩니다. 성취감과 함께 더욱더 행동을 촉진시킬 것입니다.

이렇게 자기경영 프로세스에서 제시된 네 가지 요소들에 영향을 미치는 내적보상 활동은 의미, 선택, 역량, 성과 이렇게 네 가지 단어로 정리할 수 있습니다. 단어를 따로 외우려고 노력할 필요는 없습니다. 자기 자신이 일을 할 때 언제 열정이 생기는지 생각해 보면 됩니다.

'이 일은 할만한 가치가 있다(의미).', '이 일은 내가 선택하고 결정한 것이다(선택).', '내 실력이 향상되고 있다(역량).', '일이 잘 진행되고 있다(성과).' 같은 생각이 들 때 열정이 생길 것입니다. 이런 생각이 들 수 있도록 일하는 환경을 만들어야 할 것입니다. 자기경영 프로세스의 행동과 내적보상의 인식이 서로 영향을 미치며 시너지를 만듭니다.

어떤 일을 해나가는데 그 일을 통해 자신의 실력이 쌓이고 있다는 느낌이 들면 더 열심히 하게 됩니다. 더 열심히 하게 되면 일의 효율이나 성과가 올라갈 것이고, 그러면 좋은 성과를 만들게 되고 성취감이 생기면서 더 몰입하게 됩니다. 이것은 마치 웃으니까 즐겁고, 즐거우니까 웃고, 웃으니까 즐겁고, 즐거우니까 웃는 상황이 됩니다. 이것을 자기강화 순환(Self-reinforcing Cycle) 과정으로 표현할 수 있을 것입니다.[70]

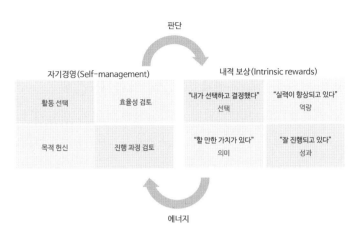

판단

자기경영(Self-management)

활동 선택	효율성 검토
목적 헌신	진행 과정 검토

내적 보상(Intrinsic rewards)

"내가 선택하고 결정했다" 선택	"실력이 향상되고 있다" 역량
"할 만한 가치가 있다" 의미	"잘 진행되고 있다" 성과

에너지

| 자기강화 순환(Self-reinforcing Cycle)(케네스 토마스) |

CEO와 구성원은
왜 동기 수준이 다른가

일에 대한 내적보상은 자기경영을 통해 스스로 느끼고 그것이 다시 행동으로 이어지는 자기강화 순환 과정 속에서 나옵니다. 본인 스스로 일에 대한 의미를 인식하고 스스로 선택하며 일이 잘 진행되고 있는지 점검하고 자신의 역량을 쌓아가는 과정에서 내적보상을 받게 됩니다.

여러분은 어떻습니까? CEO, 그것도 창업가이자 CEO라면 보통 자기강화 순환 과정에 들어와 있을 것입니다. 목적을 가지고 창업을 했고, 스스로 선택한 것이며 회사와 본인 모두 성장하고 있다는 느낌을 갖고 있을 것이기 때문입니다. 물론 이 중에 뜻대로 안 되는 게 있어서 고민도 하지만, 이 순환 궤도 안에서 움직이고 있을 것입니다.

그런데 구성원의 경우는 조금 다릅니다. CEO가 생각하는 것만큼 일에 대한 의미를 갖지 못했을 수 있습니다. 구성원이 목적 달성에 기여할 수 있는 일을 스스로 선택했을 수도 있고 그렇지 않았을 수도 있습니다. 현실적으로 CEO만큼의 자기결정권은 없을 것입니다. 열심히 하는데 일이 잘되고 있는 것인지 스스로도 판단할 수 있지만 어쩌면 CEO나 다른 관리자가 '잘했다.', '부족했다.', '잘못했다.'라며 대신 판단하기도 합니다. 지금 하고 있는 일이 실력을 쌓는 데 도움이 되기도 하지만, 때에 따라 그렇지 않은 일도 맡게 됩니다. 특히 그런 경우 자신의 역량이 쌓이고 있다는 기분을 느끼지 못할 수 있습니다. 구성원이 CEO처럼 일할 수 없는 이유는 결국 일에 대한 내적보상 수준이 CEO와 다르기 때문입니다. 그렇다면 CEO는 구성원들의 내적보상 상황을 파악하고 증진을 위해 관심을 가져야 합니다.

내적보상 지원하기

내적보상을 높이는 네 가지 요인들을 조직에서 적용할 수 있는 방법을 찾아보겠습니다. 그 핵심은 일에 대한 의미, 선택, 역량, 성과에 대한 인식을 내적보상이 될 수 있도록 만드는 것입니다. 구성원들의 내적보상 수준이 올라가면 올라갈수록 일에 대한 몰입도가 높아질 것입니다.

먼저 일의 목적과 의미를 공유해야 합니다. 할만한 가치가 있는 일이라는 것을 공유하는 게 목표입니다. 그렇지 않다고 생각하면 이 일을 하고 있을 이유가 없습니다. 우리의 미션, 비전, 핵심가치 같은 것들이 그냥 선언적이고 멋있는 문장으로만 구성되어 있는지 한 번 더 돌이켜 보면 좋겠습니다. 우리가 가진 비전이 이루어지는 모습을 상상하며 함께 이루고 싶다는 생각이 들 수 있도록 이야기 나눠봅니다. 투자자들만 설득의 대상이 아닙니다. 함께하는 구성원들이야말로 더욱더 뜻을 함께해야 합니다. 우리가 왜 이 일을 하려고 하는지, 우리가 도달하려고 하는 목표는 어디인지, 어떤 가치관으로 일할 것인지에 관해 계속 이야기합니다. 더불어 회사 이야기뿐만 아니라, 구성원이 하고 있는 일이 우리가 고객을 위해서, 우리 조직을 위해서, 스스로를 위해 얼마나 중요하고 의미 있는 일인지, 그래서 얼마나 감사한 일인지도 인식시켜 줍니다. 상대방은 개인적으로 어떤 목표와 비전을 가지고 일하고 있는지도 알면 좋겠습니다. 때에 따라서 구성원 스스로 도전할 만한 목표를 설정해 보는 기회를 제공하는 것도 의미 있는 일이 될 것입니다.

두 번째, 스스로 선택하고 결정할 수 있도록 지원합니다. 이것은 결국 얼마나 자율성을 가지고 있느냐가 중요합니다. 노드스트롬 고객 담당자 사례만 보더라도 중요성을 충분히 인지하고 있을 것입니다. 구성원에게 충분한 권한을 주고 있는지, 구성원의 결정을 신뢰하고 있는지, 실패나 실수에 대해 어떤 태도를 취하고 있는지 이런 부분들을 생각해 보고 함께 이야기 나눠볼 필요가 있습니다. 이것이 가능하게 하기 위해 무엇보다 경영자가 해야 할 일은 조직 가치체계의 공유와 조직 내 모든 정보가 구성원들에게 전달되고 있는지 하는 점입니다. 가치체계가 공유되어야 조직이 지향하는 방향의 의사결정 기준을 가질 수 있습니다. 전통적인 피라미드 조직은 정보가 위로 모이고 위에서 결정하면 아래에서 실행하는 구조였습니다. 이런 방식으로는 구성원들에게 자율권을 주기 어렵습니다. 가능한 모든 정보가 조직 내에서 공유되도록 하여 구성원들이 그 정보를 바탕으로 의사결정 할 수 있도록 도와야 합니다.

세 번째, 일을 통해 실력이 향상될 수 있도록 돕습니다. 이렇게 하기 위해서는 구성원에 대해 알아야 합니다. 구성원은 지금까지 어떤 커리어를 가져왔는지, 현재 진행하는 일이 적합한 것인지, 자신이 만들어 가고 싶은 커리어는 무엇인지, 어떤 역량을 더 가져가고 싶은지, 우리 조직이 혹은 경영자가 도울 수 있는 부분이 있는지 확인하며 더 나은 방향을 찾아나가도록 합니다. 또한 일을 하는 과정에서 긍정적인 피드백과 칭찬은 몰입을 촉진시킬 수 있습니다. 자신의 역량을 인정받았다는 기분과 함께 실력이 향상되었음을 인지하는 기회가 되기 때문입니다.

마지막으로 일의 진행 상황을 공유합니다. 구성원은 현재 상황을 어떻게 생각하는지 의견을 나눕니다. 개선해야 할 부분이 있으면 함께 고민하고 방안을 찾아봅니다. 미션을 달성해 가는 긴 여정 속에서 중간중간 우리의 위치를 확인하고 그 과정에서 만드는 유의미한 성과들을 인식해 갈 때 계속 갈 힘이 생깁니다. 목적대로 유의미한 성과를 내고 있다면 축하의 방법도 생각해 봐야 합니다. 큰 목표를 향해 갈 때 그 과정에서 만드는 작은 성공들을 통해 자신감과 추진력을 얻는 것과 같습니다. 이런 일들은 평가를 목적으로 하는 게 아니라 일의 목적을 달성할 수 있도록 하는 논의임을 잊지 말아야 합니다.

8장

조직문화

조직문화에 대한 이해

직장인 기업 연봉 & 이직 커리어 플랫폼 블라인드*는 직장인들의
커리어 관련 의견들이 비실명으로 공유되는 곳입니다. 여기에는 이직
을 계획하고 있는 이용자들이 관심 기업의 조직문화를 묻는 질문들이
꽤 올라옵니다. 이런 질문들에 대해 재직자들이 본인의 경험을 댓글로
남기기도 합니다. 이 중 몇 개의 댓글을 발췌해 보았습니다.

■ 자유로운 업무 환경이라는 것은…. 자기가 하고 싶은 일을 하거나 하기 싫
   은 일은 안 하고 싶다를 말할 수 있고, 그게 반영되는 환경이라 생각하는
   데. 여기는 그런 게 잘됨. 워라밸 좋고. 폭풍 성장 중이어서 적응하기 힘든
   게 단점. – O사 재직자

---

*   https://www.teamblind.com/kr/

- 오너 일가가 항상 윽박지르고 쪼아대고 노예처럼 아랫사람들을 부려대니…. 이렇게 하는 것이 자연스럽게 아랫사람을 부리는 문화로 자리 잡았고…. 소위 잘나간다는 사람들 스타일은 모두 다 소리 지르고 윽박지르고 야단치고 네가 뭘 알겠니 한심한 것아. 아랫사람 의견은 듣지도 않는 그런 스타일들은 다 승승장구하더라. 그렇게 아랫사람 부리는 것이 마치 대단한 리더십인 마냥…. 오히려 아랫사람들 말에 귀 기울여 주고 격려해주면서 아랫사람들이 마음속으로 우러나와 잘해보자 파이팅 해보자 하게 해주시는 분들은 오히려 너무 물러터졌다는 트집으로 오래 못 가시고 퇴출되는 경우가 많았음 – D사 재직자
- 여기는 군대야 군대…. – G사 재직자
- 싫으면 싫다 얘기함. 회식 날 약속 있으면 있다고 얘기함(회식 강요 X), 내일은 내가, 상사 일은 상사가(업무 분담 99%), 상사들 눈치 보고 퇴근할 일 없음(99% 확률로 상사가 먼저 퇴근) – S사 재직자
- 직무도, 연봉도, 복지도, 위치도 꽤나 흡족했는데 이 모든 것을 상쇄할 정도로 조직문화가 미개했음. 텃세, 왕따, 군기, 회식문화, 열폭, 폭언, 사생활침해, 엄청난 꼰대들…. 물리적으로 때리는 것 빼곤 다 했지. 마치…. 여자가 돈 잘 벌고 사랑하는 남편 만나 결혼했는데 극성맞은 시어머니랑 시누이와 함께 산다면 이런 기분일까. 취준 때, 이직 때는 후순위로 두지만 막상 다니다 보면 이직을 결정하게 되는 큰 이유가 되는 것 같음. 어느 회사든 다니다 보면 불만은 생기는 것이지만 나름의 합리적인 문화에서 최소한의 수준을 갖춘 사람들과 함께 일하는 것도 복지임. – M사 재직자

기업 구성원 전체가 아니라 개개인의 의견이기 때문에 해당 기업의 실제 문화와는 차이가 날 수 있지만, 이렇게 느끼고 있는 사람이 있다는 것은 분명한 사실입니다. 이 중 가장 마지막 댓글에 나온 비유

가 인상적이었습니다. "여자가 돈 잘 벌고 사랑하는 남편 만나 결혼했는데 극성맞은 시어머니랑 시누이와 함께 산다면 이런 기분일까." 일을 하는 데 있어서 조직문화가 어떤 영향을 끼치는지 알 수 있었습니다. 자신이 '하고 싶은 일을 하거나 하기 싫은 일은 안 하고 싶다.'를 말할 수 있는 환경에서 일하는 것과 '항상 윽박 당하고 쪼이고 부려 먹히는 문화에서 일하는 것'은 당연히 성과에도 영향을 미칠 것입니다. 스케일업은 조직문화를 정립해 가는 단계라고 할 수 있습니다. 조직과 구성원 모두에게 긍정적인 조직문화가 만들어져야 할 것입니다.

조직문화 –
늘 해왔던 자연스러운 결정과 행동

조직문화란 '집단과 개인이 집단에서 협력하는 방식을 특징짓는 행위 양식, 가치, 신념, 규범의 특정한 구성'[71], '조직 내 널리 퍼져있는 암묵적으로 공유된 규범과 가치'[72], '조직 구성원이 조직 생활을 통해 학습하고 공유하며 전수하는 신념, 규범, 관행으로, 조직 구성원들의 생각과 의사결정 및 행동에 방향과 힘을 주는 것' 등으로 정의합니다.[73] 신념이란 옳다고 믿는 어떤 것, 규범이란 구성원들이 지켜야 하는 행동 양식, 관행이란 기존에 해오던 방식 같은 것입니다. 좀 더 간결하고 직관적으로 정리하면 '우리 조직에서 늘 해왔던 자연스러운 결정과 행동'이라고 해도 될 것 같습니다.

블라인드에 적혀있었던 글을 다시 한번 봅시다. "오너 일가가 항상 윽박지르고 쪼아대고 노예처럼 아랫사람들을 부려대니…. 이렇게 하는 것이 자연스럽게 아랫사람을 부리는 문화로 자리 잡았고…. 소위 잘나간다는 사람들 스타일은 모두 다 소리 지르고 윽박지르고 야단치고 네가 뭘 알겠니 한심한 것아. 아랫사람 의견은 듣지도 않는 그런 스타일들은 다 승승장구하더라." 이렇게 아랫사람의 의견을 무시하고 강압하는 커뮤니케이션이 우리 조직에서 늘 해왔던 자연스러운 결정과 행동이라면 이것은 우리 조직문화의 일부라고 할 수 있습니다. 경영진도 그런 행동을 하고, 그런 성향의 사람들이 대우받는 모습을 보며 구성원들 사이에서도 암묵적 공감대가 형성되었을 것입니다. 이 댓글의 앞뒤 문장을 보면 실제 그러하다는 것을 알 수 있습니다. "오너 일가가 항상 윽박지르고 쪼아대고 노예처럼 아랫사람들을 부려대니…. 그런 스타일들은 다 승승장구하더라.", "아랫사람들 말에 귀 기울여 주고 격려해 주시는 분들은 오히려 너무 물러터졌다는 트집으로 오래 못 가시고 퇴출"되었다고 했습니다. 구성원들은 '아, 여기는 이런 사람들이 인정받고 승진하는구나.', '아랫사람들 말에 귀 기울여 주는 상사는 오래 못 가는 곳이구나.' 하는 생각을 자연스럽게 하게 됩니다. 좋든 싫든 그것이 조직문화가 됩니다.

에드거 샤인(Edgar Schein) MIT 슬론(Sloan)스쿨 교수는 조직문화를 이해하기 위해 단계를 나누어 제시했습니다.[74] 조직문화를 가장 쉽게 알아챌 수 있는 것은 눈에 보이는 어떤 것들입니다. 어느 회사를 방문하여 사무실 문을 열면 곧바로 느껴지는 무언가가 있을 것입니다. 책상의 배열, 정리정돈 상태, 칸막이 구성, 구성원들의 옷차림과 표정 같은 것이 해당됩니다. 이렇게 구성원들이 만들어 낸 것들을 '인공물

(Artifact)'이라고 합니다. 조직문화에서 인공물은 그 조직이 문화적으로 표출한 모든 것을 의미합니다. 조직구조, 프로세스, 현상, 물건, 사용하는 용어, 제도, 정책 등 모든 것이 인공물이라 할 수 있습니다. 하지만 눈에 보이는 인공물만 가지고는 조직문화를 제대로 이해하기 어렵습니다. 왜 이렇게 보이게 되었는지 알아야 조직문화를 이해할 수 있습니다. '이 회사는 왜 책상들 사이에 칸막이가 없을까?', '이 회사는 왜 직원들의 대화 소리가 많이 들릴까?', '이 회사는 왜 회의실조차 투명 유리로 만들어서 다 보이게 해놨을까?' 이렇게 된 배경이 궁금해집니다.

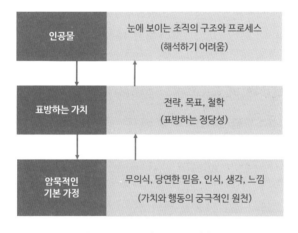

| 조직문화 모델(애드거 샤인) |

이 회사는 대중을 대상으로 앱 서비스를 제공하는 회사였고, 내부적으로 혁신, 팀워크, 커뮤니케이션 같은 가치를 추구하고 있었습니다. 구성원이 늘어나는 과정에서도 이런 가치를 공유하는 게 중요하

다고 생각하여 미션, 비전, 핵심가치에도 녹여냈습니다. 이것이 표방하는 가치입니다. 그렇다면 어떻게 이런 가치를 표방하게 되었는지 한 번 더 생각해 볼 필요가 있습니다. 이 회사의 창업가는 구성원들 간의 원활한 커뮤니케이션이 혁신의 기반이고 이를 실행하기 위해서는 팀워크가 중요하다는 생각을 가지고 있었습니다. 이것은 매번 말하지 않더라도 당연하다고 믿는 신념, 인식, 생각 같은 것이었습니다. 암묵적인 기본 가정이라 할 수 있습니다.

이런 면에서 볼 때 블라인드에 올라온 D사 재직자의 의견인 '위계질서에 의해 윗사람이 결정하고 아랫사람은 이에 따라야 한다.'는 것은 암묵적인 기본 가정이고, "소리 지르고 야단치는" 현상은 인공물이라 할 수 있습니다. 조직에서 이런 일이 일상적으로 느껴진다면 이것은 조직문화의 단편이 된 것입니다. 하지만 훌륭한 조직문화라고는 할 수 없습니다.

O사 재직자가 작성한 "자유로운 업무 환경이라는 것은…. 자기가 하고 싶은 일을 하거나 하기 싫은 일은 안 하고 싶다를 말할 수 있고, 그게 반영되는 환경이라 생각하는데. 여기는 그런 게 잘됨. 워라밸 좋고. 폭풍 성장 중이어서 적응하기 힘든 게 단점."의 경우를 보겠습니다. 이 회사의 홈페이지에 들어가 보면 표방하는 핵심가치 첫 번째가 '자율'이었습니다. 이 회사의 암묵적인 기본 가정에 대해서는 외부에서 알기 어렵지만 표방하는 가치에는 '자율'이 제시되어 있습니다. 이러한 가치를 표방하고 인공물로 만들려는 노력의 결과로 구성원들 역시 자유로운 업무 환경이라는 것을 느낀다면, 그리고 그렇게 느끼는 구성원이 다수라면 이는 강력한 조직문화가 될 것입니다. 그리고 이러

한 문화적 특성이 원하던 바이고, 조직의 성공에 기여하는 바가 크다면 훌륭한 조직문화라고 말할 수 있습니다.

조직문화는
정말 중요한가

MIT 슬론매니지먼트리뷰, 글래스도어(Glassdoor), 컬처X는 임직원 리뷰분석을 통해 성공적인 문화를 만들기 위한 연구를 진행하고 있습니다. 그리고 MIT슬론매니지먼트리뷰에 그 결과를 연재하고 있습니다. 그중 퇴사에 영향을 미치는 요소가 무엇인지에 대한 분석이 있었습니다. 미국에서는 2021년 4월에서 9월 사이 2,400만 명 이상이 사퇴, 퇴직, 해고되었는데, 어떤 요소가 영향을 미쳤는지 알아보기 위해 글래스도어에 올라온 140만 건의 리뷰와 민간 고용의 4분의 1을 담당하고 있는 500대 기업의 자료를 활용해 퇴사 원인을 살펴봤습니다.[75]

그 결과 가장 중요한 변수는 악성 문화(Toxic Culture)로 나타났고, 보상 이슈와 비교해 보면 10.4배 중요한 요인이 되었다고 합니다. 퇴사 결정에 있어서 보상보다 조직문화가 훨씬 더 중요하다는 것입니다. 뒤를 이어 고용 불안정과 조직 개편 3.5배, 높은 혁신 수준 3.2배, 개인성과를 인정해 주지 않는 것 2.9배, 코로나19에 대한 대응 미흡 1.9배였습니다.[*]

---

[*] 이 조사에서 악성 문화는 다양성(Diversity), 공정성(Equity), 포용성(Inclusion)에 대한

국내에서 진행된 퇴사 사유를 묻는 여러 설문 조사결과에서도 급여나 업무 강도가 주요한 사유지만 상사/동료와의 갈등, 대인관계 스트레스같이 사람과 일하는 방식 등이 더 높은 순위를 차지하는 결과를 종종 볼 수 있었습니다. 일이 힘들어서라기보다 사람이 힘들어서 회사를 그만두는 상황인 것입니다.

조직문화는 구성원의 퇴사뿐만 아니라, 더 많은 부분에서 영향을 미칩니다.

첫째, 기업성과에 영향을 미칩니다. 기업에서 보여지는 조직도, 업무 프로세스, 자리 배치, 용어 사용 등은 조직 구성원들 사이의 암묵적인 가정을 기반으로 나타난 인공물입니다. 성과관리, 인사평가, 보상체계 등도 모두 마찬가지입니다. 조직에서 운영되는 모든 시스템은 조직문화의 영향을 받았다고 할 수 있습니다. 그렇다면 기업 활동의 어느 부분에서라도 조직문화의 영향을 받지 않은 부분이 있다고 말할 수 있을까요? 조직문화가 성과에 영향을 미치지 않는다는 것을 설명하는 게 훨씬 더 어려울 것 같습니다.

둘째, 인재 확보에 미치는 영향입니다. 스케일업 과정에서 지속적으로 사람이 필요합니다. 원래부터 알고 있던 인재, 소개를 받아 얻게 된 인재들이 있지만 상당 부분은 모집 공고를 내고 사람을 구하게 될 것입니다. 모집 공고에 회사 소개와 필요 역량 등을 자세히 적어 리쿠르팅 사이트에 등록합니다. 구직자들은 구인 회사에 대해 자세히 알지 못하는 경우가 많아 일단 홈페이지에 접속해서 회사가 하는 일을 좀

문제, 구성원들이 존중받지 못한다는 느낌, 비윤리적인 행동 등을 의미합니다.

더 알아봅니다. 회사 이름으로 검색 후 관련 기사나 제품, 서비스에 대한 이용자 후기들을 보면서 성장 가능성이 있는 회사인지 탐색합니다. 그런데 이런 정보들은 대부분 회사에서 제공하는 일방적 정보이거나 제품이나 서비스에 대한 고객 리뷰입니다. 구직자들이 좀 더 알고 싶은 것은 이 회사에서 일하는 방식입니다. 조직 분위기는 어떤지, 야근은 많은지, 급여 수준은 괜찮은지, 워라밸은 어떤지, 구성원들의 만족도는 어떤지, 구성원 간 관계는 어떤지 등이 궁금합니다. 과거에는 입사 희망 회사에 아는 사람이 있는 경우에만 한정적으로 확인할 수 있었지만 지금은 그 회사의 재직자, 퇴직자들이 근무 회사의 장단점을 남겨놓은 서비스들을 이용할 수 있습니다.* 입사 원서를 내기 전 참고하게 됩니다. 당연히 재직자 만족도가 높은 곳에 많은 사람들이 입사를 희망할 것입니다. 배달 어플을 이용해서 음식을 주문하려다가도 불만족 리뷰가 있으면 건너뛰듯이 기업문화에 대한 리뷰들도 그런 의사결정에 영향을 미칩니다. 회사만 구직자를 면접하는 게 아니라, 구직자도 그러하다는 것을 알아야 합니다. 스케일업 단계 정도가 되면 재직자나 퇴직자들이 문화에 대한 후기를 적어놓았을 가능성이 높습니다.

셋째, 기업 경영의 중요한 경쟁우위 요소가 됩니다. 같은 업종의 경쟁사를 모방해도 누가 왜 그것을 어떻게 하느냐에 따라 다른 결과가 나옵니다. 미국 사우스웨스트항공처럼 기업 전략이나 조직문화가 알려진 곳도 드물 것입니다. 블루오션 전략의 성공 사례, 펀 경영의 성

---

*   블라인드(www.teamblind.com＞kr), 잡플래닛(www.jobplanet.co.kr), 크레딧잡(www. kreditjob.com), 캐치 현직자 리뷰(www.catch.co.kr), 원티드-이회사 어때요 모음 (blog.naver.com/wantedlab) 등.

공 사례, 경쟁 전략의 성공 사례, 가치 경영의 성공 사례로 빠지지 않고 등장하는 기업이고, 각종 케이스 스터디, 단행본, 강연, 분석 자료를 통해 그들의 일하는 방식은 상당히 알려져 있습니다. 컨티넨탈항공, 유나이티드항공, 아메리카웨스트항공 등 대형 항공사들도 사우스웨스트항공을 벤치마킹해 저가 전략을 실행하거나 단거리 전문 자회사를 만들어 경쟁에 나서기도 했습니다. 하지만 대부분 문을 닫거나 인수합병으로 마무리되었습니다. 모든 전략이 노출되어 있고 벤치마킹할 수 있는데 왜 그렇게 되었을까요?

사우스웨스트항공은 1967년 롤린 킹, 라마 뮤즈, 그리고 당시 법인변호사였던 허브 켈러허 등 세 사람이 설립했습니다. 이듬해인 1968년 2월 20일 텍사스 항공위원회는 텍사스 주내 노선에서 운항한다는 사우스웨스트항공의 사업 계획을 승인했습니다. 그런데 바로 다음 날 기존의 세 개 대형 항공사(텍사스인터내셔널, 브리니프, 컨티넨털)가 당국의 임시 행정 명령을 통하여 사업 승인을 저지하려고 시도했습니다. 결국 사우스웨스트항공은 법정 투쟁에 들어갑니다. 3년 6개월의 법정 공방이 지나서야 정식으로 운항할 수 있게 됩니다. 1971년 6월 18일 사우스웨스트항공은 댈러스주의 러브필드에 본사를 두고 텍사스 주의 댈러스, 휴스턴, 샌안토니오 등의 도시에서 운항을 개시했습니다. 경쟁 항공사들은 또다시 소송이나 행정 명령을 통하여 취항을 막으려고 노력했습니다. 그 때문에 사우스웨스트항공은 운항 첫해에 370만 달러의 적자를 기록했으며, 1973년 중반에야 겨우 손익 분기점을 넘을 수 있었습니다. 그리고 그 과정에서 당초 네 대였던 비행기 중 한 대를 매각할 수밖에 없었습니다. 재무적 여유는 생겼지만 네 대를 가지고 돌리기로 되어있던 운항 스케줄을 세 대로 해내야 했습니다. 구성원들은 어떻게 대처했을까요? 경쟁사들의 횡포가 너무하다는 반발심과 반드시 이겨내겠다는 오기로 똘똘 뭉쳤습니다. 그리고 기존의 운항 횟수를 지키기로 했습니다. 그러기 위해서는 비행기의 지상 체재 시간을 단축하는 수밖에 없었습니다. 그때부터 재이륙 시간 단축 노력이 위력을 발휘하기 시작했습니다. 항공기가 공항에 도착하면 정비사를 비롯하여 항공기 승무원, 기장까지 모두 몰려가 단숨에 작업을 끝냈습니다. 대형 항공기의 턴어라운드 시간이 평균 45분 정도 걸리는데, 사우스웨스트항공의 항공기는 10분 만에 가능하게 했습니다. 비행기가 하늘에 떠있어야 돈을 벌 수 있기 때문입니다. 그뿐만이 아닙니다. 사업 초기 사우스웨스트항공은 자금난으로 적극적으로 마케팅 활동을 할 수 없었습니다. 그래서 스튜어디스들에게 아슬아슬한 핫팬츠를 입히고 "전쟁은 노우, 사랑은 예스"라는 슬로건을 내세워 본사가 있는 러브필드의 이름을 광고에 적극적으로 활용하는 파격적인 방법으로 관심을 끌었습니다. 이 슬로건은 지금도 '사랑의 항공사'라는 사우스웨스트항공의 애교 있는 별명에 사용되고 있습니다. 사우스웨스트항공의 보유 비행기는 모두 보잉 737시리즈입니다. 현재 800여 대의 비행기 모두가 737시리즈입니다. 이렇게 하면 항공기에 대해 필요한 정비, 교육, 운항 등 효율성이 높아집니다. 그래서 처음부터 보잉 737이었습니다. 그리고 또 돈이 들지 않으면서 고객 가치를 높일 수 있는 것들을 찾았습니다. 승객들을 즐겁게 해주는 것이었습니다. 기내 방송을 재미있게 한다든지, 승객 중 생일을 맞이한 손님에게 축하 노래를 합창해 준다든지, 조종사가 비행시간 내내 관광 안내를 해준다든지 하는 것들입니다.

사우스웨스트항공의 법인변호사에서 최고 경영자로 변신한 허브 켈러허 사장은 "때로는 분노가 커다란 힘을 발휘할 수 있다. 당시에는 나름대로 오기 같은 것을 느꼈다. 마치 중세 시대에 예루살렘을 지키기 위하여 십자군 전쟁을 하는 기분이었다."라고 당시를 회고했습니다. 그리고 "나는 어려운 상황이 되어 화가 나면 더 오기가 생겨 분발하는 성격"이라며 자신을 설명했습니다.

사우스웨스트항공의 문화는 이런 외부의 압력에 의해 살아남기 위해 생긴 것들입니다. 돈 들이지 않고 경쟁력이 있는 서비스를 제공할 수 있는 방법은 부지런함, 유머를 통한 서비스였습니다. 이러한 활동이 사우스웨스트항공에서는 이상하지 않은 너무나 자연스러운 행동이 된 것입니다. 아무리 정보가 오픈되어 있어도 이런 조직문화까지는 경쟁사가 가져갈 수 없었습니다.

마지막으로 조직문화는 조직이 어려운 상황에 처했을 때 빛을 발하게 합니다. 위기 상황, 긴급 상황에서는 신속한 의사결정과 행동이 중요합니다. 위계 조직에서는 이런 상황이 발생했을 때 고객 접점 구성원들이 의사결정 하기 어렵습니다. 위에 보고를 해야 하고 다시 지시를 받아야 합니다. 하지만 자율경영 조직의 조직문화에 기반해 결정하고 행동하게 됩니다. 한 ODM[*] 기업에서 자사 제품의 완제품 하나에서 결함을 발견했습니다. 이런 일은 굉장히 드물었는데 안전에 직결되는 부분이라서 생산을 멈추고 조립 라인에 동일한 결함이 없는지 모

---

*   ODM(Original Development Manufacturing): 개발력을 갖춘 회사가 판매망을 갖춘 회사에 상품과 재화를 제공하는 제작 방식.

두 확인했습니다. 다행히 결함은 발견되지 않았습니다. 하지만 외근 중이던 영업 담당자는 차로 두 시간 거리에 있는 고객사 공장으로 달려갔습니다. 그리고 최근 인도한 제품에 결함이 있는지 점검하고 싶다고 요청했습니다. 고객사에서는 당황하긴 했지만 문제의 소지가 있어 확인하고 싶다는 요청을 거절할 수는 없었습니다. 다행히 추가 결함은 나오지 않았습니다. 이런 활동은 품질에 대한, 고객에 대한 조직 전체의 가치관이 확고해야 가능한 일입니다. 이런 문화가 공유되어 있어야 '굳이 왜 납품이 끝난 고객사까지 찾아가서 일을 복잡하게 만드느냐.'는 핀잔을 듣지 않을 것입니다. 또한 담당자들은 이렇게 하는 게 올바른 행동이라는 확신이 있었기 때문에 행동에 옮겼을 것입니다. 즉각적인 의사결정이 필요할 때 그때마다 상사에게 보고하거나 물어보는 것이 아니라, 조직이 가지고 있는 문화에 의해 판단하게 합니다. 이것이 조직문화의 역할입니다.

2

우리다움 만들기

조직문화를 만든다는 것은 〈우리다움〉을 만드는 일이라 할 수 있습니다. 우리다움은 우리가 함께 일하며 자연스럽게 만들어진 인식과 행동입니다. 여기서 '우리'는 우리 조직 구성원들을 의미합니다. 그런데 이 조직 구성원들이 더 많이 늘어나서 '우리'가 커지면 〈우리다움〉은 더욱 강화될까요? 아니면 약화될까요? 빈익빈 부익부(貧益貧 富益富)가 될 겁니다. 이미 강력한 조직문화가 만들어져 있으면 뒤에 합류하는 구성원도 분위기 파악을 하며 그에 맞추려고 노력할 것입니다. 일관된 문화가 없다면 신규 구성원들이 늘어날수록 각자가 이전 회사에서 경험했던 문화를 바탕으로 생각하고 행동할 가능성이 커집니다. 그러면 중구난방이 되는 겁니다.

"이전 회사에서는 출장비 규정이 있어서 직급별로 하루 사용할 수 있는 금액들이 정해져 있었습니다. 교통비, 숙박비, 식비 이런 것들이

다 정해져 있어서 그 안에서 사용하면 편했습니다. 여기는 그런 체계가 없어요. 그러니까 다들 막 쓰는 것 같아요. 그것 말고도 여기는 전반적으로 체계가 없습니다. 이제 우리도 하나씩 이런 규정들을 만들어 나가야 할 것 같습니다."

조직에 출장비 지급 규정이 있는 것이 좋은지, 자율적으로 알아서 실비 정산하는 게 좋은지 정해진 답은 없습니다. 그런데 보통 규모가 큰 조직에는 대부분 이런 유사한 규정들이 있습니다. 보통 그 범위 안에서 지출하면 되기 때문에 한도에 맞추어 편안한 마음으로 지출합니다. 그래서 큰 회사에서 스타트업으로 전직한 구성원의 경우 이런 규정이 없다는 것에 대해 불편을 느낍니다. 얼마를 어떻게 써야 할지 고민되기 때문입니다. 그러다 보니 조직에 체계가 없다고 생각합니다. 스타트업 CEO도 그런 이야기를 들으면 그 말이 맞는 것 같다는 생각이 듭니다. 그러면서 규정들이 생겨납니다. 그러나 우리 조직에 그런 규정이 있는 게 좋을지, 그렇지 않을지는 우리가 추구하는 가치체계와 조직 특성이 어디를 향하고 있는지에 따라 달라집니다.

"새로 오신 팀장님은 모든 내용들을 다 보고 받길 원하시더라고요. 그리고 조금이라도 변동된 내용이 있으면 실행하기 전에 반드시 보고부터 하라고 하시네요. 고객을 응대하다 보면 즉석에서 신속히 결정해야 할 게 자주 생기는데 그 전에 보고부터 하라고 하시니 좀 난감합니다."

새로 온 팀장도 무슨 이유가 있어서 그런 지시를 한 것이겠지만, 이것이 초기 업무 파악을 위해서만이 아니라, X이론 가설을 가진 책임감 강한 팀장이었기 때문이라면 팀원들은 고민이 될 수 있습니다. 위계적 성과주의 조직에서는 자연스러운 〈우리다움〉이겠지만, 가치지향 조직에서는 구성원들과 갈등을 발생시킬 수 있는 상황이고, 자율경영 조직에서는 운영원리에 적합하지 않은 지시가 됩니다.

조직 내에서 모든 암묵적인 기본 가정을 통제하고 통일시킬 수는 없지만 '표방하는 가치'를 통해 〈우리다움〉의 기본 틀을 잡을 수 있습니다. 표방하는 가치는 어느 날 갑자기 생뚱맞게 만들어진 것이 아니라, 지금까지 공동의 경험을 통해 어느 정도 인식된 암묵적 가정에서 나왔을 것입니다. 표방하는 가치가 구체화되면 이를 실현할 인공물이 생길 것이고, 이런 과정을 통해 암묵적인 가정도 강화될 것입니다. 기존 구성원들은 이러한 구조를 토대로 〈우리다움〉을 만들고, 여기에 새로운 구성원들이 합류하며 〈우리다움〉을 강화하도록 해야 합니다. 조직이 더 커지기 전인 오늘이 조직문화의 기반을 다지는 데 가장 빠른 날이 될 것입니다.

최초의 조직문화는
CEO로부터 시작된다

조직문화는 어떤 과정을 거쳐 만들어질까요? 조직문화는 조직이 만들어지면서부터 생겨납니다. 그 출발점은 창업팀입니다. 창업팀 중에서도 대표의 영향력이 가장 큽니다. 스타트업 단계에서 조직문화는 사실상 CEO의 신념, 행동을 표방한다고 볼 수 있습니다.

창업 초기에는 조직 규모가 작기 때문에 서로 어떻게 일하는지 다 보입니다. 특히 CEO의 행동 하나하나는 중요한 본보기가 됩니다. 일을 처리해 가는 스타일, 우선순위에 대한 결정, 돈을 지출하는 방식, 사람을 대하는 태도, 구성원들과 커뮤니케이션하는 방법 등 모든 것이 조직문화의 기반이 됩니다. 그렇기 때문에 조직 규모가 작을수록 조직 문화는 경영자 그 자신이 되는 경우가 많습니다.

경영자가 구성원을 X이론 관점으로 생각하고 그러한 관점으로 구성원을 다룬다면 일하는 방식, 조직문화 자체가 그런 방향으로 흘러갈 것입니다. 개별성과를 엄밀히 관리하고 상과 벌을 명확히 하는 조직이 될 것입니다. 그런데 팀장급 구성원 중에 Y이론 가설을 가진 사람도 있을 것입니다. 이런 경우 시간이 갈수록 갈등이 생기게 됩니다. CEO 는 구성원들을 통제하고 관리하려고 드는데, 중간에 있는 Y이론 팀장은 자율성을 높이는 방향을 추구한다면 CEO는 그것을 상당히 문제 있는 관리 방식이라 생각할 것입니다. 그리고 Y이론 팀장에게 '사람들을 그렇게 다루면 안 된다.'고 말할 것입니다. 무엇보다 Y이론 팀장도 통제하고 관리하려 들 것입니다. 이런 갈등이 심화되면 Y이론 팀장이 선택할 수 있는 카드는 두 가지가 됩니다. 본인도 X이론으로 전향해서 팀원들을 그렇게 관리하거나 회사를 그만두는 것입니다. 이런 과정을 통해 이 회사는 X이론 관점의 조직문화가 자리 잡을 것입니다. 그리고 함께하는 구성원들도 이러한 상황을 자연스럽게 받아들일 것입니다. 그런 부분들을 동감하거나 이해하거나 감내할 수 있는 사람들이 주류가 되었을 것이고, 다른 생각을 가진 사람들은 문화적 갈등으로 이미 그만두었을 것입니다. 이런 상황을 선별 효과(Selective Effect)라고 합니다. 사람들이 일터를 선택하는 것은 무작위 선택이 아니라 각자의 의지에 의해 선택합니다. 조직문화에 적합한 사람, 적응할 수 있는 사람은 남게 되고 그렇지 않은 사람은 조직을 떠나게 되면 선별 효과에 의해 CEO 특성을 반영한 조직문화가 만들어집니다.

결국 CEO의 생각, 신념, 사고가 조직에 전달되고 거기에 부합되는 사람들이 승진하고 보상받는 모습을 보면서 선별 효과는 더욱 강화됩니다. CEO로부터 많은 영향을 받은 기업문화에 부합되는 사람들이 주류를 이루게 되고 그들이 다시 그러한 문화를 만들게 됩니다.

CEO는 '진짜' 현실을 모를 수 있다

조직문화의 시작, 그리고 방향을 바꿀 수 있는 사람이 CEO인데 정작 본인은 조직문화를 제대로 인지하지 못하는 경우가 많습니다. 일반적으로 CEO들은 자신이 유머러스하다고 느낄 겁니다. 특히 사내에서 경영자가 웃긴 이야기를 하면 구성원들이 정말 재미있어하는 모습을 봅니다. 정말 웃긴 이야기일 수 있지만 일단 그 웃음의 절반 정도는 CEO이기 때문이라는 점을 인식해야 합니다.

간혹 블라인드나 잡플래닛같이 전·현직 구성원이 익명으로 남긴 회사에 대한 이야기를 보면 깜짝 놀랄 내용들이 등장합니다. '이 사람 정말 우리 회사에서 일한 사람 맞아?' 싶을 정도로 예상하지 못했던 얘기들이 나옵니다. 사실은 오해로 보이는 게시물이 있어도 제대로 항변할 수 없다는 것도 마음에 상처가 됩니다.

이런 익명 공간이 있다는 것이 불편하고 부담스럽지만 우리 회사의 조직문화를 생각해 볼 수 있는 좋은 기회가 될 수 있습니다. 그냥 보고만 있지 말고 정기적으로 우리 조직의 건강함 수준, 개선해야 할 문화, 자부심 가질만한 점, 일에 대한 몰입 수준 같은 것들을 체크하여 더 나은 방향으로 발전하도록 할 필요가 있습니다.

평소에 구성원들과 일하는 방식에 대해 이런저런 이야기도 나눠봅니다. 굳이 회의실을 잡아서 격식 있게 이야기할 필요는 없습니다. 조금 일찍 출근한 날, 근무 중 잠깐 바람을 쐬며 구성원과 스몰 톡(Small Talk) 시간을 늘리는 것도 좋습니다. 여러 명과 함께 이야기 나누는 것보다 1:1로 가벼운 이야기를 나눌 때 훨씬 더 솔직한 이야기를 나눌 수 있습니다. 특히 평소에 봐두었던 해당 구성원의 행동이나 성과에 대해 언급하며 고마움을 표현한다면 훨씬 더 긍정적인 이야기들을 나눌 수 있게 됩니다. 이런 과정을 통해 친밀감과 신뢰도를 높일 수 있습니다. CEO가 늘 공식적인 채널을 통해서만 커뮤니케이션한다고 생각할 필요가 없습니다.

가치체계와
실행 구조의 일관성

"그 회사에서 일하는 것 어때요?"

보통 이런 질문을 받으면 회사에서 제공하는 복지혜택을 언급하는 경우가 많습니다. 2년에 한 번 종합병원 건강검진, 생일 휴가, 사내 어린이집 운영, 교육비 지원 등 회사에서 받을 수 있는 혜택들입니다. 물론 이런 복지혜택도 어느 날 갑자기 나온 게 아니라 암묵적인 기본 가정과 표방하는 가치를 실현하기 위한 인공물로써 시행되고 있을 것으로 생각됩니다. 하지만 이런 복지혜택은 기업에서 인재 확보와 유지를 위해 제공하는 측면이 강하고 '일하는 것' 자체에 대해서는 설명하지 못하는 경우가 많습니다. 중요한 것은 그 회사 임원들은 어떤 마인드의 사람들인지, 거기서 충분한 역량을 발휘할 수 있는 환경이 주어지는지, 위계가 강한 조직인지 아니면 수평적인 조직인지, 재량권이 충분히 보장되는지, 일하는 체계가 잡혀있는지 같은 것들이 됩니다.

그런데 우리는 이미 이런 주제들에 대응하기 위해 고민하며 체계를 만들어 왔습니다. 다음 질문들을 통해 지금까지 고민해 왔던 부분들을 정리하면 우리 조직문화의 핵심을 알 수 있습니다. 그 체계가 일관성 있게 실행되고 있다면 강한 조직문화*를 만들어 가고 있다고 볼

---

* 강한 조직문화: 강한 조직문화 또는 강한 기업문화 등으로 표현되기도 하는데, 조직 구성원들이 공유하고 있는 가치가 구성원들의 행동 양식의 기준 또는 규범으로 강하게 작용하는 상태를 의미(출처: ㈜한국기업교육학회, 『HRD 용어사전』, 중앙경제, 2010).

수 있습니다. 각 질문에 대해 여러분의 생각과 현황에 대답할 수 있으면 됩니다.

1) 우리는 X이론 가설을 추구하는가? Y이론 가설을 추구하는가?

가장 중요한 질문입니다. 사람의 본성을 어떻게 보느냐에 따라 모든 체계가 달라집니다. 게으른 구성원들을 당근과 채찍으로 일하게 할 것인지, 구성원들의 욕구를 만족시키는 것으로 그들의 몰입을 이끌어낼 것인지 큰 방향이 결정될 것입니다.

2) 우리는 어떠한 조직(성과주의, 가치지향, 자율경영 조직)모델을 지향하는가?

사람 본성에 대한 가설에 따라 지향하는 조직 특성이 달라집니다. 사람에 대한 관점과 추구하는 조직모델이 잘 정렬되어 있는지, 조직모델별 특성에 대해 충분히 이해하고 있는지, 그 방향으로 잘 가고 있는지 생각해 봅니다.

3) 우리는 어떠한 가치체계(미션, 비전, 핵심가치)를 가지고 있는가?

지향하는 조직모델이 형식이라면 가치체계는 내용이라고 할 수 있습니다. 우리 조직의 존재 이유, 우리가 가고 있는 방향, 우리가 지켜야 할 가치에 대해 점검해 봅니다. 사업 초기에는 이러한 가치체계가 없었거나 수차례 달라질 수 있습니다. 초기에는 충분한 이해 없이 가치체계를 잡았을 수도 있습니다. 특히 미션의 경우 처음부터 특별한 사명감을 가지고 시작한 것이 아니라면 사업의 성장 정도에 따라 명확성을 띠는 방향으로 달라질 수 있습니다. 고객을 알아나가고, 우리가 하는 일이 사람들에게 어떤 가치를 창출하는지를 알아가는 과정에서 미션이 구체화되기도 합니다. 너무 자주 바뀌는 것은 이상한 일이 되겠지만 그렇다고 해서 현실에 부합하지 않는 가치체계를 유지할 수는 없을 것입니다.

4) 우리는 어떤 방식으로 성과관리를 하고 있는가?

5) 우리는 어떤 방식으로 인사평가를 하고 있는가?

6) 우리는 어떤 방식으로 보상하는가?

7) 우리 조직만의 독특한 점은 무엇인가?

4)~7) 문항은 모두 앞에서 다루었던 주요 주제들입니다. 이 주제들이 우리 조직이 어떤 방식으로 일하고 있는지에 대한 핵심 구조라고 할 수 있습니다. 다만, 각 문항에 대한 대답은 어느 조직이나 할 수 있습니다. 중요한 것은 일관성이라고 할 수 있습니다. 4), 5), 6), 7)에 대한 대답을 정리해 놓고, 마지막 질문에 대해 대답할 수 있어야 합니다.

8) 1)~3)의 관점이 4)~7)에 일관성 있게 반영되어 있는가?

1), 2)의 질문은 우리 조직이 가지고 있는 암묵적인 가정을 확인하는 것이었습니다. 3)은 표방하는 가치에 해당합니다. 4)~7)은 1)~3)에 기반하여 구성원들의 행동을 유도하는 인공물입니다. 각 항목이 일관성 있게 운영되고 있다면 강한 조직문화의 기반을 다지고 있다고 생각할 수 있습니다.

CEO의 의지와
시도가 중요

　어느 CEO로부터 '회사의 조직문화가 바뀌려면 사람들이 모두 바뀌어야 한다.'는 말을 들은 적이 있습니다. 구성원들이 일에 적극적이지 않고 무슨 논의를 해도 방어적이라서 진도 나가기가 어렵다고 했습니다. 그러면서 이런 문화가 바뀌려면 결국 사람을 다 바꿔야 한다는 주장이었습니다. 물론 사람이 모두 바뀌면 뭔가가 달라질 것입니다. 그런데 여기서 바뀔 사람에 CEO도 포함시킨 것일까요? CEO까지 바뀐다면 정말 달라질 것 같습니다. 하지만 CEO는 그대로이고 다른 사람들만 바뀐다면 조직문화가 얼마나 달라질까요? 현재 구성원들의 행동 특성은 겉으로 드러난 인공물일 뿐입니다. 구성원들의 적극성이 떨어지고 방어적인 특성을 가지게 된 데에는 조직이 가진 암묵적인 기본 가정에 기인할 것입니다. 특히 소규모 조직에서는 CEO의 영향이 큽니다. 실제 이 회사의 CEO는 구성원들에게 사사건건 지시하고 확인합니다. 말로는 구성원들을 믿는다고 하지만 행동은 그렇게 보이지 않습니다. 회의에서 구성원들은 가능성 있어 보이는 좋은 아이디어를 내놓았다고 생각했지만 무시되기 일쑤였습니다. 본인이 생각한 것만 옳다며 밀고 나가는 것으로 보였습니다. 이런 상황을 한두 번 겪고 나면 구성원들은 적극성을 띄기 어렵게 됩니다. 말해봤자 받아들여지지 않는다는 암묵적인 가정이 만들어지는 것입니다. 이런 상태에서 CEO가 '이 건은 왜 제대로 되지 못했냐.'고 추궁하면 구성원들은 더욱 방어적일 수밖에 없습니다.

조직문화가 바뀌려면 사람들이 바뀌어야 하는 게 아니라, CEO의 행동, 태도, 관점을 바꾸는 게 우선입니다. CEO가 생각하는 암묵적인 기본 가정이 바뀌어야 변화를 줄 수 있습니다. 그것을 기반으로 추구하는 가치와 인공물을 만드는 노력을 구성원들과 함께하며 변화를 만들 수 있는 것입니다. 조직문화가 하루아침에 바뀔 수는 없지만 변화의 시작은 경영자의 의지가 중요합니다.

현재 자율경영 조직을 실행하고 있는 대표적인 기업들을 보면 창업 시점부터 위계 없이 모두가 자유롭게 일하는 그런 곳들이 아니었습니다. 셈코, 홀푸드마켓, 모닝스타, W.L.고어 등 모두 경영자의 생각과 의지에 의해 조직문화를 변화시켜 나간 것입니다. 대부분의 기업이 창업 초기에는 조직 규모가 작고 비즈니스가 지속 가능할 수 있을지에 모든 초점을 맞추고 있어 특별히 조직문화에 대해 크게 신경 쓰지 못합니다. 조직문화의 방향성이 명확하게 있다 하더라도 우선순위에 밀려 적극적으로 구현하지 못합니다. 비즈니스가 어느 정도 궤도에 올라와야 비로소 효과적, 효율적으로 일하는 방식에 관심을 갖게 됩니다. 조직 규모도 함께 커지기 때문에 더더욱 일하는 방식, 일하는 문화가 필요해집니다. 본격적으로 조직문화를 만들어 가는 시점이 됩니다.

차량용 부품 회사인 프랑스 기업 파비(Favi)는 새로운 CEO 조브리스트(Zobrist)가 오기 전까지는 평범한 제조 기업이었습니다. 조브리스트가 부임한 날, 회사 전반을 둘러보는 과정에서 비품실 옆을 지나가게 되었습니다. 비품실 앞에는 직원 한 명이 닫힌 창문 앞에서 누군가를 기다리고 있었습니다. 조브리스트는 이 사람이 여기서 왜 이렇게 기다리고 있는지 알아봤습니다. 작업자가 낡은 장갑을 새 장갑으로 교환하기 위해 비품실 앞에서 벨을 누른 후 기다리고 있던 것이었습니다. 물론 그 전에 작업조장으로부터 낡은 장갑을 새 장갑으로 교환할 수 있는 교환증을 받아놓은 상태였습니다. 한참 뒤에야 비품실 관리자가 나타나 교환증을 수령하고 새 장갑을 주었습니다. 조브리스트는 생각했습니다. '장갑을 하나 바꾸기 위해 허락을 받고, 비품실 앞에서 기다리고, 관리자를 만나 장갑을 교환하고 자기 자리로 돌아간다. 불필요한 프로세스, 불필요한 시간 낭비가 아닌가? 장갑 하나 바꾸는 데 얼마의 시간을 허비한 셈인가? 거기다 비품실 관리자에게도 인건비가 나가고 있지 않은가?'

대부분 기업이 이런 프로세스를 당연하게 여기고 있었습니다. 직원들은 정해진 규칙에 따라야 했습니다. 작업장에 놓인 카트를 다른 곳으로 옮기려 해도 중간관리자에게 결재를 받아야 하고, 중간관리자는 경영자의 결재를 받아야 했습니다. 파비도 여느 기업과 다를 바 없는 전형적인 위계 조직이었습니다.

조브리스트는 왜 이런 상황이 되었는지 생각했습니다. 그리고 이런 비슷한 상황들을 곳곳에서 발견했습니다. 그리고 이런 일이 발생하는 가장 큰 이유는 경영진들에게 '인간은 나쁘다.'라는 심리적 배경이 깔려있기 때문이라고 봤습니다. 그렇기 때문에 모든 비품실을 열쇠로 잠가둬야 하고, 경비원을 고용해 회사 비품을 지켜야 하며, 관리자를 고용해 비품 요청이 적절한지 점검해야 하는 것이었습니다. 조브리스트는 관리자들에게 물었습니다. '인간이 선하다고 가정하면 어떤 일이 생길 것 같습니까?' 중간관리자들은 말도 안 된다는 반응과 함께 '훌륭한 공장 노동자는 근육질의 바보입니다.'고 대답했습니다. 전형적인 테일러리즘이었습니다.

조브리스트는 몇 개월에 걸쳐 회사가 돌아가는 상황을 속속들이 지켜봤고, 9개월이 되던 날 새로운 경영 방향을 발표했습니다.

"저는 여러분처럼 훌륭한 자격을 갖춘 사람에게 필요한 것은 당근도 채찍도 아니라는 결론을 내렸습니다. 당근과 채찍은 여러분 같은 전문가들에게 불필요합니다. 여러분은 일한 시간으로 급여를 받는 게 아니라, 훌륭한 제품을 만든 대가로 급여를 받는 사람이기 때문입니다. 이제 생산량에 따라 지급되는 월간 상여금은 없어질 것입니다. 대신 지난 2년 동안 지급된 총 상여금의 평균을 급여에 계산해서 제공할 것입니다. 우리는 도둑이 아닙니다. 비품실 문은 열려있을 것입니다. 그 옆에 게시판과 펜을 비치해 놓을 테니 꺼내 간 비품 수량을 적어만 놓으세요. 이름은 적지 않아도 됩니다. 적절한 비품을 유지하는 게 목적입니다. 유료 음료 자판기도 없앱니다. 작업장마다 무료 냉수기, 시럽, 커피머신을 비치할 겁니다. 관리자들만의 오찬 모임도 없습니다. 다 함께 먹거나 먹지 않거나 둘 중 하나입니다."

조브리스트는 이렇게 일하는 방식을 바꾸기 시작했습니다. 중간관리자 결재 라인을 없애고, 현장은 20여 명씩 팀을 만들어 하나의 제품을 고객에 집중하며 자율적으로 생산하도록 했습니다. 이 미니 공장은 직원 고용과 훈련, 구입, 예산 편성, 생산에 이르기까지 자체적으로 책임지게 했습니다. 인사부와 법무부도 없애고, 전통적 예산 프로세스와 통제도 없앴습니다. 미니 공장 리더가 연차 회의를 열어 그 자리에서 이듬해 사업 계획을 협의하도록 했습니다. 구성원들을 신뢰할 수 있는 어른으로 대우하고 그들이 하고 싶은 대로 할 수 있는 조직구조를 만들어 나갔습니다.

그 결과 파비는 자율경영 조직의 대표적인 사례가 되었습니다. 이후 25년간 연평균 3%씩 제품 가격을 내릴 수 있었고, 정시에 제품 인도를 지켰고 유럽산 자동차의 절반에 파비의 부품을 판매했습니다. 2009년 금융위기 당시에도 해외 경쟁사들이 쓰러지자 파비의 사장 점유율이 70%까지 올라가기도 했습니다. 조브리스트는 고객을 행복하게 하는 것이 직원의 유일한 책무라고 말했고, 그렇게 하기 위해 구성원 각자가 동료들과의 협업을 통해 자율적으로 실행할 수 있도록 제반 여건을 만들어 갔습니다.[76]

암묵적인 가정을 Y이론 가설로 바꾸고 그에 따라 표방하는 가치와 인공물을 만듦으로써 구성원들도 Y이론처럼 일할 수 있는 조직문화를 만든 것입니다.

특정한 조직문화를 만들고 싶다면

특정한 조직문화를 만들고 싶다면 어디부터 어떻게 접근하는 것이 좋을까요? '구성원들이 지금보다 더 협력하는 문화를 만들었으면 좋겠다'고 생각해 봅시다.

첫째, 암묵적인 가정을 검토합니다. '협력한다'는 것은 인공물에 해당합니다. 인공물이 잘 실행되려면 암묵적인 가정부터 공유되어야 합니다. 구성원들과 함께 이 주제에 대한 생각을 나눠봅니다. 현재 어떤 상황인지, 필요성이 있는지, 이것을 가로막는 요인이 있는지 등 암묵적 가정에 부합되는지 확인합니다.

둘째, 필요성에 대한 공감대가 있다면 앞으로 우리는 이것을 중요하게 생각한다는 신호를 보내야 합니다. 가치를 표방하는 것이죠. 중요도에 따라 핵심가치, 우리의 일하는 방식 같은 곳에 명시하거나 전체 메일로 필요성을 공유할 수 있습니다.

셋째, 해당 주제에 영향을 미치는 현재의 인공물을 검토, 개선합니다. 가령 개인 성과에 큰 폭의 차등보상을 하는 경우 경쟁을 부추기고 협력을 저해할 가능성이 큽니다. 위계가 명확한 기능별 조직구조도 그럴 수 있습니다. 이런 부분들을 놔둔 채 말로만 협력을 권장하거나 추가 제도를 만든다면 인지 부조화만 생길 것입니다.

넷째, 구성원들을 넛지(Nudge) 할 수 있는 새로운 인공물들을 구상합니다. 앞에서 소개한 바 있는데 자신에게 도움을 준 구성원에게 사이버 토큰을 선물할 수 있도록 하는 시스템 같은 것이 예제가 됩니다.

다섯째, 조직에서 롤모델이 될만한 영향력 있는 구성원들 또는 이슈의 중요성을 공감하는 구성원들이 새로 만들어진 인공물을 적극 활용할 수 있도록 권장합니다. 이들이 조직 전체에 빠른 확산을 견인할 것입니다.

팀 리더에
집중하라

'팀바팀', '부바부'라는 단어를 들어봤을 겁니다. 팀마다, 부서마다 상황이 다르다는 것입니다.

- 부바부일 것 같긴 한데 야근이 잦음. 그래도 다른 부서는 워라밸 잘 지켜지는 곳도 많은듯함.
- 부바부지만 팀 분위기도 좋은 편.
- 대외적으로는 수평적 조직을 지향한다고 말하지만 다른 팀은 어떤지 몰라도 우리 팀은 그렇지 않음. 팀장이 절대자 자체임. 팀장의 정치력이 뛰어나서 위에서 많이 인정받고 있어서 더 심한 것 같음.
- 나는 운이 좋아 좋은 팀장을 만남. 모두가 '님'이라고 불리며 자유롭게 의

견을 개진할 수 있는 유연한 조직이지만, 상급자가 누구인지에 따라 아예 다른 회사처럼 느껴질 수 있음. 팀 리더의 특성이 크게 좌우함.
- 부바부 너무 심하고 은근 꼰대들 많음.
- 장점들이 모두 부서마다 다르고 분위기마다 다릅니다.
- 똑똑한 동료들이 많은 회사. 팀바팀이지만 워라밸은 내가 하기 나름.

스타트업 단계에서는 조직 전체라 하더라도 큰 회사로 치면 단일 팀 하나의 수준입니다. 그렇기 때문에 조직문화라고 하면 그냥 회사 전체의 문화라고 해도 무방했습니다. 그러나 팀마다 구성원 수가 늘어나고, 팀의 개수가 늘어나면서 조직문화와 팀문화 간에 차이가 나기 시작합니다. 팀 리더가 가진 관점이 팀문화에 스며들기 때문입니다. 마커스 버킹엄과 애슐리 구달은 조직문화가 기업 간 차이보다 팀 간의 차이가 더 크다는 것을 발견했습니다.[77] 이것은 같은 회사에서 일한다 하더라도 같은 업무 경험을 가지고 있지 않다는 것을 의미합니다. 팀 관련 항목에서 점수가 낮을 경우 팀원들이 회사를 떠날 가능성이 훨씬 큰 것으로 나타났습니다. 구성원이 자진퇴사를 할 때 나쁜 회사의 좋은 팀에 있는 사람은 회사에서 버틸 수 있지만, 좋은 회사의 나쁜 팀에서는 오래 머물지 못하는 것으로 나타났습니다. 퇴사뿐만 아니라 업무 몰입도에서도 큰 차이가 났습니다. 팀 리더를 신뢰한다고 말하는 팀원은 업무에 완전히 몰입할 가능성이 12배 높았습니다.

연구진은 기업의 구성원들에게 '나는 회사의 미래에 강한 자신감이 있다.'라는 항목에 대한 생각을 물었습니다. 같은 회사 구성원들이라면 이 질문에 대해 비슷한 수준의 느낌을 가지고 있을 것이라고 예측했습니다. 구성원들마다 생각의 차이가 있을 수 있겠지만 최소한 회사 내부 팀 간 편차가 다른 회사와 비교한 편차보다 적을 것입니다. 하지만 응답결과는 그렇지 않았습니다. 구성원들이 소속된 팀에 따라 더 높은 편차를 보이는 회사들이 적지 않았습니다. 팀이 다르면 미래에 대한 확신의 정도를 다르게 생각한다는 결론이 나온 것입니다. 미션헬스(Mission Health)라는 기업의 1,002개 팀을 대상으로 설문한 결과 1.60에서 5.00 사이의 넓은 분포로 나타났습니다. 팀이 다르면 조직에 대한 미래가 다르게 보이는 것입니다. 그야말로 팀바팀, 부바부인 것입니다.

결국 이런 것은 조직 전체 차원의 문화도 중요하지만 구성원들은 가까이 함께 일하는 팀 구성원들의 문화에 더 큰 영향을 받게 된다는 것입니다. 그래서 구성원들은 익명 게시판에서 팀마다 워라밸이 다르고, 야근이 다르고, 분위기가 다르다고 게시글을 올리고 있습니다.

따라서 CEO는 조직 규모가 커지면서 조직의 중추가 되는 팀장들과 조직의 가치체계를 만들어 가기 위해 지속적이고 적극적으로 커뮤니케이션할 필요가 있습니다. 조직이 세워놓은 미션과 비전의 의미, 가능성, 현황에 대해, 조직의 핵심가치가 단지 선언적 의미로 끝나지 않고 그것이 공유되고 행동되고 있는지 정기적으로 이야기 나눌 필요가 있습니다. 일을 하면서 발생하는 각종 딜레마 상황에 대해서도 어떤 관점에서 풀어가야 할지 논의해야 합니다. 함께 책을 읽거나 유튜브 영상 등을 보며 우리가 추구하는 조직문화와 비교해 보며 발전적인 논의를 진행할 수도 있습니다. 중요한 것은 이 과정을 통해 조직이 가진 가치체계를 팀장들과 함께하며 기둥을 단단히 해나가는 것입니다. 이러한 노력이 기업 전체-팀-구성원들 모두가 일관된 문화를 만드는 데 일조할 것입니다.

　전체 구성원들과 타운홀 미팅을 진행하거나 소규모 스터디 모임을 진행하며 조직문화를 공고히 만드는 것도 의미 있는 일이 될 것입니다.

컬처 데크(Culture Deck)

최근 스타트업 사이에서 만들어지고 있는 새로운 문서로 '컬처 데크(Culture Deck)'가 있습니다. '피치 데크(Pitch Deck)'가 투자자를 유치하기 위한 설득용 프레젠테이션 자료라면 '컬처 데크'는 내부 구성원과 잠재 구성원을 위한 우리 기업의 문화를 소개한 프레젠테이션 자료라고 할 수 있습니다. 이 문서는 사업 계획서, 회사 소개서, 사내 규정 등과는 다르게 조직이 조직문화, 특히 조직이 추구하는 것, 조직의 일하는 방식들이 하나로 정리되어 있습니다.

컬처 데크를 통해 조직문화의 핵심을 명문화함으로써 조직 전체가 일관성 있는 문화를 지속할 수 있게 해줍니다. 뿐만 아니라, 신규 구성원 입사 시 빠른 적용을 위한 오리엔테이션 자료, 그리고 제시된 문화에 적합한 인재 확보를 위한 자료로써 큰 효과를 거둘 수 있습니다.

컬처 데크의 대표적인 모델로 '자유와 책임(Freedom & Responsibility)'이라는 부제가 적힌 넷플릭스의 문서가 가장 유명합니다. 인터넷 검색을 통해 찾을 수 있습니다.[78] 넷플릭스 컬처 데크 서두에 나오는 내용입니다.

"많은 기업들이 듣기에 그럴듯한 단어들을 로비에 걸어둔다. 파산한 엔론(Enron)은 이런 가치를 자신들의 로비에 걸어두었다. 청렴, 소통, 존중, 탁월함. 하지만 이런 가치들은 엔론에서 정말 가치 있는 것이 아니었다. 회사에서의 진짜 가치는 그럴듯해 보이는 구호가 아니라, 누가 보상받고, 승진하고, 해고되는지로 나타난다. 회사의 실제 가치는 동료 직원들이 가치 있게 여기는 행동과 능력 속에 있다."

9장

조직구조

2

조직구조 살펴보기

스타트업 최초의 조직은 창업팀입니다. 창업팀 구성원들은 각자의 역할과 기여에 따라 지분을 나누어 가집니다. 함께 수립한 사업 계획을 바탕으로 최선을 다하기로 약속합니다. 사업에 대해서라면 서로 격의 없이 충분히 이야기를 나눕니다.

창업가 혼자 창업한 뒤 창업팀 구성원을 모으는 경우도 있습니다. 이때 함께하는 구성원들이 단순한 근로계약 관계가 아니고, 의미 있는 수준의 지분을 배분받았다면 역시 창업팀원이라 부를 수 있을 것입니다. 그렇지 않았다면 초기 멤버 혹은 초기 구성원이라 할 수 있겠습니다.

창업팀 중심으로 사업을 진행하는 단계는 스타트업 극초기라고 볼 수 있습니다. 이때의 모든 관심은 고객이 원하는 제품을 만드는 것, 만들어진 제품을 판매하는 것입니다. 매출을 올리거나 외부 자금 조달에 성공하면 본격적으로 구성원들이 늘어나기 시작합니다. 조직구조에 대해 생각해 볼 때가 된 것입니다. 우리의 조직구조가 어느 단계에 와있는지 알아보고, 지향할 구조를 살펴보도록 하겠습니다.

최초의 조직은
셀 조직

AI 기반 재테크 교육 서비스를 제공하는 스타트업이 있습니다. 창업팀 멤버는 마케터 한 명, 프로그래머 두 명, 재테크 전문가 한 명으로 구성되어 있었습니다. 디자이너가 필요하긴 했지만 창업팀원으로서는 아직 구하지 못했습니다. 우선 계획한 방식의

| 창업 초기 조직구조 |

재테크 교육이 시중에서 운영되는 교육 방식보다 효과적인지 MVP를 만들어 검증해 보았습니다. 수차례 진행 과정에서 고객 관찰과 인터뷰를 통해 우리 솔루션이 재테크 교육 분야의 패러다임을 바꿀 수 있겠다는 확신을 갖게 되었습니다. 이를 기반으로 시드 머니도 투자받았습니다. 회사를 대표할 CEO는 마케팅을 맡은 구성원이 하기로 했습니다. 프로그래머 한 명은 AI 쪽을, 나머지 한 명은 웹/앱을 맡기로 했습니다. 재테크 전문가는 콘텐츠 쪽을 맡는 것으로 했습니다. 제대로 된 서비스를 진행하기 위해서는 사람이 더 필요했습니다. 우선 디자인팀

원부터 시작해서 마케팅, 인사/총무 담당자 순으로 찾기로 했습니다. 아직 규모가 작아서 팀을 구분할 필요는 없었지만 명함을 만들 때 팀 명을 적어야 할 필요도 있고, 어차피 구성원이 늘어나면 팀을 만들어야 할 것이니 각자 역할에 따라 팀을 만들기로 했습니다. 팀이 나누어져도 여전히 창업팀 중심이고, 회의가 필요하면 다 같이 모여서 할 수 있기 때문에 커뮤니케이션이나 협업에 별다른 문제는 없었습니다.

현재 수준의 조직구조에 이름을 붙여보자면 '셀(Cell) 조직'이라 할 수 있습니다. 독립적인 기능을 가진 조직체의 최소 단위인 세포 수준의 조직을 의미하며, 성장하면 분열하여 재생산의 과정을 거치는 조직을 의미합니다. 보통 셀 조직은 제품을 생산하는 것부터 고객에게 전달하는 것까지 자체적으로 할 수 있는 최소 규모의 목적지향 조직이라 할 수 있습니다.

조직구조의 기본, 기능 조직

사업은 조금씩 성장해 나갔고 구성원도 늘어나 어느새 40명을 넘겼습니다. 이들은 각자의 핵심 역량에 따라 여러 팀으로 구성되었습니다. 그리고 팀마다 리더 역할을 맡는 팀장이 있었습니다. CEO는 주로 팀장들을 관리하고, 팀장은 팀원들을 관리하는 일반적인 조직이 만들어지고 있었습니다. 각 팀은 동일한 역할을 하는 구성원들로 묶었습니다. 프로그래머는 프로그래머끼리, 디자이너는 디자이너끼리 구성하

여 최신 정보를 공유하고 서로 학습하며 전문성 향상에 도움이 되도록
했습니다. 역량 있는 구성원들이 합류하면서 팀 구조는 점점 더 체계
적으로 변해갔습니다.

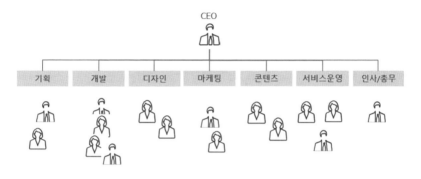

| 기능 조직구조 |

사업은 매일매일 롤러코스터를 타는 것 같은 기분이지만 고객의
다양한 요구사항을 처리해 나가며 서비스는 계속 고도화되고 있었습
니다. 새로운 고객 니즈도 발견하여 그에 맞는 서비스도 개발했습니
다. 구성원들도 계속 늘어났습니다. 그런데 어느 순간부터 조직구조의
효율성에 의문이 생기기 시작했습니다.

예를 들면 이렇습니다. 고객이 이용 과정에서 불편사항을 제기하
면 그 내용은 운영팀으로 접수됩니다. 운영 담당자는 운영팀장에게 보
고하고 개선을 위해 개발팀 담당 프로그래머에게 개선을 요청했습니
다. 해당 프로그래머는 이 부분의 개선은 다른 프로세스와 연결되어
있기 때문에 기획팀에서 어떻게 처리할 것인지 명확한 가이드가 필요

하다고 합니다. 운영 담당자는 다시 기획팀 담당자에게 업무 요청을 합니다. 기획팀 담당자는 현재 우선 처리해야 할 부분이 있어서 며칠 기다려 달라고 합니다. 얼마 뒤 요청한 부분은 기획팀 팀장을 비롯해서 개발팀, 디자인팀, 운영팀 담당자들이 모여서 협의를 해야 한다고 합니다. 협의가 끝나고 기획 담당자는 방향을 확정해서 개발팀에 업무 요청을 합니다. 개발팀 담당자는 지금 하고 있는 것을 먼저 처리해야 한다며 그 일이 정말 급한 건이면 자신의 일정을 바꿀 수 있도록 개발 팀장에게 말해달라고 합니다. 별것 아닌 것처럼 보였는데, 일의 진행이 그다지 효율적인 것 같지 않습니다. 거기다 문제를 자기 일처럼 생각하고 적극적으로 접근하는 게 아니라, 다른 사람의 일을 해결해 줘야 하는 것처럼 접근하고 있었습니다. 고객을 중심에 두고 일의 우선순위가 정해지는 게 아니라, 자신의 업무 일정, 팀의 업무 계획, 자신이 속한 팀장의 결정 등이 고려되고 있었습니다. 다른 팀에게 업무 요청을 할 때도 각자의 직속 상사에게 보고하거나 때때로 승인이 필요한데, 여러 팀에 걸쳐있는 이슈라면 이해관계자들이 많아져 일처리가 더 복잡해집니다. 그래서 웬만큼 중요한 사안이 아니면 고객에게 문제 원인을 돌리며 소극적으로 대처하게 됩니다. 또 가만히 보니 운영팀이나 기획팀은 항상 개발팀이나 디자인팀에 무언가를 요청해야 하는 관계였습니다. 운영팀원들은 개발팀과 함께 있는 자리에서 늘 저자세였고, 그렇지 않은 곳에서는 불만을 표출하곤 했습니다. 모르는 사람이 보면 갑과 을의 관계라고 착각했을 것입니다.

조직이 기능 중심으로 분화되자 고객 중심 사고는 사라지고 칸막이가 생긴 팀 업무를 중심으로 맡은 일을 해내는 것이 우선순위가 되었습니다. 고객 중심적인 셀 조직구조가 기능 조직이 되면서 구성원들도 기능 중심적 사고를 하게 된 것입니다. 조직이 커지면 이런 고민은 계속될 것입니다.

기능 조직의 장점과 우려점

장점	우려점

· 팀장 중심으로 적절한 업무 분장
· 업무의 전반적인 수준 유지
· 자연스러운 조직구조 확장
· 기술 축적 및 전문성 향상
· 효율적인 자원 활용
· 기능 업무의 통일성, 표준화
	· 고객 중심이 아닌 팀 중심의 사고
	· 기능팀 간 업무 요청 시
	  업무 프로세스 복잡성 발생
	· 이견 발생 시 각자의 이해관계에 따라
	  조율이 어려워짐
	· 프로젝트에 대한 오너십 부족

고객 중심적 조직, 목적 조직

기능 조직이 계속 커지면 고객은 보이지 않고 각자 자신이 속한 기능 조직 안에서 자기 업무를 진행하게 됩니다. 고객 중심으로 신속하게 움직일 수 없다는 점이 가장 큰 고민입니다. 기능 조직의 단점을 보완하거나 대체할 수 있는 조직구조를 생각해 봐야 합니다. 그 대안은 조직을 기능 중심으로 나누는 게 아니라 목적 중심으로 나누는 것입니다. 이런 구조를 목적(Mission) 조직이라고 부를 수 있습니다.

사례 회사의 초기 사업은 AI 기반 재테크 교육이었습니다. 진행 과정에서 재테크 교육이 고도화되기도 했지만, 재테크 교육에 앞서 개인 재무진단 서비스를 제공하면 유료 재테크 교육을 받을 가능성이 높아진다는 사실을 발견했습니다. 또 기존 회원들이 자녀에 대해서도 금융 교육을 해달라는 요구가 많았습니다. 그래서 재무진단 서비스와 어린이 금융 교육 서비스도 시작했습니다.

기능 조직에서는 이러한 서비스를 위해 기획팀, 개발팀, 디자인팀, 마케팅팀 등 팀마다 해당 사업의 담당자를 정해 실행해 나가게 됩니다. 각 담당자들은 같은 목적을 가지고 있지만 기능별로 나누어져 있어 기능팀이 가진 단점을 극복하기 어렵습니다. 그렇다면 기능 중심으로 팀을 나누는 게 아니라, 목적 중심의 조직으로 나누는 것을 생각해 볼 만합니다.

목적에 맞는 팀을 만들고 담당자들을 목적팀에 배치하면 됩니다. 여기서는 목적팀을 재테크 교육, 재무진단, 어린이 금융 교육으로 나눌 수 있습니다. 이렇게 되면 목적팀 구성원들은 대부분 자신이 속한 팀의 고객을 갖게 됩니다. 이제 고객에 집중하며 자신의 역할을 다할 수 있게 됩니다. 기능 중심 사고에서 고객 중심 사고를 하게 되고, 고객 요구사항을 신속하게 대응할 수 있으며, 팀 목표와도 일치하기 때문에 내부 협의도 수월해집니다. 각자 역할은 다르지만 모두의 목적이 명확해졌습니다. 초기 셀 조직 형태를 다시 구현하는 것이라 생각할 수도 있습니다.

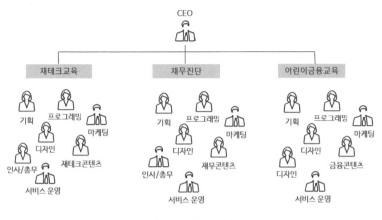

| 목적 조직구조 |

그런데 막상 이렇게 시도하는 과정에서 현실적인 문제가 나타납니다. 특히 스타트업의 경우 목적팀마다 배분할 인력이 충분치 않은 경우가 많습니다. 이렇게 구성하려면 목적팀마다 기획자, 프로그래머, 디자이너, 운영자, 마케팅 담당자 등이 최소 한 명 이상 필요한데 스타트업의 인력 구성으로 봤을 때 모든 역할에 맞는 충분한 인원을 배분하기 힘든 경우가 많습니다. 또 재무진단 서비스의 경우 디자인이 완료되어 디자이너 업무에 시간적 여유가 생겼는데, 어린이 금융 교육 서비스에는 두 명의 디자이너로도 일손이 부족해서 인원 충원의 필요성이 생기기도 합니다. 인사/총무 담당자의 경우 목적팀마다 한 명씩 배치하려면 충원이 필요할 텐데 현재 그럴 정도의 업무가 있는 것은 아닙니다. 목적 조직의 문제는 기능 조직에 비해 인력 중복 및 활용의 비효율성이 나타날 수 있다는 것입니다. 또한 기능팀은 기획자들끼리, 프로그래머들끼리, 디자이너들끼리 함께 업무 교류를 함으로써 전

문성을 향상시키고 서로 부족한 부분들을 채워줄 수 있는데 그런 기회도 사라집니다. 인사/총무 담당자처럼 회사 전반에 걸쳐 영향을 미치는 소수의 스태프(Staff)부서는 어디에 둘 것인지도 애매해집니다. 인사팀원, 총무팀원, 전사 R&D 같은 경우 목적 조직마다 한 명 이상 배치할 수가 없으니 말입니다.

목적 조직의 장점과 우려점

장점	우려점
· 고객 중심적 사고 · 업무 진행 프로세스의 단순성 · 공통의 명확한 목적의식 · 프로젝트에 대한 오너십 확보	· 기능별 전문성 향상 및 조율의 어려움 · 업무 수준의 편차 발생 가능 · 구성원 배치의 비효율성 대두 · 구성원 활용의 비효율성 대두 · 기능 업무의 통일성, 표준화 미비 · 회사 전반에 영향을 미치는 스태프부서의 효율적 배치 · 하나의 목적 조직이 커지면 그 안에서 다시 기능팀으로 나뉠 가능성 대두

장점만 모아보자, 하이브리드 조직

기능 조직과 목적 조직의 장단점이 상반되는 것으로 보입니다. 그렇다면 두 방식을 조화롭게 합칠 수 있는 방법을 생각해 볼 수 있겠습니다. 즉, 목적이 명확한 구성원들은 목적 조직으로 만들고, 목적 조직마다 공통적으로 필요한 역할의 구성원들은 기능 조직으로 만드는 방식입니다. 이러한 조직구조를 하이브리드(Hybrid) 조직이라 부를 수 있습니다. 이 조직구조가 잘 돌아간다면 목적팀은 고객지향의 신속한 운영이 가능하고, 기능팀은 목적팀에 필요한 기능을 효율적으로 제공할 수 있게 됩니다. 기능 조직과 목적 조직의 장점을 살리는 방식입니다.

이러한 장점들을 효율적으로 활용하기 위해 많은 기업들이 목적팀과 기능팀의 비율을 조정해 가며 하이브리드 조직 형태로 운영하고 있습니다. 고민의 결과인 것입니다.

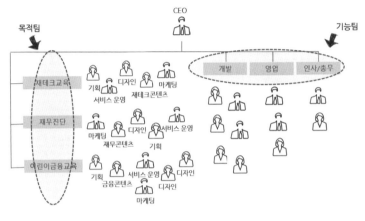

| 하이브리드 조직구조 |

하지만 이 구조도 조직이 커지면서 기능 조직과 목적 조직의 단점만 부각될 수 있습니다. 목적팀에서는 고객 우선적인 결정을 내렸으나 기능 조직에서 자신의 업무 일정을 우선시하여 신속히 대처해 주지 않는 경우가 생길 수 있습니다. 제품이나 서비스에 대한 고객 니즈보다는 팀 우선주의 문제가 또다시 드러날 수 있습니다. 개발 부문이 기능팀으로 구성된 경우 필요한 자원을 우선적으로 공급받으려고 목적

팀끼리 경쟁하기도 합니다. 영업 부문이 기능팀으로 구성된 경우도 마찬가지입니다. 우리 목적팀의 상품 판매에 보다 힘써줄 것을 요청하는 경우들을 종종 보게 됩니다.

목적팀과 기능팀을 어떻게 구성하느냐에 따라 다르겠지만 목적팀의 자기완결성이 부족하고 다수의 기능팀이 만들어지는 경우, 기존 기능 조직의 우려점이 그대로 발생할 수 있습니다.

하이브리드 조직의 장점과 우려점

장점	우려점
· 목적 조직, 기능 조직의 장점 활용	· 목적 조직, 기능 조직의 단점이 부각

차라리 사람이 양쪽으로 들어가자, 매트릭스 조직

우리가 선택할 수 있는 조직구조의 종류는 기능 조직, 목적 조직, 하이브리드 조직만 있는 것일까요? 조직구조에 대해 살펴본 적이 있다면 매트릭스(Matrix) 조직에 대해 들어본 적이 있을 것입니다. 한 사람이 기능팀에도 속하고 목적팀에도 속하게 되는 방식입니다. 즉, 프로그래머가 개발팀에도 속해있고 어린이 금융 교육팀에도 속하는 것입니다. 하지만 이런 방식의 조직구조를 소개하면 곧바로 반론이 제기됩니다.

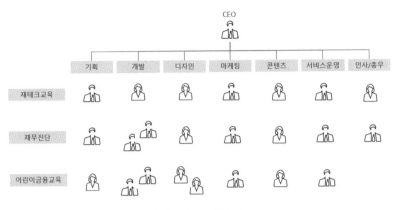

| 매트릭스 조직구조 |

　과거로부터 내려오는 조직설계의 핵심 원칙 중에는 명령 일원화 원칙이라는 것이 있습니다. 한 명의 담당자는 한 명의 책임자로부터만 명령을 받아야 한다는 것입니다. 너무나 당연한 말처럼 들립니다. 매트릭스 조직은 기능과 목적 모두를 달성하려고 하지만 당장 두 명의 관리자 밑에 구성원들이 위치하게 되어 언뜻 생각해 봐도 명령 일원화 원칙을 벗어납니다. 지속 가능한 형태가 아니라는 생각이 듭니다. 관리자가 두 명이면 누구의 지휘를 받고 누구에게 보고하고 누구에게 평가를 받아야 한다는 것인지 명확하지 않습니다. 관리자도 마찬가지입니다. 본인 휘하의 구성원이 내 밑에도 있고 다른 관리자 밑에도 있게 되는데 누가 책임 있게 관리해야 하는지 헷갈립니다. 따라서 이것은 이론상으로는 가능하지만 현실적으로는 불합리한 구조라고 결론 내립니다. 특히 위아래가 분명한 위계 조직 사고를 가지고 있다면 절대로 받아들이기 힘든 구조입니다.

이제 숨을 한번 크게 쉬고 조금 열린 마음으로 다시 한번 생각해 보겠습니다.

김철수씨는 AI 기반 교육회사에서 프로그래머로 일하고 있습니다. 상사는 개발팀장입니다. 김철수씨는 일요일마다 교회에 갑니다. 그는 교회에서 성가대 총무를 맡고 있는데, 조직도상 그의 상사는 성가대 장입니다. 김철수씨는 매월 세 번째 주 토요일에 등산을 갑니다. 등산 모임에서도 총무를 맡고 있습니다. 조직도상 그 위에는 회장이 있습니다. 김철수씨는 회사에서 개발팀원이고 교회에서 성가대 총무고 등산 모임에서도 총무입니다. 그는 자신이 누구와 일하는지에 따라 혼란스러움을 느낄까요? 당연히 그렇지 않습니다. 서로 다른 집단에서 자신이 맡은 역할을 잘하면 됩니다. 직장 상사는 김철수 씨와 일을 할 때 교회 성가대장이나 등산 모임 회장으로 인해 불편함이나 어려움을 가지고 있을까요? 역시 그렇지 않습니다. 김철수 씨가 상사의 소유물이나 노예라서 소유관계가 명확해야 하는 것이 아니라면 상사가 두 명이라고 해도 혹은 세 명이라고 해도 문제 되지 않을 것입니다. 이 부분이 중요합니다. X이론 가설 관점으로 보면 김철수씨는 상사로부터 명령과 통제를 받아야 하는 객체입니다. 따라서 상사가 여러 명이면 누구의 말을 우선해야 할지 결정하기 어렵습니다. 결정 권한을 상사들이 가지고 있기 때문입니다. 하지만 Y이론 가설 관점으로 보면 김철수씨는 자율성과 주도성을 가진 주체입니다. 따라서 본인이 스스로 선택하고 조율해 갈 수 있다고 봅니다. 직장과 교회와 등산 모임에서 자신의 역할을 스스로 결정하고 협의해 나갈 수 있는 것처럼 말입니다. 조직에서 김철수씨는 기능 조직인 개발팀에만 속해있는 게 아니라 목적 조직인 교육사업팀에도 속해있었습니다. 이 상황이 서로에게 문제가 될까요? 각 팀에서 해야 할 업무 분량을 교회 가는 일, 등산가는 일처럼 개별적인 사건이라고 생각하면 매트릭스 구조에서도 돌아갈 것입니다.

기능팀은 가정이고 목적팀은 학교라고 생각해 봅시다. 기능팀장은 부모고 팀원은 자녀입니다. 부모로서 챙겨봐 줄 게 있습니다. 자녀는 학교에서 있었던 일을 이야기할 수 있습니다. 어떻게 해야 공부를 더 잘할 수 있을지 상의하기도 할 것입니다. 목적팀장은 학교 선생님입니다. 학생이 학습 목표를 달성할 수 있도록 가르쳐 주고 체크해 줍니다.

매트릭스 조직은 실현 가능성에 대해 많은 비판을 받고 있지만, 실제 현실은 조금 다른 것 같습니다. 2017년 미국 갤럽(Gallup)은 미국 근로자 84%가 매트릭스와 같은 이중 구조하에서 일하고 있다고 발표했습니다.[79] ADP 연구소는 19개국에서 직원 수 150명 이상 규모의 기업들을 조사한 결과 구성원의 72%가 하나 이상의 팀에서 일하고 있다고 했습니다. 직원 20명 이하의 소규모 기업에서는 49%가 그러하다고 합니다.[80]

매트릭스 조직의 장점과 우려점

장점	우려점
· 기능 조직, 목적 조직의 장점 활용	· 매트릭스 조직에 대한 이해 부족 · 지휘체계의 중복으로 인한 혼란

매트릭스 조직,
실험적으로 운영해 보기

이론상 매트릭스 조직을 만드는 방법은 어렵지 않습니다. 종이 한 장을 놓고 가로 방향으로 기능팀명을, 세로 방향으로 해당 기능팀의 구성원 이름을 적습니다. 그리고 가장 왼쪽에 목적팀명을 적고, 현재 기능팀에서 왼쪽에 적은 목적팀에 해당하는 업무 담당 구성원을 가로 방향으로 묶으면 매트릭스 구조가 완성됩니다.

하지만 현실은 이렇게 단순하지 않습니다. 누구를 어디에 넣어야 할지, 두 군데 사업에 연관된 구성원은 어디로 보낼지, 인사 업무처럼 조직 공통 업무를 가지고 있지만 구성원 수가 적은 경우 모든 목적팀에 중복해서 넣어야 하는 것인지 여러 가지 고민할 부분이 생깁니다. 아직까지 조직구조를 한꺼번에 매트릭스 구조로 만들기에 충분한 확신이 들지 않습니다. 이 방식이 별문제 없이 진행될 것 같았으면 이미 모든 기업들이 매트릭스 조직을 운영하고 있었을 텐데 그렇지 않다는 것은 무엇인가 장애물이 있다는 것입니다. 섣불리 구조 변경을 했다가 예상치 못한 문제가 생길 수도 있겠다는 생각이 듭니다. 이런 경우, 일부만 매트릭스 조직으로 만들어서 실험해 볼 수 있습니다.

이왕 매트릭스 조직을 실험하는 과정이라면 애자일(Agile) 조직으로 해보는 것도 좋을 듯합니다.

매트릭스 조직이나 애자일 조직은 개념적으로는 비슷합니다. 매트릭스 조직은 조직구조 종류의 하나로써 기능 조직과 목적 조직이 가로 세로로 교차되어 있는 조직입니다.[81] 조금 더 넓게 보면 한 명의 구성원이 두 명 이상 상사에게 지휘를 받는 경우도 이에 포함됩니다.[82] 애자일 조직은 애자일 개발 방법론의 개념을 일반 조직에서도 적용하기 위한 것인데, 그 방법론을 따르려면 일단 조직 형태가 자기완결형 교차기능팀이 되어야 합니다. 자기완결형이란 해당 과업을 팀 내 구성원만으로 스스로 해결할 수 있는 것을 말합니다.

매트릭스 조직의 가장 큰 문제점으로 지적되는 것은 명령 일원화 원칙에 어긋난다는 것이었습니다. 이것은 100년도 더 된 프랑스 기업가 앙리 파욜(Henri Fayol)의 주장을 근거로 합니다. 하지만 당시의 기업은 엄격한 위계 조직체계에서 복수의 상사가 존재하니 나타난 문제입니다. 애자일 조직은 위계에 의한 구조가 아니라 기능에 따른 역할이 있을 뿐입니다. 토스의 애자일 조직에서는 자기완결형 교차기능팀을 '사일로'라고 부릅니다. 사일로는 PO(프로덕트 오너), 디자이너, 분석가, iOS 개발자, Android 개발자 등으로 구성됩니다.

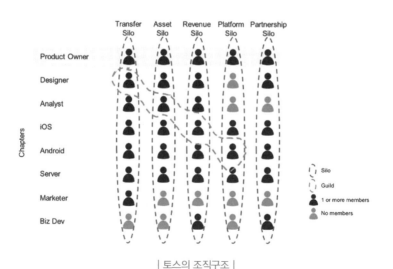

| 토스의 조직구조 |
(출처: https://blog.naver.com/businessinsight/221460176090)

이 팀은 보고, 명령의 개념을 가진 위계적 구조가 아닙니다. PO가 리드하되, 각자 맡은 역할에 대해서 본인이 주도적으로 진행하게 됩니다. 매트릭스 조직이긴 한데 앙리 파욜이 생각했던 위계를 가진 매트릭스 조직과는 특성이 다르다고 할 수 있습니다.

애자일 조직의 일하는 방식

애자일 조직은 고객의 요구에 적합하도록 지속적으로 결과물을 만든다는 원칙을 준용하여 일하는 것입니다. 그 기반은 고객이 원하는 완벽한 제품을 한 번에 만들 수 없기 때문에 핵심 기능부터 만든 후 고객의 요구를 반영하여 지속적으로 사용성을 높인다는 것입니다.

이렇게 하기 위한 구체적인 방법으로서 일정 기간(일정 기간의 단위를 스프린트(Sprint)라고 함)을 정해놓고 고객이 필요로 하는 기능의 우선순위와 이를 구현하기 위해 업무를 세세하게 나눕니다(해야 할 일 목록을 백로그(Backlog)라고 함). 구성원들은 각 기능을 구현하는 데 소요될 시간을 예측하고 본인이 일하는 시간에 맞춰 백로그를 가져가 구현하는 것이 기본 방식입니다.

이런 방식으로 일하게 되면 고객 만족을 위해 끝없이 기능이 개선되고, 구성원도 본인의 처리 속도에 맞추어 규칙적이고 지속적으로 일할 수 있게 됩니다. 100m를 전력 질주해서 달리면 빨리 골인하지만 1km, 10km, 100km를 전력 질주할 수는 없습니다. 자신의 페이스를 지키며 꾸준히 하는 것이 느릴 것 같지만 가장 빠른 방법이 됩니다.

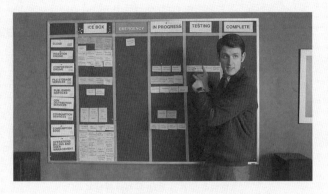

| 애자일 개발 방법론에서 많이 활용하는 칸반
(Kanban; 개발 흐름을 보여주는 수단). ICE BOX 항목에 나열된
과업이 백로그(출처: 영화 '실리콘밸리(Silicon Valley)') |

매트릭스 조직 –
기능 중심에서 목적 중심으로

한두 개의 팀을 목적팀으로 만드는 매트릭스 조직의 초기 단계에서는 여전히 기능팀이 주류가 되어 업무를 조율하고 있을 것입니다.

시간이 흘러 목적팀이 늘어나면 기능팀 팀장도 목적팀에서의 역할이 늘어날 것입니다. CEO도 회사를 대표하는 업무를 하면서 본인의 전문 분야를 살려 원하는 목적팀에서 일정 부분 역할을 할 수 있습니다. CEO도 하나의 역할이니까 중복되는 역할을 맡는 것도 가능한 것입니다.

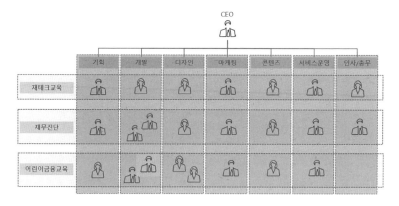

| 매트릭스 조직(초기) – 기능 중심 |

　　목적팀들이 제대로 돌아가기 시작하면 기능팀 구성원의 대부분이 목적팀에서 더 많은 소속감을 갖게 됩니다. 그렇게 되면 매트릭스 구조의 무게중심이 기능 중심에서 목적 중심으로 이동해 갈 것입니다.

　　기능팀이 해왔던 역할은 팀원들의 커리어 관리, 역량 개발, 전문성 향상, 조직 생활의 문제 해결 등이었습니다. 이제는 여전히 이 기능팀을 남겨둘 것인지 고민해 봐야 합니다. 기능팀이 조직의 뼈대 역할을 지속적으로 해야 할 필요가 있다면 그대로 유지하는 것이고, 조직을 더 수평적이고 자율적인 방향으로 이동해야겠다고 판단되면 없앨 수 있습니다. 대신 그 역할 자체는 필요한 부분이 있습니다. 프로그래머들끼리 전체 시스템의 표준 수립을 위해, 각자의 기술적 정보 공유를 위해 함께하는 것은 필요할 것입니다. 조직에서 무언가를 구매할 때 목적팀마다 개별적으로 구매하는 것보다 함께 구매할 때 더 경제적으로 구매할 수도 있습니다. 이를 위해 특정 기능을 중심으로 조정그룹, 위원회, 그룹 같은 느슨한 형식의 조직을 만들어 기능팀을 대체할 수 있습니다. 기존의 기능팀과의 차이는 기능팀장과 팀원이라는 위계를 없애고 조정그룹이라는 이름으로 보다 수평적, 자발적 운영 조직이 가능해진다는 것입니다.

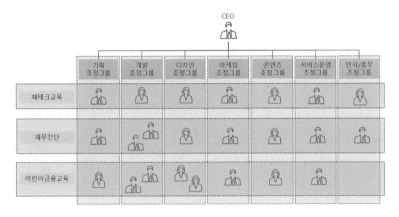

| 매트릭스 조직(후기) – 목적 중심 |

다시
셀 조직으로

매트릭스 조직에서 기능팀이 약화되거나 없어지면 순수한 목적 조직 형태를 띠게 됩니다. 초기 기능 조직의 문제점을 해결하기 위해 곧장 목적 조직으로 만들려고 했을 때는 그림이 잘 그려지지 않았었습니다. 그런데 매트릭스 조직이 기능 중심에서 목적 중심으로 넘어오는 과정을 보니 가능한 조직구조가 될 수 있겠다는 생각이 들 것입니다. 단순히 목적 중심으로만 조직을 구성하는 게 아니라, 기능팀이나 기능 조정그룹을 통해 기능 조직이 처리해 줘야 할 것을 맡아주는 구조가 됩니다.

이런 방식으로 목적 중심 매트릭스 조직이 활성화된 상황에서 구성원들에게 더 많은 자율성을 제공하면 더 다양한 목적 조직이 생겨날 것입니다. 누군가 제품 개선 아이디어나 신규 사업 아이디어를 제시하고 제대로 돌아가는지 시험해 보고 싶다면 프로젝트를 신청할 수 있습니다. 이에 동조하는 구성원들이 함께하면 새로운 조직이 생깁니다. 이 아이디어가 성공하면 개인과 조직 모두가 성장하는 좋은 기회가 될 것입니다. 여기서 새롭게 생기는 조직을 최소 규모의 목적지향 조직, 독립적인 기능을 가진 최소 단위 조직인 셀(Cell) 조직이라 부를 수 있습니다.

다양한 목적 중심 조직이 생겨나는 것에 대한 전제는 더 많은 자율성을 부여하는 것입니다. 더 많은 자율성이란 결국 가치지향 조직에서 머무느냐 자율경영 조직으로 넘어가느냐와 상관이 있습니다. 보통 자율경영 조직은 위계 구조를 없애거나 최소화합니다. 그래서 수평 조직을 지향합니다. 어떤 팀을 만들든지 위계질서와 공식적인 권력을 제도화하지 않습니다. 그렇게 하지 않아도 리더십이 필요한 경우 역량, 권위, 존경에 의해 그것을 발휘하는 구성원이 생기기 때문입니다.

W.L.고어에서는 보스(Boss; 상사)나 임원이라는 단어가 없습니다. 그러나 동료들이 그럴만하다고 판단할 때 리더를 선출합니다. 리더 호칭을 받은 사람은 일을 해내고 팀을 뛰어나게 이끌어 가는 능력을 행사함으로 영향력을 발휘합니다.[83] 2005년 CEO로 선출된 테리 켈리(Terri Kelly) 역시 W.L. 직원들의 투표를 통해 선발되었습니다. 테리 켈

리는 조선비즈와의 인터뷰에서 "법률적 필요 때문에 회사 바깥에서 CEO로 회사를 대표할 뿐, 회사 내부에서는 나도 동료"라며 고어에는 "직위도, 서열도, 권위도, 보스도, 관리자도, 피고용인도, 표준화된 고정 업무도, 지시도 없다."고 했습니다.[84]

새롭게 만들어지는 셀 조직은 주로 고객 접점을 유지하고 목적한 바를 팀 내의 역량으로 결정하고 만들어서 제공하는 목적 조직이 됩니다.

이렇게 만들어진 셀은 위계 구조 없이 셀을 제안한 구성원이 프로덕트 오너가 되거나 셀 안에서 새로운 리더를 선발하여 진행할 수 있습니다. 셀을 자유롭게 만들고 참여할 수 있는지의 여부가 가치지향 조직과 자율경영 조직의 차이라고도 할 수 있겠습니다.

『언리더십(Un-Leadership)』의 저자 닐스 플레깅(Niels Pflaeging)은 이런 관점에서 네트워크화된 셀 조직을 제시했습니다.[85][86]

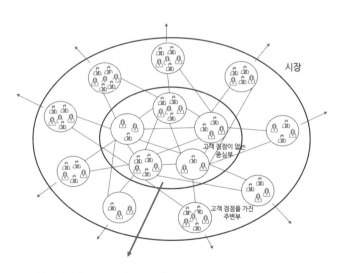

| 닐스 플레깅의 가치 창출 구조(Value Creation Structure) 모델 |

본격적인 비즈니스는 셀 단위에서 이루어지고 각 셀들이 서로 네트워크를 이룬다는 것입니다. 이 셀들은 고객 접점이 없는 중심부와 고객 접점을 가진 주변부로 구분되는데, 주변부가 중심부를 이끌어야 한다고 주장합니다. 고객 접점을 가진 주변부가 고객을 더 잘 알고 있기 때문입니다.

스타트업 최초의 팀은 셀 조직 형태였습니다. 그리고 변화와 발전을 거듭하며 돌고 돌아 셀 조직들을 다시 만들게 되었습니다. 조직 전체의 CEO와 부문 CEO* 구조가 되었습니다. 셀 조직 안의 셀 조직이 되었습니다.

---

*   주로 이런 역할을 '프로덕트 오너(PO; Product Owner)'라고 부릅니다.

사람과 조직에 대한 관점에 기반한 조직구조

기업 조직구조를 검토해 보니 창업 초기 셀 조직의 모습으로 시작하여 기능 조직, 목적 조직, 하이브리드 조직, 매트릭스 조직으로 떠돌다 다시 셀 조직으로 회귀되는 모습을 보았습니다. 모든 기업의 조직구조가 이렇게 될 것이라고 말할 수는 없습니다. 하지만 그 흐름의 개연성을 보고 우리 조직에 적합한 구조를 고민해 볼 수 있을 것입니다. 중요한 것은 조직구조만 바뀐다고 좋은 효과를 내는 것은 아닙니다. 경영자가 가지고 있는 사람과 조직에 대한 관점에 부합되는 조직구조를 만드는 것이 핵심입니다. 셀 조직이 제대로 돌아가려면 Y이론 관점에서 구성원의 자율성을 기반으로 해야 하는데 그렇지 않으면 형식만 셀 조직이 될 뿐, 그에 따른 단점만 부각되고 제대로 실행되기 어렵습니다.

스케일업 단계에서는 대부분 기능 조직으로 규모가 커지고 있을 것입니다. 기존에 경험했던 전형적인 조직구조이고 그러다 보니 이런 방식밖에 생각하지 못했던 것입니다. 그러나 규모가 더 커지면서 비효율성이 높아지고 관료화되어 간다는 느낌을 가지게 됩니다. 그러면서 조직구조에 대해 고민하게 됩니다. 우리 조직이 추구하는 가치를 가장 잘 반영할 수 있는 조직구조의 특징과 성장 흐름을 참고하여 최적의 구조를 만들어 가야 할 것입니다.

조직구조 특징 요약

조직 구조	요약
(창업)셀 조직	· 창업 초기 자연스러운 조직 형태 · 자기완결형 교차기능팀을 만들기 위해 노력함 · 사실상 단일 목적 조직임
기능 조직	· 단일 목적 조직 내부에서 기능팀이 만들어짐 · 기능팀의 규모가 커짐 · 기능팀 내부에서도 역할이 세분화됨 · 기능팀 내부 효율이 우선시되기 시작 · 기능팀 간 업무 진행의 비효율성 대두
목적 조직	· 사업 목적 중심으로 팀이 구성됨 · 고객 중심 기반 목적 의식 공유 · 기능별 전문성 향상의 어려움 · 구성원 대비 업무 분량의 효율적 배분 어려움
하이브리드 조직	· 목적팀과 기능팀을 적절히 분할 · 기능팀은 목적팀들에 공통 기능 제공 · 조직이 커지며 기능 조직, 목적 조직의 비효율성이 재현될 가능성 높아짐
매트릭스 조직	· 한 사람이 기능팀, 목적팀에 동시 소속됨 · 명령 일원화 원칙에 위배된다는 부정적 지적이 많음 · 위계적 성과주의 조직에서는 효율적 운영이 어려움 · 고객 우선의 민첩한 조직을 만들기 위한 방법론으로 인식되어 감 (특히 애자일 조직 개념) · 가치지향 조직에서 많이 시도됨(성과관리, 인사평가, 보상체계 등이 가치지향 조직 특성에 부합될수록 효과적) · 기능 중심적 매트릭스 조직과 목적 중심적 매트릭스 조직
셀 조직	· 목적 중심적 매트릭스 조직구조에 더 높은 자율성이 제공되며 자율적으로 목적 조직을 만들 수 있는 구조. · 기업 내 작은 기업이 생기는 효과 · 조직 내 앙트러프러너십 활성화 · 자율경영 조직이 추구하는 콘셉트에 부합되는 경우가 많음

참고 문헌

01 인터넷 사이트별 트래픽 조사기관. https://www.alexa.com/

02 박재범, 「아이러브스쿨 "김영삼 대표 사임"」, 머니투데이, 2001.2.23. https://news.
    mt.co.kr/mtview.php?no=2001022315461200054&type=1

03 김유림, 「20억 채무에 신용불량, 이혼까지..."성공에 대비하지 못해 실패했다"」, 신동아,
    2012.3.21. https://shindonga.donga.com/3/all/13/111046/1

04 Galbraith, J. K., 「The New Industrial State」, Houghton Mifflin, Boston, MA, 1971.

05 Noam Wasserman, 「Founder-CEO Succession and the Paradox of
    Entrepreneurial Success」, Organization Science, Vol. 14, No. 2, Mar-Apr 2003.

06 야마다 아키오, 『야마다 사장, 샐러리맨의 천국을 만들다』, 21세기북스, 2007.

07 박준식, 「못믿을 성과관리 시스템... 직장인 60% "인사평가 결과 비합리적"」, 한국경제
    TV, 2016.3.21.

08 존 도어(John Dorr), 『OKR』, 세종서적, 2019.

09 Kopelman et al., 「Construct validation of a theory X/Y behavior scale」,
    Leadership & Organization Development Journal 31(2), 2009

10 더글라스 맥그리거, 『기업의 인간적 측면(The Human Side of Enterprise)』, 미래의 창,
    1980(원서는 1960년 출간).

11 프레데릭 라루(Frederic Laloux), 『조직의 재창조』, 생각사랑, 2016.

12 William W. Maddux, Roderick I. Swaab,「Ricardo Semler: A Revolutionary model of leadership」, INSEAD INS517, 2014

13 Ricardo Semier, 'How to run a company with (almost) no rules', TEDGlobal 2014. https://bit.ly/3XwCr3G

14 https://agilemanifesto.org/iso/ko/principles.html

15 장재웅,「DBR Case Study: 오렌지라이프의 '애자일 2.0'」, DBR, 2020.4. Issue 2. https://dbr.donga.com/article/view/1203/article_no/9576, 참고로 오렌지라이프는 2021년 신한생명과 합병되었습니다.

16 '2018 대한상의 기업문화 혁신 컨퍼런스'에서.

17 https://www.patagonia.com.au/pages/our-mission

18 미션과 비전세우기, 서울복지재단, 2008

19 짐 콜린스, 윌리엄 레지어,『짐 콜린스의 경영전략』, 위즈덤하우스, 2004.

20 짐 콜린스, 제리 포라스,『성공하는 기업들의 8가지 습관』, 김영사, 2002.

21 Mark Lee,「스타트업에서 미션과 가치 수립을 통해 성과를 창출하는 5단계 방법론」, 2017.10.20. 블로그, https://bit.ly/3cmFfKn

22 "토스 핵심 가치 3.0의 탄생". 2022.4.14. https://blog.toss.im/article/core-values-are-evolving

23 우아한형제들 홈페이지. https://www.woowahan.com/company/culture, 여기에는 각 문장이 내포하고 있는 의미를 함께 제시함으로써 표면적으로 드러난 행동 강령의 의미를 곡해하는 일이 없도록 하고 있습니다

24 『과학적 관리법(The Priniples of Scientific Management)』, 프레드릭 테일러 (Frederick Taylor), 21세기북스, 2010(원문은 1911년 출간).

25 피터 드러커,『경영의 실제』, 한국경제신문, 2006. p.225.

26 존 도어,『OKR』, 세종서적, 2019. p.59.

27 제프 스마트,『랜디 스트리트, 누구를 어떻게 뽑을 것인가?』, 부키, 2012. p.60~61.

28 스콧 켈러, 콜린 프라이스, 게리 하멜,『차이를 만드는 조직: 맥킨지가 밝혀낸 해답』, 전략시티, 2014.

29 고정훈,「금감원, 우리은행 과태료 60억 부과…"비밀번호 무단 변경"」, 디지털투데이. 2020.7.17.

30 「"성과급 더받자" 고객으로 둔갑해 설문조사 점수 높인 간큰 코레일 직원들 적발」, 매일경제. 2020.4.19. https://www.mk.co.kr/news/economy/9302267)

31 빌 테일러, 마이클 해리스,「성과지표가 비즈니스를 망치지 않게 하는 법」, HBR 2019년

9–10월호.

32 임건미, 「차별화 전략으로 경영혁신 이루다」, 한국금융, 2012.3.4. https://cnews.fntimes.com/html/view.php?ud=20120304174944116888_18

33 앤디 그로브, 『하이 아웃풋 매니지먼트』, 청림출판, 2018, p.163~164.

34 정은혜, '배민' 인수 발표한 '요기요'의 인사평가 비법은?, HR Insight 2019.9.

35 2015년 한국노동연구원 501개 기업 대상 설문 조사결과(중앙선데이, 2016.12.04).

36 「잡코리아, '인사평가 결과 만족도' 조사결과 발표」, 케이앤뉴스, 2022.2.15. http://www.knnws.com/news/view.php?idx=14837&mcode=m214ymv

37 「상반기 인사평가, 직장인 5명 중 2명만 '만족'」, 잡코리아, 2018.8.9. https://www.jobkorea.co.kr/GoodJob/Tip/View?News_No=14599&schCtgr=120001&schTxt=%EC%9D%B8%EC%82%AC%20%ED%8F%89%EA%B0%80%20%EB%A7%8C%EC%A1%B1&Page=32

38 「상반기 인사평가, 직장인 5명 중 2명만 '만족'」, 잡코리아, 2018.8.9. https://www.jobkorea.co.kr/GoodJob/Tip/View?News_No=14599&schCtgr=120001&schTxt=%EC%9D%B8%EC%82%AC%20%ED%8F%89%EA%B0%80%20%EB%A7%8C%EC%A1%B1&Page=32

39 「Microsoft Abandons 'Stack Ranking' of Employees」, 월스트리트저널, 2013.11.12.

40 「The Org Charts Of All The Major Tech Companies (Humor)」, 비즈니스인사이더, https://www.businessinsider.com/big-tech-org-charts-2011-6

41 「Jack Welch: 'Rank-and-Yank'? That's Not How It's Done」, 월스트리트저널, 2013.11.14. https://www.wsj.com/articles/SB10001424052702303789604579198281053673534

42 「Jack Welch: 'Rank-and-Yank'? That's Not How It's Done」, 월스트리트저널, 2013.11.14. https://www.wsj.com/articles/SB10001424052702303789604579198281053673534

43 「Jack Welch: 'Rank-and-Yank'? That's Not How It's Done」, 월스트리트저널, 2013.11.14. https://www.wsj.com/articles/SB10001424052702303789604579198281053673534

44 어도비사 홈페이지(https://www.adobe.com/check-in.html).

45 Adobe's Check-in Toolkit. https://www.adobe.com/content/dam/acom/en/aboutadobe/pdfs/adobe-check-in-toolkit.pdf

46 『이기적 직원들이 만드는 최고의 회사』 저자 유호현 님의 글, 모비인사이드, 2018.3.21. https://www.mobiinside.co.kr/2018/03/21/siliconvalley-hr/

47 『이기적 직원들이 만드는 최고의 회사』 저자 유호현 님의 글, 모비인사이드, 2018.3.21. https://www.mobiinside.co.kr/2018/03/21/siliconvalley-hr/

48 다니엘 튜더, 『기적을 이룬 나라, 기쁨을 잃은 나라』, 문학동네, 2013.

49 박정준, 『나는 아마존에서 미래를 다녔다』, 한빛비즈, 2019.

50 마커스 버킹엄, 애슐리 구달, 『일에 관한 9가지 거짓말』, 샘앤파커스, 2019.

51 마커스 버킹엄, 애슐리 구달, 「성과관리 시스템 전면 재설계로 연 200만 시간 낭비 줄었다」, HBR, April 2015.

52 조지 밀코비치 외, 『밀코비치의 보상』, 도서출판 문, 2016.

53 정인아, 「카카오, 직원 반발 '특별 포상'없애고 '전직원 보너스'」, SBS Biz, 2022.1.13. https://biz.sbs.co.kr/article/20000046460?division=NAVER

54 http://www.tmon.co.kr

55 유민주, 『티몬이 간다』, 이콘출판, 2011.

56 「"정년연장에 내가 왜 손해보나"… 현대차 MZ, 노조에 뿔났다」, 서울경제, 2022.5.1. https://n.news.naver.com/mnews/article/011/0004048777

57 Y Combinator, How to Start a Startup 강연, https://youtu.be/59ZQ-rf6ilc

58 김유성, "연봉 1.5배 드립니다." 토스, 3월까지 300명 채용, 이데일리, 2021.1.20. https://bit.ly/3VhA3g8

59 http://www.wage.go.kr

60 조성일, 「변화와 혁신의 시기, 절대평가가 부상(浮上)하고 있다」, POSRI 이슈리포트, 2016.11.17

61 Francesca gino 외, 「The Morning Star Company:Self-Management at Work」, HBS, 2016(case 9-914-013).

62 프레데릭 라루, 『조직의 재창조』, 생각사랑, 2016.

63 How to run a company with (almost) no rules', 리카르도 세믈러의 TED 강연. https://www.ted.com/talks/ricardo_semler_how_to_run_a_company_with_almost_no_rules

64 William Waddux, 「Ricardo Semler: A Revolutionary Model of Leadership」, INSEAD Case, 2014.

65 「[커버스토리] 고객만족의 대명사 노드스트롬」, 매일경제, 2011.7.29 https://www.mk.co.kr/news/business/view/2011/07/493565/

66   Alfie Kohn, 『Punished by rewards; The trouble with gold stars, Incentive plans, A's, Praise, and other bribes』, Mariner books, 1999.

67   Edward L. Deci, 『The effects of contingent and Non-contingent rewards and controls on intrinsic motivation』, Organizational Behavior and Human performance, Vol 8(2), 1972

68   Gibbs, Michael; Neckermann, Susanne; Siemroth, Christoph, 『A Field Experiment in Motivating Employee Ideas』, The Review of Economics and Statistics, Oct 2017, Vol.99(4), p.577~590.

69   Kenneth W. Thomas, Erik Jansen, Walter G. Tymon Jr., 『Navigating in the Realm of theory: An empowering view of construct development』, Research in Organizational Change and Development. 10 (1997): 1 – 30.

70   Kenneth W. Thomas, Erik Jansen. 『Intrinsic motivation in the military : Models and strategic importance』, Technical report NPS_SM_96_001.

71   사회학사전, 사회문화연구소, 2000.

72   두산백과. http://www.doopedia.co.kr

73   ㈜한국기업교육학회, 『HRD 용어사전』, 중앙경제, 2010.

74   애드거 샤인, 『기업문화 혁신전략(The Corporate Culture Survival Guide)』, 도서출판 일빛, 2006.

75   Donald Sull, Charles Sull, and Ben Zweig, 『Toxic Culture Is Driving the Great Resignation』, MIT Sloan Management Review, 2022.1.11. https://bit.ly/3vyOQYR

76   브라이언 카너, 아이작 게츠, 『자유주식회사』, 자음과모음, 2017.

77   마커스 버킹엄, 애슐리 구달, 『일에 관한 9가지 거짓말』, 샘앤파커스, 2019.

78   넷플릭스 컬처 데크.

     (원문) https://www.slideshare.net/reed2001/culture-1798664

     (한글) https://www.slideshare.net/watchncompass/freedom-responsibility-culture

79   『Mastering Matrix Management in the Age of Agility』, Gallup, 2018.9.18.

     https://www.gallup.com/workplace/242192/mastering-matrix-management-age-agility.aspx

80   마커스 버킹엄, 애슐리 구달, 『일에 관한 9가지 거짓말』, 샘앤파커스, 2019.

81   다카하시 노부오, 『성과주의의 허상』, 오즈컨설팅, 2007.

82   Davis, Stanley M. & Paul R. Lawrence, 『Matrix, Addison-Wesley』, Reading,

Mass, 1977.

83   게리 해멀, 빌브린, 『경영의 미래』, 세종서적, 2009.

84   장원준, 「유토피아 같은 회사 '고어텍스' CEO 테리 켈리」, 조선비즈, 2008.12.27.
     https://biz.chosun.com/site/data/html_dir/2008/12/26/2008122600762.html

85   닐스 플레깅, 『언리더십』, 흐름출판, 2011.

86   닐스 플레깅 트위터. https://twitter.com/nielspflaeging/status/827315059781
     226497

스케일업 경영

초판 1쇄 발행 2023. 8. 22.

지은이 조성주
펴낸이 김병호
펴낸곳 주식회사 바른북스

편집진행 황금주
디자인 양헌경

등록 2019년 4월 3일 제2019-000040호
주소 서울시 성동구 연무장5길 9-16, 301호 (성수동2가, 블루스톤타워)
대표전화 070-7857-9719 | **경영지원** 02-3409-9719 | **팩스** 070-7610-9820

•바른북스는 여러분의 다양한 아이디어와 원고 투고를 설레는 마음으로 기다리고 있습니다.

이메일 barunbooks21@naver.com | **원고투고** barunbooks21@naver.com
홈페이지 www.barunbooks.com | **공식 블로그** blog.naver.com/barunbooks7
공식 포스트 post.naver.com/barunbooks7 | **페이스북** facebook.com/barunbooks7

ⓒ 조성주, 2023
ISBN 979-11-93127-90-2 03320